西南戦争 民衆の記

《大義と破壊》

長野浩典

Nagano Hironori

弦書房

〈カバー絵〉
植木付近（熊本県）の住民が土中をあさるようす
〈本扉絵〉
熊本城天守閣
——『従征日記』（川口武定著）から

目次

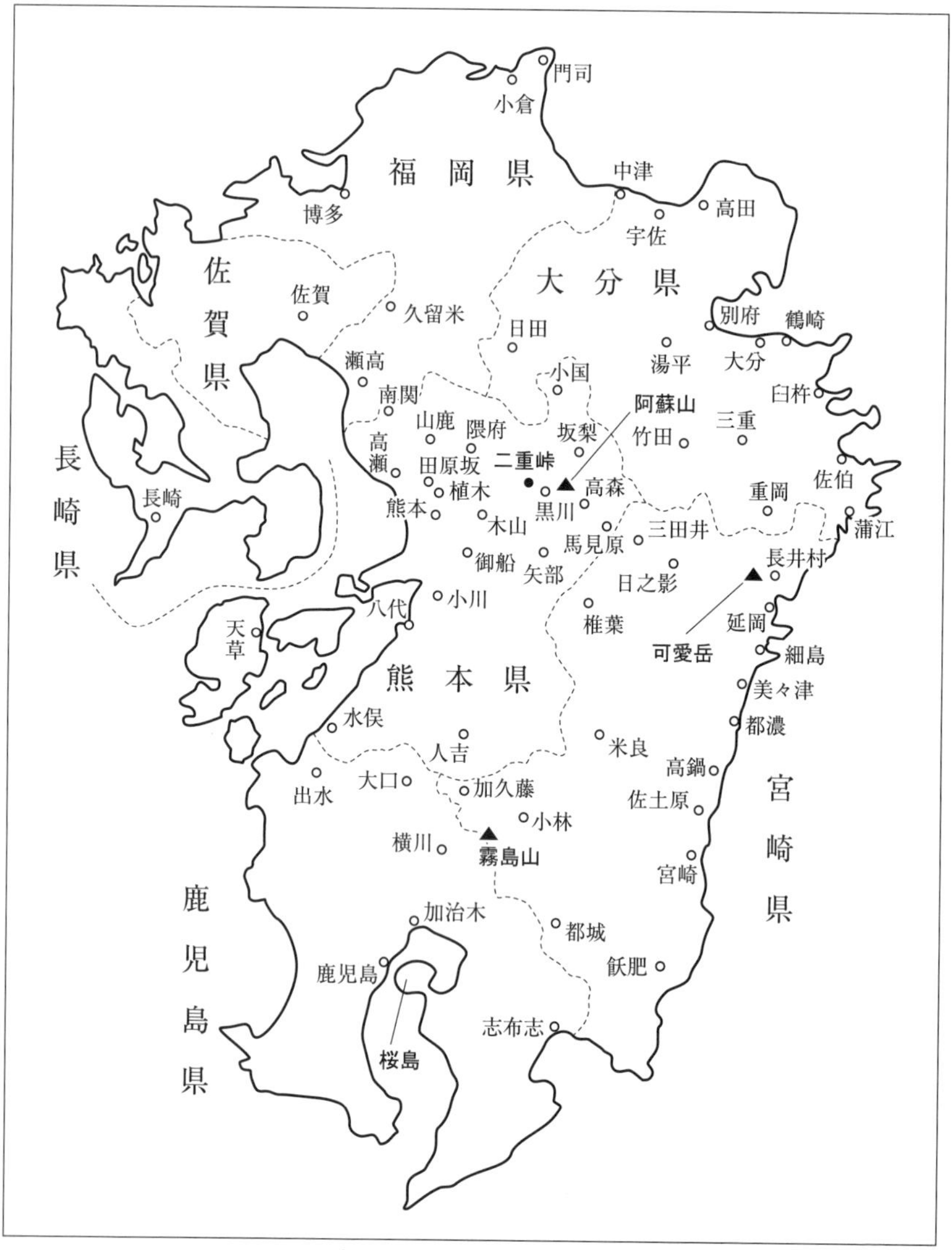

本書で扱った西南戦争関連の地名

まえがき

戦争から学ぶ

筆者は昭和三五年（一九六〇）に生まれた、いわゆる戦後世代である。戦後も七〇年以上が経過し、あの戦争（太平洋戦争）を体験した人々は、むしろ少数派となった。昭和三五年は戦後とはいえ、敗戦からわずか一五年しか経過していない。それでも筆者は戦場をまったく知らない。しかし世界各地に目をやれば、各地で戦闘がつづき、多くの命が奪われている。そしてわれわれは、テレビのニュース映像で戦場を目にする。瓦礫が散乱し、血まみれになった人が運ばれる。しかしこれが戦場の現実かといえば、けっしてそうではないことが想像できる。報道の「自主規制」によって、残虐な映像は制限されている。

いっぽう、アメリカ軍のミサイルによる敵陣の空爆映像は、しばしば目にするものである。しかし空爆され吹き飛ばされる建物や車両に、生身の人間はみえない（確かにそこにいるはずなのだが）。この類の映像はむしろ、ゲーム感覚で受け止められているといってもよい。そこに戦場の現実を感じることは難しい。要するにこの国に暮らしていれば、現代の戦場ですら、その現実をみることはほとんどない。ましてや過去の戦争の戦場は、残された写真や絵をみる以外にない。

渡辺武『戦国のゲルニカ』は、「大坂夏の陣図屏風」をもとに、他の史料（古文書）などを交えながら、遠い昔の戦場の現実を描いてみせた。屏風絵からは、「殺し殺される合戦の実態」や横行する掠奪や暴行によって一般市民（非戦争員）の耐え難い被害の状況も読み取れるのである。筆者もこの本から、戦場の凄惨な現実を感じ取ることができた。重ねて筆者は、過去のさまざまな資史料やそれを再構成した書物を読むことで、そして想像力さえ駆使できれば、戦場の現実を追体験することが可能であることを教えられた。

西南戦争の研究史

さて本書は、一四〇年前の西南戦争が、実際どのような戦争だったのかをみるものである。西南戦争を扱った書物は、枚挙にいとまがない。本書で主に扱ったものを中心に少しだけあげてみると、まず戦記として編まれたものには、参謀本部陸軍部編纂課編『征西戦記稿』・『明治十年征討軍団記事』があり、征討軍（官軍）の綿密な記録であり、戦史の定本でもある。『明治十年騒擾一件』は、大分県警察関係の史料で警察や警視隊、それに大分県などのやりとりが克明で、本書でも多用した。また、戦争に兵士として参加した者の日記としては、熊本隊の佐々友房『戦袍日記』や警視隊の喜多平四郎『従西従軍日誌』などがある。また官軍の会計部長川口武定『従征日記』は、戦場の記録であり彼自身の戦争に対する考えも記されており示唆に富む。近年の自治体史では、『宮崎県史』（史料編）、『玉東《ぎょくとう》町史』（西南戦争編）、『新熊本市史』などが西南戦争を詳しく扱っている。西南戦争を論じた近年の一般書（新書を含む）では、政治史として小川原正道『西南戦争』、敗者の歴史としてみた落合弘樹『西南戦争と西郷隆盛』などがあって本書でも参考にした。また、山口茂『知られざる西南戦争』は、多くの史料を駆使し、戦争の裏面史を含め体系的に西南戦争を論じ、本書でもしばしば引用した。また直近の研究書では、高橋信武『西南戦争の考古学的研究』が、戦場の発掘や遺物から戦闘そのものを検証しており、西南戦争研究の新しい分野を切り開いている。

数ある西南戦争に関する文献のなかで、猪飼隆明『西南戦争　戦争の大義と動員される民衆』は、軍夫などに動員される民衆の側から西南戦争を描いている。本書も多くをこの著作に依拠しながら、西南戦争を民衆側、惨禍を被った戦場の人びとの側から徹底して描いてみることにした。いいかえれば、本書は民衆の側に身をおいて西南戦争をみている。そして戦争が、地域社会に与えた影響に焦点をあてている。だから「戦史」を期待される読者には、的はずれな著作かもしれない。新しい視点としては、戦争がいわば見世物であったこと、戦争でさまざまな商売が繁盛し「戦争バブル」が発生したこと、戦争と農民一揆の関わり、戦争で広まった病気などについて詳しく言及したことであろうか。

本書で扱った地域

西南戦争の戦場は、鹿児島県、宮崎県、熊本県、そして大分県の四県におよんだ。本書はこの地域のうち、熊本県北部（主に田原坂から熊本城下、そして阿蘇）、大分県南部（竹田から豊後大野、そして臼杵から佐伯）、宮崎県北部（延岡、高千穂から日之影）をおもに対象とする。地図をみれば、ここは西南戦争の戦場のうち「北部戦線」にあたり、西の熊本県北部から大分県南部、そして東の延岡

（宮崎県北部）はいわば帯をなすエリアである。この地域の設定は最初から意図したものではなく、結果的にそうなった。それは筆者の西南戦争を描くにあたっての土地勘の限界などによるものでもある。ただこれまで、大分県下の西南戦争の実体が、あまり詳しく扱われてこなかった事にもよる。もちろん、先に紹介した高橋『西南戦争の考古学的研究』は、大分県についても実証的な研究成果が極めて詳細に示されている。本書が扱う地域については、略地図（本書8頁）を参照いただきたい。

西南戦争の経過

西南戦争を扱うえで、その経過についても触れる必要がある。本書は、時系列的にこの戦争を追ってはいない。そこで本書を読み進めるうえで必要最小限にとどめたのが次の略年表【表1】である。ここで、いくつかこの戦争の重要な時点をあげておく。西郷が挙兵を決定し、その宣戦布告ともいえる届け出を鹿児島県庁に出したのが、二月七日。薩軍が鹿児島を出立するのが、二月一五日。西郷自身が鹿児島を発つのは一七日。薩軍が熊本に攻め上り、熊本城の天守が炎上し、官軍によって城下が焼かれたのが二月一九日。これ以前、熊本県北では戸長征伐（村役人の不正を追及する農民一揆）が続いている。

二月二二日から熊本城攻城戦がはじまる。翌日には、熊本城の北部、木葉《このは》（現玉東町）・高瀬（現玉名市）で両軍の本格的な戦闘がはじまる。この二月下旬頃には、阿蘇で大農民一揆がおこる。三月四日には、田原坂《たばるざか》をめぐる攻防（田原坂の戦い）がはじまる。三月二〇には、薩軍が死守する田原坂が陥落し、周辺での戦闘はその後も続くが、官軍が軍事的に優位にたつ。この間、三月一八日には阿蘇の二重峠《ふたえのとうげ》・黒川口で戦闘があり、薩軍が勝利する。

四月一四日、熊本城の包囲が解かれ、薩軍はますます不利になる。四月二〇日の熊本東部の会戦で薩軍は敗北し、人吉に後退する。この時点で、薩軍は熊本平野から一掃される。こののち、薩軍は退却の一途をたどる。その後薩軍は人吉を占領するいっぽう、日向国（現宮崎県域）に展開し、五月二一日には日向国を軍政下におさめる。しかし六月一日には、その人吉も陥落。この間、四月二七日には、官軍が鹿児島に上陸し制圧。

大分県では三月三一日に中津隊が蜂起し、翌日大分県北で大農民一揆がおこる。五月一三日には薩軍の奇兵隊（隊長野村忍介《おしすけ》）が大分の竹田城下に侵入して、大分県南が戦場となる。しかし、二九日に薩軍は敗退。退却した薩軍は六月一日に、臼杵に侵攻。一〇日まで臼杵を占領するが、その後撤退。さらにこの六月は、佐伯や大分県南のリアス海岸地帯にも薩軍が展開した。

六月中旬から下旬にかけて、鹿児島県の各所が官軍に制圧され、七月に入ると宮崎県域でも、北上する官軍に薩軍はしだいに追いつめられていく。八月になると薩軍は延岡に孤立し、一二日にはその延岡も陥落。一五日に延岡の北部、和田峠（越）の戦いでは西郷が直接指揮したが薩軍は敗北した。翌日、西郷名で薩軍全軍の解散が命じられた。一八日、最後まで抵抗する薩軍（わずか三〇〇名ほど）が、可愛岳《えのだけ》を突破し鹿児島に向かう。九月一日、西郷を含む最後の薩軍が、鹿児島にたどりつく。各所で戦闘を交えながらも、西郷らは城山に追いつめられる。九月二四日、官軍の総攻撃で城山も陥落。西郷は自刃、桐野も戦死し、西南戦争が終結する。

【表1】西南戦争関係年表

西暦	和暦	事項
一八七三	明治六	徴兵令（1／10）熊本県天草で一揆（7月）地租改正条例公布（7／28）西郷が参議を辞職（10／23）板垣ら参議を辞職（明治六年の政変10／24）
一八七四	明治七	民撰議院設立の建白書提出（1／17）佐賀の乱（2／1〜）西郷が私学校を設立（6月）
一八七五	明治八	江華島事件（9／20）大分招魂社完成（10月）
一八七六	明治九	日朝修好条規（2／26）廃刀令（3／28）神風連の乱（10／24）秋月の乱（4／27）萩の乱（10／28〜）阿蘇で放火が頻発（10月〜）
一八七七	明治一〇	八代郡で民衆の蜂起（1／6）熊本県北部で戸長征伐（1月〜）山本郡平井村で農民集会（1／27）私学校生が草牟田弾薬庫を襲撃（1／29）私学校生徒が海軍磯弾薬庫を襲撃（1／30）**西郷が挙兵・上京を届け出る（2／7）**川村純義が西郷との面会を試みるが拒絶される（2／9）警視隊が九州に向け出発（2／11）薩軍が鹿児島を出発（2／17）薩軍追討令（2／19）熊本城天守炎上・城下が焼かれる（2／19）錦絵はじめての出版届（2／19）熊本協同隊結成（2／20）薩軍が熊本城攻撃開始（2／22）木葉・高瀬の戦い（2／23〜2／27）阿蘇一揆がはじまる（2月下旬）田原坂の戦い（3／4〜）官軍が抜刀隊を組織（3／11）阿蘇二重峠・黒川口の戦い（3／18）官軍の背衝軍が八代に上陸（3／19）官軍が田原坂を突破（3／20）山鹿の薩軍が撤退（3／21）中津隊蜂起（3／31）大分県北四郡一揆（4／1〜）薩軍による熊本城包囲が解かれる（4／14）熊本城東会戦、薩軍敗北（4／20）薩軍が人吉の退却を決定（4／21）官軍が鹿児島上陸（4／27）工部大学校で

		軽気球の実験（5／3） 南関で痘瘡流行（5／8～） 九州臨時裁判所を長崎に設置（5／9） 薩軍が竹田に侵入（5／13） 薩軍が日向国を軍政下におく（5／21） 薩軍が佐伯に侵入（5／25） 官軍が三田井（高千穂）を占領（5／25） 木戸孝允死去（5／26） 薩軍が竹田を撤退（5／29） 薩軍の人吉陥落（6／1） 薩軍が臼杵に侵入（6／1） 薩軍が臼杵から撤退（6／10） 薩軍が佐伯から撤退（6／12） 官軍が大口を占領（6／19） 薩軍が西郷札を製造（6月） 官軍が横川を占領（7／1） 官軍が小林を攻略（7／10） 大阪で戦没者慰霊祭（7／23） 薩軍の都城陥落（7／24） 官軍が飫肥・清武を攻略（7／27） 西郷星の噂（8月） 官軍が延岡を攻略、延岡隊降伏（8／12） 和田峠の戦い（8／15） 西郷が永井村で薩軍全軍の解散を通達（8／16） 薩軍が可愛岳を突破（8／18） 薩軍が鹿児島に到着（9／1） コレラ流行（9月） **城山の戦い、西郷自刃、西南戦争の終結（9／24）** 東京招魂社で大招魂祭（11／12）
一八七八	明治一一	東京新富座で西南戦争劇が上演（2月下旬） 大久保利通暗殺（紀尾井坂の変 5／14） 竹橋事件（8月）
一八七九	明治一二	東京招魂社が靖国神社と改称し別格官幣社となる（6月）

戦争を追体験する

さきに、本書では「民衆側、惨禍を被った戦場の人びとの側から徹底して描いてみる」ことを試みるとした。本書の第一の目的はこれである。しかし本書ではもうひとつ、過去の戦争（ここでは西南戦争）を読者とともに追体験できないだろうか、と思っている。それにはひとえに、筆者の「筆力」が要求されるであろう。しかしそれ以上に、戦場の記録（資史料）は、その異常で過酷な「非人間的な（ある意味で「人間的な」）」状況を現代に生きる私たちの前に提示してくれている。

なお本書では、読みやすさを考慮して、史料の多くを現代語に意訳している。必要な方は、原本（史料）を確認していただきたい。

第一章

狂気の戦場

はじめに、戦場の現実を直視してみたい。戦場を記録した資史料はいくつもあるが、ここでは官軍の第一旅団会計部長川口武定の『従征日記』を中心にみていきたい。川口の日記は、戦場を客観的かつ詳細に記録している。さらに手慣れた筆で、戦場の様子を絵に残している。それをたどれば、西南戦争の過酷な戦場が浮かびあがる。彼が描いた戦場は、目を覆いたくなるような凄惨な場面の連続である。想像力を駆使すれば、戦場を追体験できるはずである。そのような戦場の現実から、私たちはこの戦争の意味と本質に近づけるはずである。

西南戦争当時の川口武定
(『従征日記』)

西南戦争のはじまり

明治一〇年(一八七七)二月一五日、五〇年ぶりともいわれる大雪の中を鹿児島の私学校軍一万三〇〇〇人が、熊本へ向かって北上をはじめた。西南戦争のはじまりである。西郷隆盛は、桐野利秋や村田新八らをともなって、二日遅れの一七日に鹿児島を発った。これから約七か月におよぶ、わが国最後のそして最大の内戦が展開される。

薩摩軍を迎え撃つ熊本鎮台は、戦闘に先だって熊本城下を焼き払った(二月一九日)。官軍による民家への放火は「射界の清掃」とよばれ、熊本城の籠城戦と市街戦を有利に展開するための措置だった。この時、熊本城の一の天守が炎上している。

二月二二日、熊本城の攻防戦がはじまるが、同じ日、熊本県北部の木葉町《このは》（現玉東町）に官軍が入った。二三日、薩摩軍二〇〇〜三〇〇名が、上木葉村に入った。こうして官薩両軍は、至近距離で対峙した。午後二時、ついに戦闘開始。山鹿（現山鹿市）に向かっていた薩摩軍一隊は、砲声を聞いて向きを変え、木葉町の官軍を急襲した。官軍は敗れ、高瀬（現玉名市）と南関（現南関町）へと敗走した。

木葉での敗戦を聞いた第一、第二旅団は南下を急いだ。二五日、小倉から南下した歩兵第一四連隊（連隊長乃木希典少佐）は二手に分かれ、ひとつは山鹿へ、もうひとつは高瀬へ向かった。山鹿方面では野村忍介の薩軍五個小隊と戦ったが、高瀬に向かった一隊は戦闘をすることなく高瀬を占領した。この後、官軍は高瀬に、薩摩軍は木葉を拠点として、三月にはいる頃まで攻防を展開した。

田原坂の戦い

三月三日、木葉町の高月《たかつき》の薩摩軍とこれを攻める官軍との間で激戦となった。両軍とも多数の死者と負傷者を出したが、官軍は力戦し薩摩軍は諸塁をことごとく破壊され、植木に敗走した。この翌日、第三旅団の亀岡泰辰少尉は、瀬高（現福岡県みやま市）を通過する際、戦場から送られてくる数十名の戦死者の遺体をみた。遺体はただ二本の棒に、わずかに板または藁で床をもうけて担がれていた。藁などで覆いはしているが、雨に濡れて血がしたたり落ちていた。中には死体が見えるものもあって、亀岡は注意して覆わせた。亀岡は、「其状甚悲惨にして見るに忍びず」「軍隊の新参者に観せしむるには、甚だ面白からざる」と述べている（『第三旅団西南戦袍誌』）。亀岡も「いよいよ

玉東町田原坂一の坂。坂は上に向かって二の坂、三の坂があり、激戦が展開された

戦場だ」と思った。

このの ち、木葉町に本営をおいた官軍と、植木（現熊本市）に拠点をおいた薩摩軍との間に、三月末まで有名な田原坂の戦い・吉次峠《きちじとうげ》の戦いが約一か月間展開される。特に三月二〇日の田原坂の攻防は熾烈を極め、この日官軍が勝利し田原坂を突破して以降、西南戦争全体の帰趨が決まったといえる。ここでの約一か月の戦闘で、官軍の戦死者は約二〇〇〇名、負傷者も二〇〇〇名以上にのぼったといわれ、薩摩軍のそれは官軍を上まわる。

凄惨な戦場の光景

川口武定『従征日記』は、戦場の状況や軍夫のようす、物資の調達や補給などについて克明に記録している。川口はもと紀州藩士。西南戦争時には、第一旅団会計部長として出征し、官軍の兵站《へいたん》（後方支援）に尽力した軍人である。『従征日記』から、田原坂周辺の戦場の現実をみてみよう。三月二〇日、激戦の末、田原坂は官軍の手に落ちた。その日戦闘が終わったあと、川口は戦場を視察した。

無数ノ賊屍土塁ノ前後ニ枕藉シテ斃レタリ、又我カ兵ノ屍体数十名ヲ見ル賊ハ大抵銃創ヲ負フ、間々或ハ刀創ヲ受ケタル者アリ、其ノ服タル陸軍旧正服、或ハ海兵服、或ハ小紋股引ヲ着シ、後裳ヲ褰《かか》ケ、或ハ莫大小《メリヤス》ノ袴下等ヲ服スル者アリ、形状一ナラス、吾曹此ノ賊屍ノ積累セルヲ見テ少ク積日ノ憤ヲ慰セリ、就中破裂弾ニ中リタル者ハ五体飛散シ、僅《わずか》ニ両脚若クハ片肢ヲ餘ス者アリ、或ハ頭顱半ハ爛砕シ脳漿ヲ流シ、西瓜ノ熟爛シタルニ似タリ、或ハ腹ヲ貫キテ大小腸臓ノ潰《つい》エタル者アリ、或ハ筋骨ヲ破リ裂キ、其ノ形況獣肉舗頭ニ類似シ、筆紙ノ能ク尽ス可キニ非サルナリ、予ハ初メ之ヲ望ミテ、幽魂演劇場ノ仮想ヲ為シ、人間現世ノ意思ヲ為サス、僅一町餘ノ溝側ニシテ横屍七十八九有ル在リ、復タ惨憺タリ（『従征日記』）

無数の賊軍の遺体が、土塁の周辺に散乱している。官軍の死体も数十ある。賊軍の死体の多くは銃創（銃弾による傷）を負っている。中には刀創（刀による傷）を受けた者もある。その服装は、陸海軍の軍服の者あり、小紋の股引《ももひき》で袴の裾をあげた者あり、メリヤス（伸縮性のある綿布）地の袴を着けた者ありなどまちまちである。薩摩兵の遺体の折り重なった憐れな状態をみると、これまでの薩摩軍に対する憤りが和らぐような気さえする。就中、砲弾にあたった遺体は飛び散って、わずかにちぎれた手足だけになっている。あるいは頭蓋骨は半ば砕け脳漿が流れ、それは熟した西瓜のようである。また腹部をつらぬかれた者は、はらわたが露出し、また肋骨あたりが切り裂かれた状態になっている。遺体が散乱する戦場は、さながら肉屋の店頭のようである。この光景は、筆舌に尽くしがたい。私はこの惨状を初めてみて、地獄を演出した劇場ではないかと思い、とても現世だと信じることができない。わずか一〇〇メートルほどの溝に死体が七八〜七九体も横たわっている。

何と惨憺たる光景だろうか。

捕虜殺害と遺体の侮辱（損壊）

同日、川口は殺害された捕虜（官軍兵）の遺体も目にしている。これは薩摩軍に捕らえられ、この日撤退する前に殺害された者と思われる。川口はいう。捕虜の殺害は許されず、のちにお互いに交換することは「萬国ノ通法」である。また官軍は、捕らえた捕虜を裁判にかけたあと処分する。ところが薩摩軍は、捕虜を殺害する。しかも遺体は、「支解《しかい》」して「樹身ニ縛」している。このような残酷なことは、ヤマイヌやオオカミもしない。今日はこんな残酷な遺体を二体みた、と（『従征日記』）。

「支解」とは如何なる意味か。これは体をバラバラに切断する、最も重い刑罰である。もともと中国の古い刑罰であるが、いわゆる「八つ裂き」である。川口がみたものは、捕虜となり殺害され、バラバラにされ木にくくりつけられた官軍兵の遺体である。この戦争を通じて、薩軍が官軍の捕虜を伴って移動している史料はあまりみられない。多くの場合、薩軍の捕虜となった官軍兵はその場で処刑されるのである。

同じような現場は、ほかの記録にもみることができる。のちに陸軍少将となった小原正恒少尉（旧加賀藩士）は、西南戦争では教導団（のちの陸軍士官学校）歩兵第二大隊付として別働第五旅団に配属された。城東会戦（熊本市東部の戦闘）が終わった四月二一日、彼は保田窪《ほたくぼ》の戦場を視察している。多くの死体は首を刎ねられ、腹部を裂かれ、あるいは手足を断たれており、「私は初めて戦場に臨み、このような惨憺たる状況を自ら目撃し、憤怒の念を骨髄に刻み込んだ」と自伝に記している。ただ小原は別の場所で、官軍の兵士によって損壊され、侮辱された薩摩軍兵士の遺体も目撃している（落合『西南戦争と西郷隆盛』）。

一神官として熊本隊に加わった安藤經俊（阿蘇郡尾下村《おくだり》）は、田原坂に近い七本《ななもと》（現熊本市）の官軍台場で、次のような光景を目にした。「敵（官軍）が撤退したあとをみると、即死が五〜六名みえる。血潮が流れて溜まった跡が五〜六か所ある。取り残された死体が壱人ある。熊本隊の兵士が試し切りし、体全体が寸々になり、賊兵であるが哀れである」と（『一神官の西南戦争従軍記』）。戦場には狂気が満ちている。

ただ薩軍において、捕虜を殺害して良いという「軍律」があったわけではない。むしろそれは逆で、薩軍にも「妄殺ノ禁」という「軍律」があった。「妄殺ノ禁」とは、捕虜、まして住民を妄り《みだ》に殺害してはならない、というものである。時期はかなり下って六月はじめ、大分県と宮崎県との県境で戦闘が続いている中、薩軍は次のような命令を出している。「近ごろ、兵士に『妄殺ノ禁』を犯す者がいる。野村（忍介《おしすけ》）ら幹部は、これを憂慮している。戦場で敵を殺すのはやむを得ないが、投降した捕虜を殺害するのは『不仁ノ至リ、不義ノ極』である。私的に捕虜を斬殺するのは、軍律違反である。捕虜は必ず本営（延岡）に護送せよ」と（『玉東町史　西南戦争編・資料編』）。

六月といえば、すでに薩軍が宮崎県域に追い込まれている時期である。このような命令が出されたということは、「妄殺」がしばしば行われていたことをしめす。追いつめられて敗色が濃くなる中、薩軍兵士の一部が「妄殺」に快感を覚え、憂さ晴らしをしていたとすれば、恐ろしい話である。

死屍爛臭《ししらんしゅう》

慶応義塾在学中の犬養毅は、郵便報知新聞の記者として戦場に赴き、「戦地直報」として生々しい戦場のリポートを送り続けた。次は、犬養の手になる田原坂の戦い後の戦場の状況である。

昨今田原坂は、死屍爛臭の気鼻を撲《う》ち掩《おお》わざれば頭脳へまで薫し、一歩も進みがたきほどなり。この地は賊徒路傍に穴を穿《うが》ち台場となしたるを、前日の戦いに我が軍夜半に襲い、賊の目覚めざるに乗じいっせいに切り入り、当たるを幸い切り伏せ、薙ぎ倒し、累々と積みし死体はそのまま台場の穴に投げ込み、少しく土を掩いたるのみなれば、日々に腐敗しこの悪臭を生ぜしなり。

敗走する薩軍の戦死者の遺体の多くは、戦場に放置されるか、右のように台場の穴に遺棄された。少々の土で覆っても、次第に遺体は腐敗し、強烈な「腐爛臭」を放った。戦場の惨状に目を覆うというが、ここでは口や鼻を布で掩わなければ、一歩も前へ進むことすらできない状態だった。

集団自決という悲劇

会津白虎隊の集団自決は、少年たちだったが故に、戊辰戦争中最大の悲劇として語り継がれてきた。しかし西南戦争においても、集団自決が起きている。第七大区（現熊本市）五小区下村の平畑で、「薩賊」一六名を埋葬したという記録がある。地元には薩軍の集団切腹の話が伝えられているという。

二月二六日、植木にいた薩軍の加治木《かじき》隊三個小隊五〇〇名が、官軍が高瀬に集結すると聞いて、木葉村を経て安楽寺村に入った。この動きをみた小倉連隊の一部中隊が、川部田村に展開してこれを待った。午前八時頃、加治木隊が高瀬へ向かい川部田の集落付近にさしかかったところ、待ち受けていた官軍が一斉射撃をあびせた。薩軍は一旦退き、白石（現和水町）まで北進したが、ここでも官軍に敗れ撤退を余儀なくされた。加治木隊の一部の負傷者たちは、下村高城の台地上に避難したが、孤立してしまった。見れば近くを通過するのは、官軍の部隊ばかりであった。負傷したうえ孤立した部隊は、生還の見込はないと判断し、集団自決を選択したものと思われる。全員の姓名も判明することから、切腹する旨を村びとに伝え、埋葬を依頼したうえで、自決したものと思われる。村びとが自決を見守っていた可能性もあるという。同年八月になって、県から下村の嶋津太郎作らに、埋葬費として八円八〇銭が支払われた。この加治木兵たちの遺骨は翌年、それぞれの家族の手によって国許に持ち帰られたという。しかし、平畑の嶋津家墓地には、自決した兵士一名の墓が残っている。この兵士の遺骨は、何らかの理由で引き取られなかったという（『玉名市史　通史編下巻』）。

平然と遺体をみる女性

戦場の凄惨な状況をみたあと、川口は戦場でひとりの女性をみつけ、これまた驚いている。三月

田原坂付近で、平然と死体をみつめる婦人（『従征日記』）

二九日、植木の激戦地付近を移動していた川口は、路傍にころがる無惨な薩軍兵の死体をみた。砲弾が命中したものと思われ、「其ノ醜形視ルニ堪ヘス」というから、肢体がバラバラで内蔵も露出した状態だったのだろう。ところがそこにひとりの婦人がいて、この遺体を「覸然《てんぜん》（平然）」とみていた。

ここで川口は思った。「この付近では戦争がはじまってもう久しい（ひと月たっている）。すると、女性も死骸をみるのに慣れてしまったのだろうか。平時なら男でも、とても正視できるようなものではないのに」と。最後に川口は、「噫《ああ》」と嘆息している。確かに人間は、凄惨な遺体でも何度かみれば、見慣れてくる。人間の脳がそうさせる。だからこの女性だけではない。子どもであっても同様である。ここでは戦争の人間の精神に与える影響も考えなければならない。

野戦病院の状況

木葉町には、野戦病院も置かれていた（三月六日設置）。この当時、野戦病院のことは「繃帯所《ほうたいじょ》」という。戦場に隣接したものを「小繃帯所」といい、木葉はこの小繃帯所である。重傷者を後送する野戦病院を「大繃帯所」（「仮病院」ともいう）といい、田原坂近辺では高瀬に置かれた。さらに久留米に病院が置かれ、高瀬の負傷者を後送した。久留米の病院が飽和状態になると、さらに福岡へ、福岡の病床が埋まると、大阪へというように順繰りに傷病者を送るシステムになっていた。ただ後送には、多くの人夫が必要である。しかし開戦当初は人夫不足のため、このシステムが機能しなかった（「軍団病院日記抄」）。

遺体・死傷者の搬送の様子（『従征日記』）

野戦病院は繁忙をきわめた。田原坂の激戦が続いている最中、川口は二〜三度「小繃帯所」を巡視している。三月八日、小繃帯所の中に入ってみると、一五〜一六の遺体がならべられている。遺体は、藁で編んだ莚《むしろ》の上に置かれ、粗末な藁苞《わらづと》（藁で編んだ袋）がかぶせられている。川口は藁苞をどけて、遺体をみた。遺体は、大量の血液が顔も手足も衣服も、そして武器にも粘着している。そしてその血の色は、どす黒い色をしている。その様は、魚市場にならべられた鮪のようである。ならべられた遺体の惨状は、見るに堪えない。前線に近い小繃帯所には、多くのけが人も運ばれてくる。わずかに応急処置をして後方の大繃帯所に送るが、ひとりを送り出すとまたひとり運ばれてくる。小繃帯所の死傷者の数は一向に減少しない。医官らは、煙草を一服することもできない状態である。

三月一〇日、川口は大繃帯所に行く。そこは負傷者で充満し、医官はほんのわずかの間に治療を施し、次の負傷者を診る。しかし負傷者は、間断なく運ばれてくる。三浦軍医正にその状況を尋ねると、一日平均一七〇~一八〇人の死傷者が運ばれてくる、という。治療といっても、銃弾を抜き止血し、あるいは刀創を縫合し、あるいは砕けた骨に副え木をほどこすくらいの応急処置でしかない。薬は甘硝石精《かんしょうせきしょう》(消毒液)と火酒(消毒や気付けに用いる)の二品しかない。これでは負傷者も憐れである(『従征日記』)。

三月一六日は休戦日となったが、高瀬の光蓮寺や木葉の正念寺、徳成寺などの寺院は約二〇〇〇人の政府軍傷病兵であふれかえっていた(落合前掲書)。三月二八日、木葉には遺体を安置する「屍室」が設けられた。三月六日から四月六日までの一か月間に、木葉の繃帯所に送られた死傷者は、負傷者一七八一人(この内、のちに死亡した者一一五人)、死者一一一五人におよんだ(「軍団病院日記抄」)。

「セツダンキカイ」を送れ

第五章で詳しく述べるが、東京から派遣されて大分県に上陸した「豊後口警視隊」という警察の部隊がある。警視隊は、川路利良大警視をトップに東京で編成された。このうち豊後口警視隊(隊長檜垣直枝権少警視)は、阿蘇の二重峠(菊池市と阿蘇市との境界)と黒川口(現南阿蘇村)で薩軍と衝突し、大敗を喫する(三月一八日)。敗北した豊後口警視隊は、坂梨(現阿蘇市)に退却する。坂梨の野戦病院で負傷者の治療を行ったが、この時、檜垣は川路宛に次のような電報を発している。

シウハチニチ、タタカイニ、シシヨウ、シチジウメイヂカクアリシワ、ヲヲサカマデ、モウシアゲタリ、シカルニ、コノチモ、ヲヲイタモ、イインナシ、モトヨリセツダン、キカイナドワナシ、ユヱニテヲイ、ハシハシシス、イカントモシガタシ、コレヨリシンゲキニ、ヲヨババ、ナオサラナリ、コノギハダイシキウ、ジヨウトウ、イインニタイ、ホカ、ジウメイニキカイヲモタセ、ヲコシアリタシ、ヤマシタフサチカナドモセツダン、セザルヲヱズトイエドモ、キカイナシ、ゴサツシアレ、

電文のカタカナが、一層その生々しい現場の様子を伝える。電文は「三月一八日の戦闘で、七〇名近くの死傷者を出したが、ここ坂梨にも大分にも医員がいない。もちろん切断機もない。そのため負傷者は次々に死んでいくが、どうしようもない。どうか医員に切断機を持たせて寄越してほしい。ヤマシタフサチカ（不詳）も一刻も早く切断しなければならないが、切断機がない。お察しあれ」という内容である（『明治十年騒擾一件』）。当時の銃弾の多くは、鉛弾であった。鉛弾は人に命中すると、体内で変形して回転するから、傷口のダメージ（損傷）が大きい。要するに、肉を切り裂き殺傷力が大きいのである。さらに鉛には毒性があるから、負傷すると弾を取り除いても、傷口から化膿がすすむ。そこで早く負傷した手足を切断しないと死に至る。しかし切断機がないので、負傷者が次々に死んでいくのである。野戦病院には、負傷者のうめき声が充満した。

なお、西南戦争における官軍の負傷者数は九二五二人であった（薩軍は、約一万人という）。これらの多くは戦後、傷痍軍人として生きていかなければならなかった。傷痍軍人といえば、筆者の世代（一九六〇年生まれ）にも記憶がある。それは主にアジア・太平洋戦争で負傷して帰還した兵士た

玉東町高月官軍墓地。熊本県内最大の官軍墓地。ここだけで約1000人の死者が葬られている

ちの姿であった。それは手足の片方がなかったり、松葉杖をついたり、頭部を繃帯で覆ったりした姿だった。しかし西南戦争においても、戦後しばらくは各地で同様の傷痍軍人の姿がみかけられたと思われる。明治一七年発行の『大坂府布達目録』には、「西南の役の負傷者の内、足や手を切断し、或は目が見えない状態の者に対する給与に係る事」と傷痍軍人に対する給与規定が出されている(明治一五年一二月九日布達)。

埋葬地の状況

繃帯所も異常な状況であったが、それ以上に凄まじい状況を呈したのは埋葬地であった。会計部は、繃帯所とともに戦死者の埋葬も管轄した。川口は埋葬地の設置と埋葬作業にも忙殺された。田原坂の戦いでの埋葬地は、はじめ上木葉村の正念寺に設けられた。しかし戦死者が急増し、対応できなくなった。そこで三月一三日、木葉の高《たか》月原《つきばる》に新たに埋葬地を設けた。ところがここは本道の脇で、戦地に投入される官軍兵たちから埋葬地がみえる。激戦が続き、ここもすでに戦死者の遺体が「皐《おか》ヲ為」す状態である。もし、この死体の山を兵士たちがみれば、おそらく恐怖心をつのらせ士気を粗漏させるに違いなかった。

ここを書きつつ、オリバー・ストーン監督の映画「プラトーン」の冒頭シーンを思い出した。べ

川口武定の盟友、多田中尉の墓
（高月官軍墓地）

トナムの戦場に降りたった新兵たちは、自分たちと入れ替わりに黒い遺体袋に入れられた遺体が、次々に輸送機に搬入される光景を目にする。若い兵士たちは、何ともいえぬ不安な表情を顔に浮かべるのだった。

埋葬地にもどろう。三月一六日、この日も遺体は二七〇もあって、埋葬地に散乱している。足の踏み場もない。軍夫七〇人で、昼夜を分かたず作業をしているが、土が堅く鍬もなかなか入らず、埋葬は遅々として進まない。ここには病院課の竹内軍吏補をつけて、作業を促している。古い歴史書に「積屍阜ヲ為ス」とあるが、これは決して「虚文浮辞」でない。この日の夜、埋葬担当の竹内軍吏補は、大酒を呑んであばれ周囲に悪態をついている。川口は「酒を呑ませるのではなかった」と後悔した。しかし竹内は、毎日毎日遺体と向き合っている。竹内も精神的に限界に達していたに違いない。

こんなこともあった。三月一四日、川口が埋葬地を巡視していると、「多田中尉」と大書した柩があった。多田中尉といえば、ほんの四〜五日前に会ったばかりの川口の友人だ。会ったとき、お互いに勇気を奮い立たせて戦おうという話をして別れたばかりだった。ところが今日、多田は戦死して柩に入れられている。こんなことがあろうか。川口が柩の蓋を取って遺体を見てみると、顔面は腫れ上がり鼻は擦りきれて目は閉じている。みればみるほど、多田中尉とは似ても似つかない。「これは、きっと別人だ」。かすかな希望がわき上がった。そのとき、多田中尉が右手の薬指を負傷していたことを思い出した。そこで右手を取りあげてみてみれば、その薬指に繃帯があった。川口はすべてを了解した。不覚にも、目から涙が流れ落ちた。しばらく嘆息し、病院課の主任に懇ろに埋葬するよう命じた。川口は、多田中尉の髪を切って懐にいれて、その場を離れた。

川口は、遺体が友人かどうか確認するのも難しかった。だから、埋葬地では、遺体の損傷が激しい場合、誰なのか確定するのに手間取った。埋葬地の担当官たちがいうには、まず、遺体が敵のものか味方のそれなのか区別がつかないという。敵か味方かさえ分からないのだから、誰の遺体かを確定するのは困難だった。理由は遺体の損傷が激しいことと、衣服がはぎ取られているためだ。衣服をはぎ取ったのは、地元住民たちである。戦国時代にも、戦場に散乱した死体から甲冑や衣服、刀や槍を民衆が奪い取ったが、そのことを思い出させる。遺体の中には肌着だけのもの、中には赤裸のものもあったという。

田原坂の戦いが終わって約二か月後（五月一八日）、木葉周辺の埋葬地では、高月原に一〇三一名、宇蘇岡に三一五名、轟村字多尾に二一六名、上木葉正念寺に三六名、豊岡村に七〇名、石貫村に二六名が埋葬された。第一・二旅団で埋葬されたのは合計一六四一名にのぼった。しかしこの中には、遠方の病院で死亡した者や遺体が回収されなかった者は含まれていない。「其ノ戦争ノ劇烈ナル想フヘシ」と川口は、『従征日記』に認めている。斬られ千切れ血みどろの遺体が重なり合う埋葬地。しかし戦争が終わって「官軍墓地」となると、そこは「招魂と慰霊の空間」、すなわち「聖地」に転化する（これについては後述）。

海に遺棄される遺体

大分県の臼杵町（現臼杵市）には、薩軍約一〇〇〇人が六月一日に侵入し、一〇日まで臼杵市街とその周辺を占拠した。臼杵士族の多くは官軍につき、警視隊とともに薩軍と戦った。しかし、臼杵隊には銃がわずか二〇〇挺しかなく、実戦の経験もほとんどなかった。それに対し薩軍は百戦錬磨であり、臼杵隊はあえなく敗退した。臼杵隊の戦死者は、四七人におよんだ。

臼杵市民の多くは、戦闘がはじまる前に近隣に避難し、対岸の愛媛県まで船で逃れた者も多かった。薩軍が占拠した市街地に市民はほとんど不在だった。薩軍は、ほしいままに掠奪をおこなった。掠奪は、「金穀物品」から、鶏、衣服とありとあらゆる物におよんだ。汚れた服装で臼杵に侵入した薩軍は、「わが臼杵に来りて掠奪を行ひ服装一新面目を改めた」という。さらには、この掠奪に便乗して富豪の家にはいり、金銀その他の物品を奪う「市民中の奸悪」者もいた。

臼杵は官軍によって、六月一〇日に解放される。しかしその後も、官薩両軍の遺体が放置された状態だった。ある巡査の遺体は、四～五日たって腐敗しはじめ、蝿が群集し悪臭を放った。江藤某が、遺体を処理しようと藁莚をもってきた。遺体を莚で包んで、両端を縄で縛った。そして数人で運んで、住吉神社前の海に投棄した。ところが岸壁には、二～三人の警視隊の遺体が裸体のまま、すでに打ち捨てられていた。ある遺体は手足を切断され、またある遺体は頭部が無かった。しかもすでに数日たっているため、蟹や小魚に食われて眼球はなくなり、腹部には穴が空いている。この有様は筆舌に尽くしがたく、実に無惨の極みであった（「西南戦争臼杵騒動私記」）。海に遺棄された遺体は、いずれも警視隊の遺体だった。それは、薩軍が臼杵を支配下においた約一〇日間、警視隊の遺体の埋葬を禁止していたという事情もあった。薩軍は、警視隊への強い敵意から、遺体の埋葬を禁止したのである（「西南戦争と津久見」）。

人肉食という異常

こんな異常な出来事も、戦場では起きていた。三月二七日のこと、轟村（現熊本市）の民家に無惨な薩摩兵の死体があった。聞けばこの民家に隠れているところを家主に見つかり、官軍に所在が知れたため観念し、自ら頭を銃で撃って死んだという。川口が検死をしてみると、傷口は円形ではなく四角い形をしていた。頭蓋骨は砕け西瓜のようであり、脳髄が口から流れている。竹で頭を叩いてみると、木魚のような音がする。数日何も食べていないのか、腹はくぼんでいる。服は袖が搾られズボンをはいている。土にまみれた足は裸足である。逆順を誤って薩軍に加わったとはいえ、こんな無惨な死に方をするとは、あまりにも憐れである。川口は、近くにいた地元民に五〇銭を渡し、丁重に葬るよう頼んだ。

しばらくして、繃帯所にいる川口のところへ、ここで使役されている懲役人が、ひとかたまりの肉を提げてやってきた。そして「良い牛肉が手に入ったので、あんたにも分けてやろうと思い持ってきた」という。またもう一人は、「わしは胆を取ろうとしたが、すでに取られていた。実に残念だ」という。しかし川口は、話ぶりや肉の状態から不審に思った。しかしこの肉は、とびっきり新鮮だ」という。しかし川口は、話ぶりや肉の状態から不審に思う。そしてそれは、先ほど川口が埋葬するように命じた、あの薩摩兵の遺体から切り取った肉だと気づいた。その途端、川口はふたりを厳しく叱責しようと思ったが、あえて怒気を抑えて、「肉をみせろ」と穏やかにいった。それは鯨や亀の肉のように赤く、皮膚と肉の間に黄色い脂肪がついている。光にかざすと皮膚は、自分のそれと同じである。ただ、色が少し青みがかっている。ここで川口は、厳しく叱責して「この肉を食うことはならぬ」といい、すぐに埋めさせた。川口は、「自分は三〇年生きているが、人肉を食おうとする人間をみたのは初めてだ。これも戦場の殺気だった環境が、人間を狂わせるのだろう」と思った。そしてこの戦場は、化け物の世界とどれほどの違いがあろうか、いや戦場はまともな人間の世界ではない、と思わずにはいられなかった。

三月一四日までに官軍は、田原坂の戦いにおける戦線を前進させることができた。そこで守線より後方に残された遺体を収容することになった。川口は、森本軍吏補と四元書記に命じて、軍夫を若干名率いて戦場に行かせた。守線より後方とはいえまだ戦闘は激しく、遺体をすべて収容することはできなかった。それでも一〇四もの遺体を収容することができた。これらの遺体は、一週間以上も野ざらしになっていたので、腐敗がいちじるしい。ある遺体は、膨張して臼のように膨らんでいる。全体として臭気がひどい。敵の遺体も三体あった。これも近くの丘に埋葬させようとしたが、官軍の兵卒たちは腕を組んで歯ぎしりして悔しがり、遺体を切りつけはじめた。あるものは剣で遺体を突き刺し、またあるものは遺体を切り刻み、さらに肉を切り取って食おうとする者もいる。森本軍吏補たちが、何とかこれをやめさせた。

川口は、七月二三日の『従征日記』にも「軍中或ハ人肉ヲ噉《く》フモノアリ」と小さく書いている。これは、この時の出来事を思い出して書いたのか、ほかにも人肉食が行われた事実があったのか。「戦場の異常、戦場の狂気、ここに極まれり」である。

田原坂激戦の図（錦絵、国会図書館デジタルアーカイブズ）

精神昆潰《こんかい》

田原坂での激戦が続いていた三月一三日、川口は次のように日記に認めている。「数日間続いている戦闘で、兵士は疲労しきっている。中には戦闘中に昏睡したり、眼前に敵がいるのにそれに気づかず殺される者もいる。『心神昏憊《こんぱい》』は、死の恐怖さえ忘れさせてしまう」と。すこしも油断できない戦場。しかし心神は困憊し、ついに昏睡する。戦場の兵士は、身も心もすり減らしている。

四月一日、この日官軍によって捕縛された薩賊は、肥後人のようだった。額にわずかに銃創がある。この賊を訊問するのだが、戦争ですでに精神に異常をきたしたとみえ、言語も明瞭でなく意味不明のことをしゃべっている。この状況を川口は、「精神昆潰」と表現している。昆潰とは、「つぶれている」とか

「はっきりしない」という意味である。そこでこの男に水や薬を与えてみるが、埒があかない。まるで歌舞伎の「いがみの権太」の演技を見るようだった（『従征日記』）。

「いがみの権太」とは、歌舞伎の「義経千本桜」の登場人物で、はじめ悪事をはたらくが最後は改心しようとする。最後に父親に刀を突き立てられて、瀕死の状態で真相をかたる場面がある。そして真人間になって死んでいく。この場面では、権太は息絶え絶えで、よく聞かないと何をいっているのかわからない。どうやら川口は、その様子を思い出したようだ。

六月二四日、これは熊本病院でのことだ。ここにひとりの近衛兵が負傷し収容され、入院していた。ところがこの兵士、「戦場に再び出ねばならぬ」とばかり思いこんでいた。そしてついに発狂して、病院を出て自らの腹をかき切ろうとする。周囲がなんとか押さえつけ、再び病院に連れ戻した（『従征日記』）。

常に恐怖心に苛まれ、極度に緊張を強いられる戦場で、人間の精神は破壊されていく。シェル・ショックという言葉がある。シェルは貝殻という意味のほかに、大砲の破裂弾の意味もある。第一次世界大戦で、精神に障害をきたし、体の異常な震えが止まらない症状が、多数の兵士に確認された。長時間砲弾の音や衝撃、死の恐怖に苛まれた結果である。現在は、戦争ストレス反応とか戦争後遺症ともいう。またベトナム戦争では、社会復帰した帰還兵に深刻な心理的障害がみとめられ、心的外傷後ストレス障害（PTSD）と命名された。西南戦争でも、兵士は同じような症状をみせていた。

陣地内から銃を放つ。兵士の服装や装備がわかる（『従征日記』）

薩摩人同志が戦う

西南戦争では、薩摩人が官軍と薩軍に別れて戦った。川口はいう。この戦争では、「薩摩ノ人ヲ以テ薩摩ノ賊ヲ討ツ」のである。官軍の薩摩人はいうまでもなく、「賊将ノ名」を皆知っている。第一旅団には薩摩人が多いが、ここで薩摩人は敵味方に分かれて戦っている。お互いに接近したとき、その声を聞けば、知友であったり親族であったりする。官軍の薩摩兵が「おまえらは国賊である」といえば、賊の薩兵は「おまえらも、官賊ではないか」と答える。お互いが「賊」とよびあった。向かう方向（逆順）が異なっているからとはいえ、同郷の人々が敵味方に分かれて戦う。この戦争は、なんと理不尽なことであろうか。

田原坂の戦いでは、当初、薩軍が優勢であった。三月一一日に警視隊（士族が多かった）によって構成される抜刀隊が組織され、薩摩軍の塁に斬り込む戦法がとられると大きな効果を上げ、形勢がかわる。警視隊の抜刀隊の主力を形成していたのは、鹿児島の郷士出身の巡査たちである。彼らは旧藩時代から城下士に「郷の者」といわれて差別され、維新後も不仲であった。戦場における彼らの活躍には、城下士への恨みを晴らすという心理が潜んでいた（小川原『西南戦争』）。ちなみに薩摩軍が恐れた「赤帽」、すなわち近衛兵にも薩摩出身者が多かったという。

「戊辰の復讐」

さらに警視隊には、旧会津藩出身者が多数参加していた。警視隊員として西南戦争に参加した、もと会津藩士は前線に向かうにあたり、弟に手紙をあてたが、そこには「今日、薩人に一矢を放たざれば、地下にたいし面目なしと考え、いよいよ本日征西軍に従うため出発す」と記されていたという。

三月二八日付『郵便報知新聞』では、従軍記者犬養毅が田原坂の戦況を報じて、巡査隊の「故会津藩某」が一三人を斬る奮闘を見せ、その戦闘中大声で、「戊辰の復讐、戊辰の復讐」と叫んでいたと伝えている。警視隊に参加した福島県出身者は一一七七名、警視隊全体の一〇パーセント弱だったが、戦死者は一四三名で、全体の二四パーセントにのぼった（小川原『西南戦争』）。死亡率が構成比率を大きく上まわっている。これは会津出身の警視隊員が、自ら死地に赴いて薩摩軍と戦い奮戦したことを物語る。

会津戦争では、会津藩が恭順の意を示したのにも拘わらず官軍は戦端を開き、会津若松城をはじめ城下を徹底的に破壊し、多数の死者が出をだした。この戦争では白虎隊のみならず、数々の悲劇がうまれた。八月二三日の戸ノ口原《とのぐちはら》の戦いでは、約四六〇名の会津藩士が、さらにこの日自死した女性など一般人を含めると、一日で約七〇〇人が落命したという。さらに官軍は、会津戦争後、城下で戦死した会津藩兵の遺体の埋葬を長期間にわたって禁止した。遺体は腐敗し、野犬や烏の餌食となった。これは一種の見せしめだった（森田『明治維新という幻想』）。こうして、薩長を主力とする官軍は、会津人の怨みをかった。西南戦争での戦いは、会津人にとっては「復讐戦」だったのである。

両軍兵士による「舌戦」

戦場での兵士たちの「舌戦」も記録されている。川口が三月二〇日、最前線付近に出たときのことである。「今朝の勝報を聞いて前線にいってみた。すると両軍の堡塁の距離は、わずか一〇間（二〇メートル弱）程しかない。田原坂の戦いもすでに久しく、両軍ともに戦いにあきて鬱屈した雰囲気がながれている。こんな状況で、こちらの兵が戯れ歌を歌えば、賊兵もこれに合わせる。また互いに罵《ののし》り、嘲《あざけ》りあう。たとえばこちらから餅を投げて、『官軍には充分な食糧があるが、おまえたちは飢餓寸前だろう、かわいそうに。だから施しをしてやったぞ』という具合である。『舌戦』というものがあると聞いてはいたが、現場にきてみてそれが嘘ではなかったことがわかった」。

こんなこともあった。四月一〇日のこと、ひとりの薩摩兵に向かって、官軍の兵士が呼びかけた。「近ごろ銃を撃つのに疲れてきた。しばらく休憩にしないか。こちらには、酒や餅もあるぞ。

どうだ、うらやましいだろ」。すると薩摩兵は、「そうか、それでは餅を少し恵んでくれ」。すると官軍の兵士は餅を半分ちぎって、薩摩兵に投げ与えた。薩摩兵は「かたじけない」と礼をいった（『従征日記』）。

「舌戦」にしても、あとのエピソードにしても、戦場でもいったん戦闘がやめば、会話もするし、食い物を分け合うこともできる。一瞬であるが、人間性を回復させる。しかし、戦闘がはじまれば、殺し合う。人間というもの、戦争というものをどう考えればよいのか。

非情の掟

ところで、軍隊には非情の掟がある。三月一七日、事実上の官軍の司令官である山県有朋参軍名で、次の告諭が出された。

> 凡戦闘線に列し或は応援隊に備はる兵卒にして戦いに臨み引退き、又は頽《くず》れ立ち全軍の兵気を敗り軍機を誤らしむ者あらば将校は用捨《（ママ）》なく之を打殺し、以て総崩の患を防ぐべく且哨兵守兵の職務を怠り或は事故に託し守地を逃亡する兵卒あらば直に之を捕縛し、裁判官に附し其罪を治め軍律に照して之を罰すべし、兵卒たる者は兼て右の心得可有之儀に候得其尚更卑怯の振舞無之様に可致候為念此旨告諭候事（『第三旅団西南戦袍誌』）

軍隊である以上、敵を前にして退くならば、戦闘は成り立たない。だから、敵前逃亡は軍律違反で処罰の対象となる。しかしここでは、自軍の瓦解を防ぐために、退却するものがいたら、将校はその場でその兵士を撃ち殺せというのである。同様の軍律は、薩軍にもあった。

一、戎器を棄てて逃走する者

一、戦場において兵士の分を誤る者

一、道路在陣共、人民にたいし乱暴狼藉する者

右相犯すにおいては、ことごとく割腹に処し候条、厚くその意をとるべく候事

東京から警視隊員として従軍した喜多平四郎は、『従西従軍日誌』に「辺見佩ぶる所の刀は朱鞘にして大刀なりと、敗軍の際、味方の逃走する者を切ることしばしばなり」（五月一八日）と、「辺見」が逃走する味方の兵士をしばしば斬殺していると書いている。辺見とは、辺見十郎太である。辺見は薩軍の指揮官のひとりで、戦場の勇猛果敢さもさることながら、鹿児島での脅迫をもって行う徴兵などで批判も多かった人物である。喜多はここで、退く者を斬殺する薩軍の辺見を暗に批判している。

このように官薩両軍で、退却する兵士はその場で処刑するという軍律があった。のちの第一次世界大戦中、有名なヴェルダンの戦いにおいても、退却する自軍の兵士を射殺する狙撃兵が双方の軍隊にいたことが思い出される。兵士は退却すれば、射殺される。

国見岳から三田井（高千穂）方面を臨む。九州山地の険しい山並みがみえる（『従征日記』）

過酷な自然

これまでみてきた戦場は、主に田原坂とその周辺だった。平野の中の小高い丘をめぐる攻防だった。しかし西南戦争の後半は、九州山地の峻険な山岳地帯が戦場となった。筆者は、大分と宮崎県境の黒土峠付近を訪ねたことがあるが、峠付近の斜度は実際行ってみないとその険しさは実感できない。この斜面を登ったり下ったり、また尾根の地面を掘って陣地を構築したりしながら、戦闘が展開した。ここは九州山地の北西にあたる。しかし、九州山地のまっただ中、すなわち熊本と宮崎県境は、さらに山深い。

熊本平野の城東会戦で敗北した薩摩軍は、浜町または馬見《まみ》原《はら》（現山都町）に退き、さらに人吉方面へ移動する。四月二三日、熊本隊は馬見原から胡麻山越を進んだが、前日からの雨は暴風雨となった。この峠を越えると、九州山地のもっとも険しい山岳地帯である。熊本隊の佐々友房は、山越えの厳しさを『戦袍日記』に次のように記している。「ここは山また山、土の坂道は急すぎて、あたかも壁によじ登るようだ。一歩進んでもその先の一歩は、さらにそれより高くなるばかり。ちょうど後ろの者が前の者を載せて斜面を登っていくようだ。山道の幅は、わずか一尺（約三〇センチ）あまり。

しかも道には木の根が鋭くはい出して、足を取られる。また羊の腸のように曲がりくねった山道、鋭い尾根では馬のたてがみに跨るような所もある。下を見ればその高さは計りがたく足がすくむ。老樹が鬱蒼として見通しはきかず、ただ遠くの滝の音が聞こえるだけである。みな恐怖におののくばかりである。少しでも気をゆるせば、たちまち深い谷にのまれて鬼と化す（死んでしまう）。現に大小の荷駄、弾薬を運搬する牛馬が谷に落ちる。それが何頭落ちたかもわからないほどだ。ここがどれほど危険か、思い知らされる」と。

さらに熊本隊には、自宅を焼かれたうえ官軍による報復を恐れて、家族を連れてきた隊士も多かった。女性や子どもも、隊と行動を共にしていたのである。佐々は、「母は雨に泣き児は風に叫ぶ、観るもの凄然、涙下らざるなし」と認めている（落合『西南戦争と西郷隆盛』）。薩摩軍にとっても、官軍にとっても、九州山地の峻険な山岳地帯は、それ自体が大敵だった。

城山―最後の戦場

西南戦争最後の戦場は、いうまでもなく鹿児島の城山である。城山の薩軍を囲む「合圍」は厳重を極めた。それは、「竹垣を四重にも五重にも結び、さらにその前面に先の尖った竹や木を組んで地上に立て、あるいは竹串を斜めに突き立て、あるいは釘板を羅列し、あるいは落とし穴を設け、堅牢な堡塁を築き、各所に展望兵を置いた。その厳重さは、賊に羽がなければ脱出することが出来ない」と川口は表現している。この厳重な囲いは、西郷ほか「賊」がひとりたりとも城山から脱出できないようにすることはもちろん、最後まで西郷に心を寄せる鹿児島の士族が、城山に入ること

最後の戦場、炎上する城山（『従征日記』）

ができないようにしたものである。

東京警視隊第五小隊の荻野悦太郎（広島県出身、当時二〇歳）は、鹿児島から父彦三郎に手紙を送っている（九月一六日）。それによれば、城山の薩軍は約四〇〇人といい、軍夫（人夫）もほぼ同数だとしている。薩軍は穴を掘って弾丸を避け、西郷は紺の絣姿で戦闘を指揮していた。しかし兵糧は二〇〇俵ほどしかないため、近いうちに平定されるだろう、という見通しを述べている（「広島県立文書館だより」二三号、二〇〇八年）。

そして九月二四日午前四時、予定通り最後の総攻撃がはじまった。鹿児島湾の「和歌浦号」の船上にいた川口は、「突然の砲声に目を覚ました。すぐに衣服を着て甲板にのぼって陸をみれば、銃砲の音は百雷が落ちるようだった。閃光は、万星が飛ぶようだった。轟音は穏やかな山や海を揺り動かした。一陣の黒煙が天を衝くと同時に数か所に炎が立ち上り、二ノ丸や私学校、城山に沿う家屋は一斉に燃えあがり、真っ赤な火柱となった。そして遠くに進軍喇叭の声を聞いた」。殲滅戦は、二時間で終了した。西郷以下、桐野利秋、村田新八、別府晋助、辺見十郎太などの遺体も次々に収容された。本営に収容された遺体の数は一〇六だったが、「賊は皆、赤褌をまとい、多くは日本服を着ていた」（『従征日記』）。

小原正恒も本営に安置された西郷の遺体を確認しが、それは次のようなものだった。

首は腹の上に乗せられ其の上に二三枚の笹を置かれたり。其の顔は「ふっくら」と丸々肥へて色白く、口は一文字に締り、眼は安眠し居るが如く静かに閉ぢて少しも愁苦を浮べず、髯は濃くなく二三分伸びて洵《まこと》に仏の相を顕はせり。

いっぽう桐野の遺体は西郷と対照的で、頭部は銃弾と銃床で砕かれ、「一眼は上他は下を睨みて瞑目せず、遺恨万々として実に物凄き形相なりき」と記している（『西南戦争と西郷隆盛』）。

翌日、川口は戦場となった城下を巡回した。兵舎には暖簾が掛けられ、兵士や軍夫に餅を売る少女が出入りをしていた。そこには商魂たくましい民衆の姿があった。また戦場跡には、収容されず未だ放置されたままの遺体もあった。堡塁の外に、薩摩兵の首級がひとつ落ちていた。それは髪も髯も伸びていて、その様子は討ち取られた戦国の落ち武者の首のようだった。その首を兵士たちは、拾いあげ竹竿に刺して地面に突き立てた。そして戯れに花を摘んで、生首の両耳の穴に突っ込み飾っている。川口はこれをみて、「軍中ノ一戯ナリシ」と書いている（『従征日記』）。

川口は常に冷静に戦場をみつめ、その凄惨な現場を抑制気味に記録した。田原坂では、無惨な死屍を平然とみつめる女性に驚いたりもした。しかしその川口ですら、兵士が生首で戯れる様子をみて「軍中ノ一戯」という。これが戦場の現実なのである。

第二章

動員される民衆（一）——軍夫

本書は西南戦争と民衆のかかわりを追ってゆくのであるが、そのなかでも最も戦争に深くかかわったのが「軍夫」たちである。軍夫は官軍の食糧や弾薬を運ぶ、いわゆる後方支援（兵站《へいたん》）を担う人びとであるが、その数は兵士の数をはるかに上まわる。また、西南戦争の戦費のうち、最も多くの費用が軍夫の確保と給与にあてられた。後方支援とはいえ、実は最前線にまで弾薬を届ける必要もあり、軍夫の死傷者はかなりの数にのぼった（実数は不明）。また物資の輸送ばかりでなく、陣地の構築や遺体の埋葬、炊飯や調理など、戦闘以外のさまざまな任務にたずさわった。西南戦争における官軍の勝利は、彼らの存在をぬきにしては語ることができない。にもかかわらず、彼らの存在はほとんど忘れられている。

軍夫とは何か

軍夫とは、官軍に従い食糧や武器弾薬の監守や運搬作業、陣地構築などの土木作業、野戦病院での勤務、遺体の埋葬作業などを行う者、要するに官軍に従った人夫のことである。軍夫は、西南戦争中に「軍属」と規定された。戦争の当初、「軍属」でなかった軍夫が、急遽「軍属」となった理由とは、次のようなものであった。一時的に雇用された丸腰の「人夫」であれば武器を携えた兵士と違って、軍規や軍律に束縛されることはない。そうすると、最前線においては激しい戦闘に耐えかねて逃走する軍夫が続出することになる。実際、戦争が始まって二か月以上が過ぎた五月ころになると、軍夫に徴発された農民たちの逃走、離脱がさらに増加して問題となった。こうして軍人ではない「人夫」を軍規で拘束・統制するために「軍属」と規定したのであった。また軍夫の中に

【表2】軍夫の県別延べ人数

		延べ人数	訂正した数	比率%
軍夫	福岡県	6,411,329	6,411,330	44.64
	熊本県	4,291,967	4,291,967	29.88
	山口県	1,296,231	2,802,631	19.51
	大分県	857,245	857,245	5.97
小計		12,856,772	14,363,173	100
一時傭役夫		2,994,939	4,538,092	
総計		15,851,711	18,901,265	

（注）水野「西南戦争と民衆」より作成。
「訂正した数」は原本である「征西戦記稿附録、全」の合計数を訂正したもの。

は、例えば博徒やならず者の類も多数いた。このような者たちを軍規で縛る、そして軍規に違反した者を処罰する必要もあった。軍属となった軍夫には、「〇〇縣軍夫之證」という鑑札が与えられた。この鑑札が「軍属」としての軍夫の証明書であった。なお、軍夫に関する法的・制度的な研究については、猪飼隆明『西南戦争　戦争の大義と動員される民衆』および同『玉東町史　西南戦争編』に詳しい。

さて、西南戦争の期間を通じて動員された軍夫の延べ人数（従軍期間中の毎日の実役人数）は、一二〇〇万人を上まわる【表2】。これは兵士（戦闘員）の数をはるかに上まわる。県別の人数で

転陣の図。兵隊や軍夫たちが移動する様子

は、福岡県が最大で全体の約四五パーセント、つづいて熊本県・山口県・大分県の順となっている。軍夫の実数については把握が困難であるが、一説によると一二万三〇〇〇人余であったといわれる（水野「西南戦争と民衆」）。これほど大量の民衆が、軍夫として西南戦争に動員された。従って、西南戦争と民衆の関わりという点では、この軍夫がもっとも深い関係にあったといえる。

軍夫徴募と民衆

西南戦争で、はじめて軍夫の募集が行われたのは、輜重部《しちょう》（兵站部）が博多に設置されてからである。明治一〇年二月二八日、「諸品運搬規則」が出されたが、ここには「弾薬其他ノ物ヲ運搬セシメン為メ当地ニ於テ強壮ノ人夫ヲ傭ヒ」とある。まだ軍夫ではなく人夫という語が使われている。またこの規則では、人夫の賃金を各県庁に委ねている（水野前掲論文）。続いて三月九日には、軍夫の日給が示された。三月二一日には「福岡熊本両県下軍夫召集概則」が、同月三〇日には「山口県下軍夫召集概則」が出された（猪飼前掲書および『征西戦記稿』）。西南戦争の初期、軍夫は主に福岡・山口の両県から集められた。

軍夫は、後方支援を担う者たちとはいえ、前線の兵士に食糧や弾薬を送るのだから、命がけの仕事である。いっぽう、当時の一般の雇い夫（労働者）よりかなり高い賃金が支払われた。このような軍夫に対する民衆の態度は、積極的に応募する者とそうでない者に分かれていたといえる。例えば前者にあたるのは、炭坑夫などである。炭坑夫は、普段から危険な仕事をしている。だから坑道で死ぬのも、戦場で死ぬのも同じである。当時の炭坑は、戦場と同じように危険性が高かった。ならば、炭坑よりも賃金が高い軍夫に応じないわけはない。西南戦争中、筑豊の炭田からは、多数の坑夫が軍夫徴募に応じたという。

いっぽう、消極的な者は主に農民たちである。官軍は軍夫の徴募を半ば強制的に戦場周辺の村々に課した。村役人に対して、各小区（数か村から一〇数か村）に一〇〇人とか二〇〇人規模で軍夫を出すように命じてくる。西南戦争がはじまったのは二月の中旬であったが、田原坂の戦いは三月、熊本の城東会戦が四月、以後熊本南部の人吉から大分県、宮崎県での戦いは五月以降である。つまり農繁期である。従って、生命の危険がありかつ農繁期の戦争にかり出されることに、農民たちは消極的であった。

瀬高の「土民」たち

木葉で薩摩軍と官軍の戦争がはじまった数日後の二月二六日、川口武定は瀬高（現みやま市）についた。すると地元民数百人が沿道に並んでいる。川口は、「この男たちは何者だ」と周囲に尋ねた。すると誰かが、「この連中はみな、官軍の軍夫の募集に応じて集まった者たちです。連中は金めあてですよ。官軍が負ければ、山野に逃げて隠れる。しかし、官軍が優位とみれば、大勢集まって官軍の軍夫に応じるのですよ」という。川口は、それが人情だとつくづく思った。

このとき、軍夫の募集は千人規模であったが、なかなか集まらない。それは、賃金が安いからだという。実際どうなのか。県の軍夫募集担当者や地元の副戸長（村役人）に尋ねてみると、まさにその通りであった（金額は不詳）。川口は、「軍夫賃をケチって人が集まらず、そのために戦いに負

 けるならば本末転倒である」として、「速ニ其ノ要求ニ応シテ雇金ヲ給スヘシ」と県官に指示した。県官は、「これで人を集められる」と思ったのか、よろこびのあまり小躍りしてその場を立ち去った（『従征日記』）。

出夫への抵抗

戦場周辺の村は、軍夫を出すこと（出夫）に対し抵抗した。二月二三日、官軍が高瀬（現玉名市）へ出陣。さっそく輜重《しちょう》部から、至急使役に五〇人を差し出すよう達しがあった。第七大区二小区（大濱町・横島村・大園村、一〇九二戸・五一七四人）では、五〇人のうち一五人を大濱町に割り当てた。輜重部の要求は、出夫を拒むときは兵隊を派遣し「砲殺」（銃殺）してもよい、また捕縛して差し出してもよいという強硬なものであった。

この日、大濱町の光善寺に人民が集合した。おそらく役人たちが、割り当てられた一五人を決めるため集めたのであろう。ところが集まった人々の中から、「隣の小区は出夫しないらしいぞ。一度でも出夫すれば、命があるかぎり交代はできないらしいぞ」という声があがった。村役人たちは、「そんなことはない」と否定し、高瀬輜重部からの書類を示した。この書類は、出夫日数や賃金などを明記していたものであろう。ところが集まった群衆にこの書類が渡ると、「俺にも見せろ、俺にもみせろ」といって手から手に移り、ついに書類の行方は分からなくなった。そのうち群衆は、ばらばらに退散してしまった。役人たちは、「書類を返せ！」といったが、行方は分からないままであった。

その翌日、伊倉（現玉名市）に陣を構えた熊本隊のもとへ、坂本次郎という人物が数名の帯刀の者をひきつれあらわれる。そして行方が分からなくなった書類「出夫云々之書」を指し示し、「二小区区長以下の役人たちは、官軍と結託して人民を苦しめようとしている」と訴えた。そして「一時モ早々手ヲ付申度趣キ謀議」をしたという。この早々に「手ヲ付」とは如何なる意味なのか。

実はこの坂本次郎という人物は、当時この地域で吹き荒れた戸長征伐（村役人に対する抗議行動）に参加し、のちに熊本隊に従って転戦した人物である。ということは、「手ヲ付」とは熊本隊によって、人民を苦しめる役人と官軍を討伐して欲しいということだろう。すると先の人民集会の顚末は、この坂本らによって仕組まれた可能性が高い。ただし「一度出夫すれば、命があるかぎり交代はできない」というのは、民衆が実際に恐れていたことであった。

同じ第七大区二小区から従軍した軍夫たちから、「早く軍夫を辞めさせてほしい」という要求もあった（六月）。第七大区二小区では、一〇〇人の軍夫（史料では「使役夫」とある）を鹿児島の垂水《たるみず》へ派遣していたが、戦闘に巻き込まれ二名が即死し、一名重傷、一名軽傷という犠牲が出た。そのため、総員撤退の願いを出してくれと、現地から人を寄越してきた。二小区の戸長はさっそく高瀬の輜重部に出頭し、撤退を担当官と「談合」したという。おそらく死者が出た現地では、軍夫たちが騒ぎ出し、百人長は「惣引払願」を試みるからといって、その場を抑えたのではないだろうか。その後、撤退が実現したかどうかわからない。しかし軍夫を集めるのにも苦労している輜重部が、このような要求を認めるとは考えにくい。軍夫の退去要求をいちいち認めていたら、おそらく軍夫の多くが帰村してしまうことになるだろう。しかしこの事例は、「軍夫拒否」を要求する民衆のささやかな抵抗であった（『玉名市史　資料編6』）。

軍夫の賃金

平夫の賃金は、三月の段階では一日七五銭であったものが、三月一九日には五〇銭に下がっている。軍夫百人を統括する「百人長」の賃金も、当初は一日二円五〇銭であったものが、七月には半分以下の一日一円に低下している。実は、西南戦争の戦費中、軍夫・人夫費が全体の三一パーセントをしめ支出項目中第一位である。ちなみに第二位が兵器購入費であるが、軍夫・人夫費はその約三倍である。従って、戦争が延びれば、軍夫の賃金が政府の財政を圧迫することが予測された。このため政府は、軍夫の賃金を抑制せざるを得なかった。しかし先にも述べたように、賃金を下げれば軍夫が容易に集まらない。だからさきの瀬高でのように、現場で雇金を調整（この時は割り増し）したりすることもあったものと思われる。

この軍夫の賃金は、一般の人足にくらべて高かったのか。『明治大正国勢総攬』によれば、明治一〇年東京での鳶人足の賃金が一日二五銭、土方人足が二四銭、平人足が二二銭だったから、七五銭は三倍以上となる。引き下げられたあとの五〇銭でも、これらの人足にくらべるなら二倍以上である。東京の賃金ということを考慮すれば、九州での七五銭や五〇銭は、かなり「高給」といえるだろう。しかし軍夫は命に関わる仕事であるから、これを高いとみるか安いとみるかは難しい。ちなみに、大工と石工の賃金は四五銭、木挽は五〇銭であった。先にも述べたように、軍夫と同じ危険な仕事に従事する炭坑夫たちからは、かなり「高給」と感じられたかも知れない（なお当時の一円は、一円金貨の価値からみれば一万円弱ほどだが、賃金、米価などで換算すると一万円〜二万円で幅がある)。

軍夫の不足

戦争がはじまって間もなく、二月から三月は軍夫がなかなか集まらなかった。それは、戦争が激しく両軍の力も拮抗していて、民衆もその動静をみていたからだと思われる。二月二八日、まだ戦端が開かれて五日後、高瀬輜重部の黒川軍吏が、八方手を尽くして軍夫を募ったがなかなか集まらない。それどころか、わずかに集まった者たちも皆、兵隊を恐れ萎縮し、逃げる者が日に日に多くなっていく。時には優しい言葉で、時には威嚇して集めようとするが、軍夫に応ずる者は少なかった。「八方ふさがりだ。担当官の苦労は、だれも知らないだろう」。川口は、軍夫徴募の苦労と、内部の事情を正直に吐露している。

三月五日、軍夫の人数が少ないので、負傷者を病院に送付するにも支障が出た。そこで、現地民を雇用して、四人ひと組で負傷者を運ばせることにしたが、一度運べばすぐに四散して逃げてしまう。しかし負傷者が出る場所は、まさに戦場の最前線である。雇い夫が逃げるのは、当然である。

そこで川口等は、一計を案じた。病院の雇い夫には、頭に赤い布を巻かせ、ひとりの負傷者を病院に届けるたびに、切符一枚を与えることにした。そしてこの切符を差し出せば、定額の賃金に加え、一枚に付き一〇銭を加算して給与することにした。そうすると俄然、現地の雇い夫は喜んで赤い布を頭に巻き、競うようにして弾丸が飛び交う最前線に出て負傷者を病院に運ぶようになったではないか。わずか一〇銭の金で、人は危険を冒してでも稼ごうとする。この苦肉の策は大当たりしたが、「人間の性」をみて、川口は少々呆れた（『従征日記』）。

軍夫の「戦死」

『玉名市史通史編』には、玉名市域における軍夫の負傷に関して、数多くの事例が報告されている。岩崎村清田太三次（二一歳）は、二月一九日高瀬町から熊本鎮台（熊本城）までで弾薬を輸送した。その後、そのまま鎮台に留め置かれ、二二日の熊本藤崎八幡宮付近の戦闘に巻き込まれ、流れ弾にあたって死亡。伊倉北方村の小北庄吉（五四歳）は、砲声を聞き近くの竹やぶに逃げ込む途中、流れ弾にあたり、治療したが三月二六日死亡。伊倉南方村の松浦又次郎（三七歳）は、自宅に熊本隊士が踏み込み、左手首切断・右前膊《ぜんばく》（肘から下の腕）に長さ一寸五分深さ七歩の刀創を受けた。また、宮原村の松浦幸次郎（四〇歳）も左前頭部から耳の後ろへ長さ四寸五分深さ八歩、さらに後頭部にかけて長さ三寸七歩、左肩三寸などを斬られ三月二一日死亡。二月二七日川部田村の戦闘で、石樋の中に隠れたところ弾丸が飛び込み、関才平（二九歳）即死、関庄七の弟禎次郎（三五歳）負傷、同政七（二五歳）即死、馬一匹即死、関伝十の妻こい（五四歳）負傷。しかし軍夫の中には、氏名もわからず、路傍に埋葬された者も少なくない。

細島官軍墓地（宮城県日向市）の「軍夫二十一名の墓」。ここには「軍夫二十六名の墓」もある。名も知れない軍夫たちの墓

　政府陸軍の総兵力は五万八五五八人。軍夫の実数

は、その二倍以上にのぼるといわれる。従軍した軍夫のうち、戦死一四七人、負傷者五二五人。このほか天然痘による犠牲者は、三三九人であったという（水野前掲論文）。しかし、のちに述べるコレラや下痢症などによる犠牲者もあったであろうから、軍夫の犠牲者の実数は、さらに大きかったと思われる。ちなみに、薩軍の兵站をになった人夫は、「大小荷駄」といわれた。その数は当初一二〇〇人であったというから、官軍のそれとは比較にならないほど少ない。官軍勝利の一因は、この軍夫の数の違いによる食糧・弾薬ほか軍需物資の量の違いであった。

軍夫が運んでいた物

軍夫が運んでいた物は、もちろん軍団全体の食糧や弾薬である。しかし、ほかにも多くの物資を運んでいる。『従征日記』五月一一日の「会計ニ係ル携帯ノ物品」から、品目だけを列挙してみよう。

①食糧
精米・醬油・塩・味噌・白梅・酒・乾魚・鯣《するめ》・氷蒟蒻・氷豆腐・薤・佃煮魚・酒・葛粉・白砂糖・精糯米・茶・黒大豆・鰹節

②炊爨《すいさん》具
銅釜・鉄釜・鉄輪・鉄架・半切桶・笊・担桶・杓子大・杓子小・鉄歯汁次・煮揚笊・薬罐・包丁・柄杓大・柄杓小・釣瓶・車輪共・鍬・鎌・鋸・団扇・水溜桶・苔・薦席（ママ）・錐

③被服ならびに消耗雑品

近衛略帽・鎮台略帽・外套・毛布・紺脚絆・手拭・足袋・草鞋・弾薬袋・号信旗・七島蓆・細引・墨・煙草・椿油・空苞・提灯・寒暖計・真鍮星章・美濃紙状袋・西洋紙状袋・美濃界紙・美濃紙・半紙・巻紙・界紙・塵紙・水筆・藁縄・蝋燭・木綿

④病院関係物資

単病衣・袷病衣・毛布・枕・藁布団・木綿・綿撒糸・硯箱付属品共・茶碗・飲水器・土瓶・手桶・杓・桶・玄蕃桶・肺浴器・手水盥・屎器・尿器・鉄歯盥

これは予め調達されたもので、現地調達の品々ではない。現地調達の物を加えれば、さらに品目は増える。量は省略したが、実に多くの物資を軍夫たちは運んでいた。さきに兵士の人数よりも、軍夫のそれが遙かに多いと書いたが、これらの品々をみれば、その理由が自ずと知れるというものである。

兵士と軍夫の食事

軍夫が運んでいた兵士と軍夫の「糧食」についても触れておこう。西南戦争がはじまってしばらくは、食糧の補給もままならなかった。田原坂の激戦地では、食糧も不足した。二月二八日の状況は、「兵隊の糧食は、精米一合で一個のにぎりめしを作り、中に梅干しまたは味噌を入れる。このにぎりめし二個を合わせて一包みとする」というものだった。これが、一回の食事である。兵士は一日に四回の食事（朝・昼・夕・夜。軍夫は朝・昼・夕の三回）をしたから、一日八個のにぎりめし（米八合）が「兵餉」の基本だった。一日八合の飯は、現在の私たちの消費量の数倍である。しかし副食物がほとんどないため、恐らく戦場ではこれでも足りないくらいだったと思われる。

薩軍が熊本から撤退したあと、五月になると食糧供給も安定する。「第一第二旅団会計日誌上」にも、糧食課ほか会計部の詳細な人員配置がみられる（五月三日）。七月一一日（三田井在陣中）には、糧食魚菜分配表が見られる【表3】。これによれば、食事は一日四回、奇数と偶数日で献立が違う。また軍人と軍夫の食事には、区別がある。表中「薤」は「ニラ」、「蘿蔔」は「らふく」と読み大根のこと。「白梅」は梅干し、「鯣」は「するめ」である。

【表3】糧食魚菜分配表

		朝	昼	夕	夜
奇日	軍人	薤漬	牛肉・蘿蔔漬	凍豆腐或は干瓢・白梅	餅
	軍夫	味噌	蘿蔔漬	白梅	
偶日	軍人	白梅	塩或は乾魚・薤漬	切鯣或は切干蘿蔔漬	白梅
	軍夫	白梅	味噌	蘿蔔漬	
奇日	軍人	薤漬	牛肉・蘿蔔漬	凍豆腐或は干瓢・白梅	餅
	軍夫	味噌	蘿蔔漬	白梅	
偶日	軍人	白梅	塩或は乾魚・薤漬	切鯣或は切干蘿蔔漬	白梅
	軍夫	白梅	味噌	蘿蔔漬	

（注）『従征日記』より

川口は「給与ニ便宜ナル食料ノ概略」、すなわち戦場において便利な食糧をあげている。それによれば、魚ではまず「乾鰛」、つまりめざしである。つぎに「乾萬引魚」であるが、「萬引」はシイラのことである。鱘《かじき》は煮込んだものか、生の場合は醤油につける。牛肉は「切乾蘿菔」、すなわち切り干し大根などとともに煮込む。鶏肉も蒟蒻や牛蒡と煮込む。その他、かまぼこ、「氷蒟蒻」、高野豆腐など乾物が多い（『従征日記』）要するに、日持ちがよいもの、運び安いもの、調理しやすいもの、ということになる。

軍夫中のスパイ

軍夫の中には、官軍の情報を得るために紛れ込んだ者もいた。つまり、薩軍側のスパイである。三月一八日、西川富三郎組の軍夫だった井上某ほか二〇名が、南関の兵営から逃亡した。この井上某は、神戸港で雇用した軍夫だったが、萩の乱の残党らしかった。それを西川は知らなかった。特に審査もなく雇用された雑多な軍夫の中には、佐賀の乱、萩の乱などの残党も含まれていた。つまり、軍夫になりすましているスパイもいたようだ。逃亡した二〇名は、その後薩軍に身を投じたかも知れない。官軍では、このような軍夫中のスパイに警戒をするよう指示を出した。三月二七日、佐賀の乱と秋月の乱の残党が、福岡城を襲撃した。幸い官軍の一小隊がこれを退けた。福岡県令は、軍夫の中に佐賀県士族や福岡県士族が若干名いるので、警戒をするようにとの情報が寄せられた（『従征日記』）。軍団では、とくに士族出身の軍夫に警戒をしていたことがわかる。

実際、薩軍のスパイが捕らえられて、処刑された事実もある。福岡県筑前国第七大区四小区泉河内村の平民深野吉右衛門は、官軍の軍夫でありながら賊のスパイを働いたとして、七月二三日に処刑されている（猪飼『西南戦争』）。戦場でスパイ行為が発覚すると、その場で処刑されるのである。

博奕と取り締まり

軍夫の中には、ならず者もいた。また長期にわたる従軍での楽しみは、酒を呑んだり食べたりす

軍夫たちの相撲。戦争中の少ない娯楽のひとつ（『従征日記』）

るほかは、博打くらいしかなかった。だから軍夫たちはしばしば、車座になって博打を張った。三月二二日のこと、木葉の会計本部所属の軍夫が、突然騒ぎ出した。数名の軍夫が、本部の垣を越え、壁を突き倒して逃げ出した。軍官が残った軍夫をつかまえ叱責し、何事かと問いただすと、薩軍が斬り込んで来たので逃げたのだという。敵が白昼に襲撃してくるはずがない。本営にもどって確かめると、軍夫たちが集まって博打をしていたところへ、巡査がやってきてそれを咎めた。それで数人の軍夫が、四方に走って逃げた。その騒ぎを聞いた別な軍夫たちが、薩軍の襲撃と勘違いして大騒ぎになったという。川口は思った。かつて平氏が富士川の戦いの時に水鳥の飛び立つ音を敵の襲撃と思い総崩れになったが、今回も同様のものか。しかし軍隊としては、大いに慎むべき事だと。慎むべきとは、戦場を前にしての博打と、敵の襲撃と勘違いして逃亡することである。ここで浮かび上がるのは、軍夫の博打が常態化していたことと、警察がそれを取り締まっていたことである。

大分県南の重岡（現佐伯市）に輜重部がおかれた頃だから、六月以降になる。重岡には数千人の軍夫が駐屯したが、その時の軍夫の様子は次のようなものだった。「兵士は軍規で取り締まるので乱暴な行為も見えないが、人夫は福岡、熊本、佐賀、愛媛からの集合なので袁彦道が盛んに行はれる、労働の余暇には千人小屋の片隅に車座を作り博打をやっている、また各地から商人も多数入込んでいるので、奸策を弄して儲けをたくらむので警察がとりしまった」と（渡辺用馬「懐古追録」）。「袁彦道」とは、中国東晋時代の博打の名人で、転じて博打そのものをさすことばである。博打は各地から集まる軍夫たちの共通の遊びだった。しかも軍夫の中には、乱暴な者たちも多かった。

女性を伴う軍夫

信じがたいことだが、戦場に女性を伴った軍夫がいた。これも川口の『従征日記』にでてくる。鹿児島に派遣された旅団のなかに「女子に扮装させて男子にみせて、携帯しているものがあると聞いた」とある。つまり女性に男装させて、そばにおいてる軍夫がいるという。しかしこの女性は、普段は軍夫として男たちの中で働いていたのだろうか。続いて川口は、「色欲は戦場にあっても思案の外」の事だという。

その他にも「奇談怪聞《きだんかいぶん》」、つまり怪しい話がいくつかあった。七月八日のこと、山裏村（現高千穂町）の佐保某の妻ツネは、白仁田の「糧食炊爨場」に傭われていたが、この炊爨場が移転することになったので雇い止めになった。ツネは帰宅すべきところ、「奸夫海太郎」という男と「同衾」していた。その現場を夫に見つかった。これはたまたまか、誰かの情報でこうなったのかは分からない。夫の佐保某は直ちに鎌で梅太郎に襲いかかり、梅太郎は瀕死の重傷を負った。事件後、佐保某は役人に捕縛されたという。

炊爨場をめぐっては、次のような話もある。炊爨場で握り飯を作らせるのは、これまでその土地その土地で採用してきた。それは、女性の性格がおだやかで、また仕事が細かいからである。さらに土地の女性を雇用することで、地元にお金を落とす効果もあった。ところが雇用期間が長くなると、さまざまな弊害もでてきた。炊爨場の営舎が、次の町や村に移るときに、傭った女も付いてくるようになった。また派閥が生じて対立したり、さらに軍夫相手の色恋の問題も生じた。こうなってくると、戸長や保長の制御もきかなくなる。そこでこれ以降、女性を雇用することを廃止して、団飯は軍夫に作らせることになった（『従征日記』）。

賃銭を貰って感激

七月六日、会計部が高千穂におかれているとき、一人の老人が経理課にやってきた。川口が賃銭をこの老人に支払うと、老人は驚いて次のようにいう。「私は齢すでに六〇となりますが、これまで人夫として使われても、賃銭をもらったことはありませんでした。そのうえ、御上から食事までいただくということは、今回がはじめてでございます」と。これをきいて川口は、明治維新で世の中が変わったけれど、これまでの「圧制政治」（幕藩体制か）から抜け出せないでいる民衆の様子を目の当たりにした思いだった。民衆の意識は、何ら変わっていない。世の中では「民権」を論じる者がいるが、この老人や一般の民衆は、その意味を解してはいないのだろう。ただ川口は、この老人の言葉に感激し、その醇朴さに思わず感涙した。そして、「ああ、習慣は第二の天性」とは、このようなことをいうのだろうと思った（『従征日記』）。

この「習慣は第二の天性」とは、西洋のことわざで、古代ギリシャのものとも古代ローマでうまれたものともいう。その意味は、「身に付いた習慣は、知らぬ間に身にしみこんで、いつしか生まれつきの性質のようになってしまう」ということである。老人は旧藩時代、人夫としていくら使役されても、賃金を受け取ったことはなかった。だから、賃銭など貰わないのが当然だと信じ切っている。だからはじめて軍夫の賃金をもらい、感激しているのである。

軍夫徴募の実態

ここからは、大分県の軍夫徴募の実態についてみてみたい。大分県において軍夫の徴募がはじまるのは、三月下旬からである。三月二〇日、官軍（南関の軍団本営）から大分県へ軍夫徴募についての要請があった（『明治十年騒擾一件』）。一日一円以内で、一五〇〇人の人夫を徴募したいという。三月二〇日は、田原坂の戦闘で政府軍が勝利した日である。これに対し大分県は、「今日までに召集できた分（数は不明）は、南関にむけすでに早速出発させた、今後五〇〇人は「中津支庁下」で召集する、日給は七五銭と決定した」と回答している（三月二四日）。このとき送った軍夫たちかどうかは確認できないが、三月二九日には「大分縣ノ軍夫三百名至ル」という記事がみえる（『征西戦記稿』）。前日には、山口・福岡両県の軍夫たちも福岡に到着しており、この頃続々と軍夫たちが博多に集まっていたものとみられる。

四月五日、豊後口熊本輜重部から司令部に対し、軍夫を大分県下において徴募したいという申し出があった。それは、第一に軍夫の交代要員が必要なこと、第二に戦闘の拡大に伴い熊本・福岡からの軍夫徴集は距離的に遠くなり時間がかかることから、大分県から軍夫を徴集したいというのである。大分県から軍夫を徴募すれば、時間も費用も節約できるのである。

これをうけて大分県では、四月一六日に「人夫召募方心得達」（庶達第三十四号）が出された（『縣治概畧V』）。要点は第一に、軍夫の交替のため大分県下で一五〇〇人の軍夫を徴募するとしているが、これはさきの豊後口熊本輜重部の要請をうけてのものである。第二に、軍夫としての使役期間（出役日数）は「数日滞留候共差支無之者」と、その日数を「数日」として限定していない。もともと軍夫の出役日数は、三月一〇日の時点では「使役五日間にて交替セシムルヲ約ス」という規定があった。しかし出役日数はその後引き延ばされ、七月には「無期限」となってしまう（猪飼『西南戦争』）。その理由は、戦争が長期化するにつれ、さらには戦争が農繁期と重なると新しい軍夫の徴募、補充が難しくなったからである。大分県では、はじめから日数の制限がなかった。第三に、賃金に関しかなり細かな規定をおこなっている【表4】。平夫の賃金を見ると、輜重部で足止め（待機）状態では一日三〇銭、輜重部で作業すれば一日四〇銭、物資の運搬を行えば一日五〇銭となっている。この賃金のほか場所を移動した場合は、さらに旅費（一里五銭、一日五〇銭）が加わる。軍夫の賃金は、先述したように各県に委ねられていたが、熊本県と大分県の間でほとんど差はないこ

【表4】軍夫賃金（日給）の変化

	三月九日	三月一九日（木葉）		四月一六日（大分県）			七月一八日（熊本県）
		戦地	砲廠糧食に使用	輜重部足留	輜重部で使役	物品運送	
百人長	適宜	二円五〇銭	一円五〇銭	一円	一円五〇銭	二円	一円
二十人長	一円五〇銭	一円五〇銭	一円	五〇銭	七五銭	一円	七五銭
平夫	七五銭	七五銭	五〇銭	三〇銭	四〇銭	五〇銭	五〇銭
旅費		一里五銭	—	一日五〇銭（但し、一里五銭）			五銭

（注）水野前掲論文および『県治概略』より作成。

とがわかる。また、賃金の規定も西南戦争を通じて変化し続けるが、一般的に賃金は漸次切り下げられていく。第四に、軍夫徴募を実際に行ったのは、村々の区戸長であった。末端の行政機構が機能してはじめて、大量の人と物を調達することができた。しかし後述するように農民たちは軍役を忌避する傾向があったため、徴募は思うように進まなかった。くじ引きで軍夫を出したり、「村惣公役」同様、半強制的に徴募したりした場合も多かった。第五に、徴募に際して「御請書」を出させていることも注目される。「御請書」には、いったん軍夫に採用された場合、「御用済迄帰村等之嘆願ハ決テ申上間敷、此段御請申上候也」とあり、任務の途中で村へ帰らないことを誓わせている。これは言うまでもなく、軍夫の逃亡や離脱を事前に防ぐための措置であった。

死傷や交代の問題

七月一一日、官軍から大分県に対し、軍夫の採用に関して次のような照会があった。「軍夫は軍属で軍規に拘束される上、死傷したときの補償問題もあるので、県による身元保証のない者は、採用してはならない」と。また、百人長や二十人長が、軍夫の欠員を補うために示談で新たに軍夫を雇用することも禁止している（『明治十年騒擾一件』）。これを受けて大分県でも同様の達しを下すとともに、特に「内証ノ相対示談ヲ以テ、私ニ軍夫ト交替スル」と示談による交代を禁止している（『縣治概畧V』）。おそらく大分県南の戦地近傍では、示談による軍夫の交替が頻繁に起こっていたものと思われる。示談による交代によって、身元の確認ができないことを県は憂慮している。補償の問題がからむからである。

しかし大分県では、軍夫たちをめぐる次のような現実があったものと思われる。すなわち、軍夫として採用されたものの農作業が気になり、さらにいつ解放されるか分からないことに不安を覚える軍夫たちが大勢いた。いっぽう、破格の賃金を得ようと軍夫を志願する者たちもいた。さらには職務上、何とか欠員を補充しようとする百人長や二十人長たちがいた。こうした軍夫をめぐる実態がみえてくるのである。

軍夫「高野組」

村々で、実際にどのように軍夫の徴募がおこなわれたのか。この点については、史料が少なく、その実態がなかなか解明できない。ここでは、断片的な史料からその実態を垣間見みることにする。五大区一五小区（現豊後大野市）軸丸村の元副戸長高野源平は、五月一八日、砂田村牧口（同市）に置かれていた政府軍から「本営輜重部詰」を命じられた。そして政府軍の移動に伴い、三重市（同市）へいく。彼はここで「百馬長」を兼務することになった。百馬長とは、物資を運ぶために集められた百頭の馬と人夫を統べる役職だった。七月六日、今度は「軍夫三百人長」を命じられると同時に「輜重部詰」を辞した。百人長などには村の中堅層が任命されたといわれるが、高野が三百人長になったのも、元副戸長であることと、この年三月に副戸長を辞職していたため、従軍に支障がなかったからだと思われる。高野が指揮した三百人の軍夫集団は「高野組」と命名され、「高野組」と書いた旗を押し立てて鹿児島まで従軍した。

この三百人の軍夫の徴募について、高野が残している「手続書」（『高野家文書』、県に提出した下書きか）によれば、八月二日に輜重部から三百名の軍夫を五日までに集めるよう命じられている。猶予は、わずか三日しかない。高野は「夜通し」で帰村した。そして高野は東奔西走し、周辺の区戸長に掛合った。それ以上の召集の具体的方法は明らかではないが、まもなく三〇〇名が集まったようである。おそらくは大野郡旧緒方町の村々に対し、村ごとに軍夫の人数を半強制的に割り当てて召集したものであろう。そして「多分之入費等相掛」と、軍夫を集めるのに多大な費用がかかったとも書いている。

軍夫「高野組」は、八月四日に鹿児島へ向け重岡を出発した。どのような経路を従軍したか不明であるが、九月二四日に西南戦争が終結したとき、「高野組」は鹿児島で「終戦」を迎えた。一〇月末、高野源平は「同志」ともに帰村した。この五〇日余りの従軍によって高野源平が得た「得金」は、二五〇円だった（『高野家文書』）。二五〇円を単純に五〇日で割ると一日五円となる。「百長」の賃金が一日二円（輜重部ヨリ各部ニ物品運送賃金）であったから、「三百長」の賃金は一日五円だったと推定される（ただ、この二五〇円には、鹿児島へ向け出発する以前の勤務による賃銭も含まれている可能性もある）。なお、「高野組」の平夫の賃金は、一日五〇銭であった（「手続書」）。この一日五〇銭という賃金は、「今に比し物価廉に貨幣価値の高かりし当時に在りては、頗る高給」であった（『緒方村誌』）。

軍夫徴募に対する県民の対応

軍夫徴募に対する大分県民の対応は、どのようなものだったのか。例えば、大分郡下宗方村（現大分市）では、わずか二名の軍夫召募に応ずるものがなかった。そこで、西方・東方からそれぞれ一名をくじ引きで決めたという（釘宮『豊後路の西南戦争』）。くじ引きで軍夫を出したという話は各地に残っており、熊本県天草の崎津では、あらかじめくじ引きで軍夫を決定したあと、いざ実際に召集される段になってこれに反対する一揆が起こっている（鶴田「天草〝徴用騒動〟の地域史研究―西南戦争と天草―」）。

『明治十年騒擾一件』には、県南の戦闘に関して、物資運搬がしばしば滞った様子が見える。七月一一日の大分県警察から大分県官への書簡には、「軍は物資運搬の不都合を述べ、すべて大分県の不注意といわんばかりであるので、私からは県令も昼夜このことばかり心痛しておられ、各地に県官を派遣されています。しかしご存知の通り、県南は道路が悪いうえ、人民は頑陋で軍役に出るのを忌避しており、思い通りになりませんと言上しました」とある。大分県南の民衆は、陸軍の物資の運搬に対して非協力的であった。この書簡は七月のものであるから、農繁期である。農民たちは農作業に追われて、物資運搬に動員されることを忌避したものと思われる。

ところで「軍用運搬夫」の徴募に関して、九月一日、大分県は「庶達第五拾八号軍用運搬夫云々達」を出した（『縣治概畧Ⅵ』）。この達は、県当局が軍用運搬夫の徴募について、戸別に賦課したり、出夫困難な戸から課金を要求したりするなどの強制的な運搬夫徴募を禁止したものである。ということは、運搬夫徴募に対して、それを受けた小区（村）では人夫を半ば強制的に賦課することがあったことを意味する。その結果、体力的に運搬役に堪えられない年寄りや婦女、病人などが運搬夫として召集されるような事態が生じた。軍夫は、たて前では本人の希望によるものであったから、県は、村ごとの強制を「不都合」として禁じたのである。ここにも、軍夫徴募の実態が浮かび上がる。

先にも述べたように、軍夫の賃金は当時としては極めて高給であったため、積極的に政府軍の軍夫に応じたものも多い。柴田秀吉は、西南戦争当時に流行ったという戯れ歌「オーヤマカチヤンリン節」(「薩軍まけるな、官軍ひくな、間《あい》で人夫が金の山(後略)」)を引きながら、「大分県の農民は、西南戦争で銭をかせぐために奔走した」という(「西南戦争の軍夫たち」)。しかし農繁期を迎えた大分県の村々においては、軍役を忌避する人々のようすも浮かびあがる。

逃亡した軍夫の場合

後方支援とはいえ、前線まで弾薬や食糧を運ぶ軍夫は、命がけの仕事であった。先にも述べたように、多数の軍夫が戦場で死亡している。ここでは、戦場から逃亡して処罰された例を紹介しよう。滑石村(現玉名市)の南権次郎は六月二八日に軍夫となり、七月一日大分県重岡輜重部に配属された。二日には、重岡から食糧を担って「赤松峠水ヶ谷戦地」まで運送した。同月三日から四日は、そのまま戦場に留め置かれ、昼夜前線への弾薬の運搬に使役された。戦闘は激しさを増し、権次郎はついに戦場から脱走する。彼はその時の状況を次のように述べている。「戦争烈敷銃砲の弾丸前後左右に飛来、私はもともと農民の身ですから、命を捨てたくないと思い正気を失ひ狼狽し、ついに戦地を逃げ去りました」と。ここで彼は、私は農民でございますから、といい訳をしているが、本音だったに違いない。その後権次郎は、野宿しながら、やっと自宅までたどりついた。激しい戦闘で正気を失ったとは言え、戦線を離脱したことは軍律に違反したことになる。軍夫権治郎は「軍属」であったから、軍律違反の罪を問われ、一一月になってこの始末書を熊本県輜重残務調掛あてに提出したのであった。なお、権次郎に対する処分（判決）は不明である（『トピックスで読む熊本の歴史』）。

第三章

動員される民衆（二）

——人夫・探偵・食糧・土地・家屋

西南戦争には、さきの軍夫に加え、さらに多くの一般民衆が動員された。しかも薩軍、官軍の両方に動員された。官軍の場合、資金や物資は、かなり豊富に準備することができた。しかし薩軍は、はじめから資金や物資の不足に悩まされ、しばしば「現地調達」にならざるを得なかった。それは、労働力にしても同様である。そしてこの「現地調達」は、往々にして掠奪同然であった。いっぽう官軍の場合も、その対価を支払ったとはいえ、現地調達は不可欠であった。そしてこの現地調達の要求は、当時の村役人層に課せられたから、かれらの苦労は並大抵のものではなかった。調達（徴発）が家屋、土地にもおよんだ場合、戦場に隣接する村びとの生活は完全に破壊された。

高瀬周辺の村々

まず『玉名市史』の「西南の役資料（雑抄）」から、民衆の動員についてみてみたい。二月二二日、「小倉隊」（官軍の先鋒）が高瀬に到着すると、戦争は一気に現実味をおびる。すぐに戦争がはじまるのではないかという風説が流れ、「市中狼狽」し、市民は荷物を持てるだけもって避難をはじめる。大騒動になってきたので、村役人たちと巡査は騒がぬように説諭するが、いったん騒ぎが起こると鎮められない。こうなると、兵士の炊き出しにも支障が出てくる。村役人たちは、兵粮米を精米する手配もしなければならないが、今度は精米所に抜刀した者が来て暴れているという。巡査に取り締まりを依頼するが、それもままならない。そのうち市街地は、「殺気が充満」してきた。役人の詰め所にも、「強談」の者が来る気配があり、ここを立ち退くことにした。戦闘がはじまる前、すでに高瀬は騒然としていた。

役人たちが、その居所を立ち退く時には、最重要書類や金銭は持参する。しかしそれ以外のものは片付けて、土蔵などに隠しておく。だがこれは一時的なもので、余裕があれば安全な場所に移しておく。ある役人は、書類を莚に包んで自宅の「唐芋穴」に隠した。

村役人たちには、官軍の命令や指示が、県官を通じて下される。いろいろな要求や命令があるが、いちばん多いのが、人夫や軍夫の手配である。それも何度も何度も、しかも突然やってくる。第七大区九小区の用掛だった田代某宅には四月のある夜、誰かが真夜中にやってきて戸を叩く。何事かと思って出てみると、八小区の用掛だった。何事かと問うと、官軍から「火急」人夫を差し出すようにという。それから戸長宅を訪ねると、農繁期で出夫に応じるものは少ないだろうという。そこで村々に人数を割り当てて説諭しながら人夫を揃えることになった。夜明けを待って村役人たちは、村内を駆けずりまわった。そして午前一〇時までに、なんとか一〇〇人の人夫を揃えることができた。何か村で一〇〇人出さねばならなかったかは不明である。しかし突然、真夜中にたたき起こされて、翌朝までに一〇〇もの人夫をかき集めねばならない苦労は、大変なものだった。しかも農繁期であったから、村役人は農民の怨みも受け止めねばならなかった。三月一三日にも「官軍御用玄米搗方」人夫、つまり精米要員が、四月八日には街道や橋の修復のために「修繕人夫」、つまり土木作業員なども徴発されている。

三月四日には、同じ九小区に草鞋《わらじ》二三五〇足の要求があり、各村に割り当てている。草鞋は兵士や軍夫の履き物である。したがって膨大な数が必要だった。また薪の要求も多かった。薪は炊爨場で使う燃料であり、兵士や軍夫が暖をとるためのものでもあった。実に膨大な量の薪炭を集めるよう命令が出された。第七大区九小区の用掛早野某は、「官軍用薪日々五千斤宛周旋致候様」という指示を受けた。一斤は約六〇〇グラムであるから、「五千斤」は三〇〇〇キログラム、すなわち三トンである。早野は、この膨大な薪を三月から四月の二か月間に、高瀬の軍団に納めた。その際、山林の多い山手の村々を這いずりまわってかき集めたという。ほかにも薪を納める者はいたに違いないが、こうして兵士や軍夫の食が支えられていたのである。これでも薪は足りなかったから、軍団本営周辺の民家の壁板や床板は燃料として奪われた。

人夫として動員

第一章で述べたように、木葉の官軍の墓地では、軍夫七〇〜八〇人が、遺体の埋葬に従事した。しかし、遺体の埋葬には、地元民もまた動員された。さらにけが人の後送にも地元民が使役された。そのほか、戦闘が繰り広げられる最前線では、兵士が身を隠す防塁や塹壕を掘り、四つ目垣を縦横に構築しなければならない。この土木作業にもまた、地元民が動員された。

大分県南の宮崎県境付近では、官軍による土木工事は夜間に行われた。それは、昼間ならば襲撃される恐れがあるからである。夜間であっても明かりをつければ狙われるため、真っ暗闇で作業が行われる。四つ目垣を造る竹は、主に近くの小野市や重岡から徴発された。縄や杭《くい》などの資材は、大野郡や大分郡、さらには南北海部郡から集められた。かなり広範囲から物資を調達しなければ、必要な資材を満たせなかった。さらに徴発に応じて集まった人夫の数は膨大で、その人数すらはっきりしないほどであった（「懐古追録」）。このような様々な人夫の徴発は、官軍から各県の県官に要求があり、さらに区戸長に指示が下るのが一般的であった。結局、末端で人をかき集める業務は、これらの村役人が負うことになる。しかし村びとは、出夫を渋ることがあったから、村役人は人数を揃えられないことも多かった。

重岡（現佐伯市）本営でのこと、命令された人夫の数に不足があった。本営の副官は激怒し、大声で大分県の担当者と区長を叱責した。さらに県官は剣のさやで打たれ、区長は縁側から外へ蹴落とされた。おりから雨が降り、外はぬかるみ状態だった。区長は泥まみれとなり、惨めな姿をさらした（「懐古追録」）。

探偵・嚮導・伝令・軍用飛信

地元民は、労働力としての動員以外にも、官薩両軍に使役されている。ひとつは、探偵として動員された。官軍も薩摩軍も、戦場となる地域にはいると、敵情を探るのだが、地元民のうち地理に明るいものを探偵として徴用した。そして、敵の防塁などの配置などを探らせた。しかしこれは、敵側に探偵もしくは間諜だということが発覚し捕縛されれば、殺される場合がある。実際に間諜として処刑されたケースは少なくない。また、間諜と間違えられて殺されたケースもある。

ふたつめは、「嚮導《きょうどう》」である。これは要するに、道案内である。現在のように地図や道路が整備される以前は、道しるべや道案内なしで知らない土地を移動するのは簡単ではなかった。道に迷うことも、しばしばあった。平時で地元民に道を尋ねられればよいが、戦場では住民の多くは避難している。ましてや、見通しの悪い山道などは、特に移動に困難がともなった。だから官薩両軍とも、地元民を道案内として動員した。この探偵と嚮導には、給与の規定があった。四月一一日に出された「軍中制規」には、「探偵若クハ嚮導ニ雇使スル士族ニ給与ノ例ヲ定ムル」とあり、「手当金一日ニ金五十銭」「毛布一枚」「糧食及止宿料」と定めている（『征西戦記稿附録』）。

しかし、この道案内も命がけであった。三月二一日、熊本の山鹿での戦いでのことである。第三旅団の陸軍少尉亀岡泰辰らが、ひとりの地元民に嚮導を依頼したところ、引き受けてくれた。しかし支度に時間がかかりすぎるため、家の中をのぞいてみたところ、家族と別れの盃を交わしていたという。この地元民は旧士族であったが、死を覚悟して嚮導を引きうけたのである（『第三旅団西南戦袍誌』）。

三つめは、伝令である。官軍の場合、電信を情報伝達の手段にした。この文明の利器は、官軍の優位を担保する重要な要素だった。しかし、電信線はいわゆる幹線にしか敷設されておらず、農村や山間地には敷設されていないことが多かった。また、電信線は切断されることもある。いっぽう、薩軍の情報伝達は伝令以外にはなかった。この伝令も戦場付近を移動するから、危険を伴うのはいうまでもない。

さらに「軍用飛信」というものがある。これは要するに、郵便の速達便のようなものである。六月九日には、この軍用飛信の規定が示されている（「軍中制規」）。ただし、竹田（現竹田市）と坂梨（現阿蘇市）間の規定である。これによれば、「書状持ちの飛脚は竹田本部に昼夜詰め、一日一回坂梨までを往復すべし。日給は一日五十銭で食費は官費とする。竹田から坂梨までの往復時限は十四時間（片道七里）を通則として、十二時間以内に往復する者は一時間につき十銭増額する。十五時間以上かかった場合は、一時間につき五銭ずつ減額する。往復途中に病気やけがをした場合は、最寄りの村役人に申し出て、代人をたて飛信して、これを滞らせてはならない」とある（『征西戦記稿附録』）。片道七里は、およそ二八キロメートル。往復だから、五六キロメートルである。五六キロを一四時間で往復せよという。一時間につき四キロのペースであるから、無理な要求ではない。しかし五六キロは、通常の徒歩による一日の移動距離の二倍以上になろう。しかも戦争中だから、安全に配慮しながら歩かなくてはならない。しかも所持する書状は、軍の機密である。薩軍にみつかれば、殺される可能性もある。

右にあげたいずれの徴用も、危険が伴うため、地元民は動員されることを忌避した。大分県南の重岡で激戦が続いていた頃、地元の河野金作が本営の伝令を命じられた。しかし金作は、難色を示し「私は足が痛いので、伝令はとても務まりません」という。県官は困って、「金作よ、今日の伝令はとても重要なのだ。辞退はできない。ただちに命に服せよ」と懇願するように諭した。その様子をみていた司令官の川上操六は、ポケットから五円をだして、「さあ金作、急げ」といってお金を手渡した。金作は、「ははあ」と五円を押し戴くと、蜚廉《ひれん》（頭が鹿で体が鳥の姿をしている想像上の動物）が飛ぶように走り出た。足が痛そうにはとてもみえなかった。川上は、金作を見送りながら苦笑した（「懐古追録」）。

甲斐邉《ほとり》の場合

現宮崎県日之影町の村役人だった甲斐邉が、西南戦争当時の日記を書き残している（「甲斐邉日誌」

『日之影町史』）。甲斐は嘉永三年（一八五〇）岩井川村に生まれ、西南戦争当時、二六歳であった。明治一〇年には、岩井川村の副戸長内倉熊太郎のもとで書記を勤めていた。戦争がはじまった当初は、薩軍に加わった延岡隊や飫肥《おび》隊のために働き、六月頃から戦争終結までは、官軍と行動を共にした。つまり甲斐は、薩軍側と官軍側双方に使役された。両軍とも、村役人を通じて民衆を動員するから、甲斐のようなケースは珍しくない。

西南戦争に関わる記事は、二月一三日にはじめてみえる。この日、日之影付近を熊本に向かう飫肥隊（薩軍側）が舟の尾に止宿した。この時甲斐は、役目として数人を差しだし、布団や食事を準備させている。二三日には、延岡隊（薩軍側）もここを通過し、村は大変な騒ぎとなった。三月八日に勅使柳原前光が鹿児島に入って賊徒、すなわち薩軍の取り締まりを命ずると、延岡とその周辺では動揺が広がった。しかし薩軍通行に際しては、村では人夫を出し、甲斐は賃金の支払いなどの世話をした。四月二〇、二一日の熊本城東会戦では、延岡隊も多数の死傷者を出した。このころから五月まで、続々と負傷者が三田井（現高千穂町）から日之影を通過して、延岡に向かった。また延岡隊士やそれを支援する旧延岡藩士などが、日之影を行き来して騒然とした。

官軍は矢部から馬見原（現山都町）、そして高千穂方面に進出し、五月二五日から三田井攻防戦がはじまる。甲斐の日記は、五月一七日から六月三日まで途絶えているが、これはこの地域の状況が逼迫して、日記を書く余裕すらなかったものと思われる。この間、五月二七日には、官軍の一部が三田井に入った。六月三日には、甲斐が官軍のいる岸ノ上（三田井）へ入った記述があり、このころから甲斐は官軍に従ったらしい。六月二〇日に、「…山口絵図引候事」とあり、官軍の指示で絵図を書いている。実は甲斐は、地租改正事業で多くの絵図を描いた経験がある。甲斐の官軍における主な任務は、絵図引きと探偵であった。その後、「雨天ナリ絵図引イタシ候也」（六月二一日）、「豊後口絵図引候事」（六月二二日）と、毎日のように日之影周辺の絵図の作成を命じられている。官軍はもちろん、地図を持っていた。しかし、日之影周辺の山は険しく、官軍にとって地元民の「土地勘」は、不可欠であった。絵図引と探偵は、そこを知り尽くした甲斐にうってつけの任務であった。

六月二五日から、大人《おおひと》の戦いがはじまり、七月二日には薩軍は大楠での戦いにも敗れ、延岡方面に敗走する。しかし雨が降り続き、延岡攻略までに時間を要したため、官軍は八月までこの地域にとどまった。このため甲斐は、八月にはいっても絵図引と探偵を行っていた。八月七日の日記に「七月二三日から、定吉を同道して大山まで探偵に行った。大隊長からは四〇円下さると聞いていたが、ようやく三円くだされた。これではあまりにも話が違いすぎるではないか」と書いている。危険な探偵をさせられたうえ、わずかの報酬しかもらえなかったのである。『日之影町史』には、「恐らく現金収入以外余り意義も感じられない戦争に参加させられ、ひたすら努めてきた甲斐の空しい気持ちが表れているように思われる」とある。

戦線は、延岡から北川（現延岡市）へと移るが、甲斐も官軍に従っている。八月一八日、薩軍は可愛岳《えのたけ》を突破するが、その後も官軍に従って七ツ山、胡麻山、人吉、江代を経て、九月二日には薩摩の吉田村に着いた。七日には西田村まで移り止宿。ここで官軍の村上伍長から「お前も生まれ故郷では随分道などに詳しく大隊長がここまで連れてきたが、この薩摩では道は勿論、地理にも不案内であるから、生国同様に賃金は出ないぞ」といわれた（九月一一日）。甲斐は、「今は隊のご厄介となってしまい、恐れ入ります」と答えている。九月二四日、城山で西郷が自刃、戦争が終わった。甲斐はこの日、「西郷、桐野、別府、村田、辺見ほかみな撃取りに相成った、しばらく休み、酒などを呑んだ」と日記に書いた。そして一〇月はじめに無事帰還している。この甲斐邉と同様の体験をした村役人は、ほかにも多数いたと思われる。

婦女は団飯《にぎりめし》

兵士や軍夫がたべる飯は「団飯」、すなわち握り飯だった。飯を炊くのを「炊爨《すいさん》」といい、調理場を「炊爨場」といった。これも会計部の管轄であった。戦闘中でも、食糧が滞ることは許されない。炊爨場は、極めて重要な部署であった。炊爨場には、女性が動員された。三月一五日、川口は玉名村にあった炊爨場を視察した。ここには、飯を炊く竈が整列して据えられていた。飯を炊くのに数人の飯炊き夫が、家屋の外を奔走していた。家屋の中には、地元で雇用された女性たちが、握り飯をつくっていた。川口武定は、「炊爨場に地元の女性を雇用することは、民心にかなっている。女性たちは仕事に就くし、何より高い賃金を得ることができる。地域経済にとっても好ましいことである」という。

田原坂の戦いで官軍が勝利したあとの四月はじめ、炊爨場が置かれた船底村では、「毎日兵餉二万口」の食糧を整えていた。ここには飯炊き夫五〇人と「団飯女」が六〇人いた。竈は八つで、釜は一六。兵隊の食糧「二万口」とは、握り飯の数にして何個になるのだろうか（『従征日記』）。単純に二万個として、六〇人で割ると、ひとり三〇〇個以上握り飯を作らねばならない。

大分県南の重岡（現佐伯市）では、次のように伝えられている。「三〇〇や五〇〇の握り飯は、瞬時に作られる。これを運送するには直径二尺（六〇センチあまり）の荒目の丸籠に盛る。そして人夫ふたりが前後に担いでいく。おかずは別の籠に入れて運んだ。握り飯を握る大勢の女性たちのなかにも、取締役がいてその指示で働いている。彼女らが働いているのは、仮小屋のようなものだが、その周囲は竹で作った柵で囲まれていた。そして出入り口は一か所で、夜間にはここが閉鎖されて厳重に管理されている。それもそうだ、周囲には荒くれ男がたくさんいるのだから。この女性たちは、別な所で集団的に雇用された者たちのようだった。つまり、ここの地元民ではなかった。その人数は、一三〇人ほどもいた」と（「懐古追録」）。

兵士や軍夫の団飯（にぎりめし）をつくる女性たち（『従征日記』）

同様に薩軍に動員された女性たちもいる。西南戦争が終結して二週間ほどたった一〇月八日、薩軍に動員された熊本の女性たちが帰還して、県庁に出頭した。彼女たちは薩軍に従軍し、日向国まで同行し延岡で降伏した。延岡が陥落したのが八月一四日だったから、それから二か月近くたっている。着の身着のまま家路をたどり、やっとたどり着いたのであろう。女性たちは、「賊の炊事の加勢等」をしていたという。出頭した女性は一三人。いずれも若い娘たちで、「二十二、三歳の者が三名、あとは皆娘盛りらしい者ばかりでした」という（『熊本新聞』一〇月一〇日付）。

食糧の徴発

第二章で軍夫の運んでいる食糧についてみたが、官軍は基本的な食糧はあらかじめ調達し船で輸送していた。しかし、軍夫たちの多くも現場で雇用するのであり、食糧は準備したものだけでは不足した。そこで、食糧の現地調達がおこなわれた。

ここでも重岡の例をみてみよう。必要物品の徴発の数量は、本営の参謀部から県官に命令される。そして県官が、地域の村々の割り当てを伝える。もちろん、これには期限がある。日常的に分配される物は、兵士がいる近くの仮小屋に貯蔵されている。大量の物品は、少し離れた宮園に数一〇棟の仮小屋に納められている。どのような品々かというと「酒、白米、焼酎、醤油、酢、石油、菜種油、梅干、ラクキヨ《(ママ)》漬、味噌漬、味噌、香ノ物、乾魚、砂糖（黒白）、スルメ、烏賊、昆布、イリコ等」である。野菜や薪炭材は、区戸長に命じて連日集められる。また、魚類は佐伯の商人たちが、毎日氷詰めで納入する。牛肉は「屠牛所」から持ってくる。鶏は数十羽を「目籠《めご》」の中で飼っていて、必要に応じて殺して精肉に加工する。これらの部署は、戦闘がはじまると騒然とするが、平穏な日には笑い声も多かった。

官軍は、「屠牛所」を設けていた。これは重岡の小字「センバ園」にあった。「屠者」は、官軍が雇い入れた者で、牛も官軍が購入したものだった。毎日およそ一〇頭ほどを殺して解体していた。しかしこれでも足りず、牛肉は毎日支給される食材ではなかった。「屠者」もここに仮小屋を建てて住んでいた。

一日に四斗入りの白米二五〇～二六〇俵（一俵は約六〇キログラム）を炊いていた。しかし時には炊き損ないもあり、また釜の底には焦げ飯もたくさんあった。これらの飯は、貰いに来る者があれば与えられた。貰う人がなければ、田畑に廃棄した。重岡周辺の人々は、この焦げ飯を貰いに大勢集まってきた。だから、戦争中には家で飯を炊く必要がなかったほどだった（「懐古追録」）。

物資の徴発

大野郡馬脊畑《ませばた》村（現豊後大野市）は、明治九年の村勢をみると、戸数六九（うち農家六六戸）、人口二八九人、田三九町余・畑五〇町余、牛八〇・馬一七頭、米作中心の小村であった（『豊後国大野郡村誌』）。この小さな村に「明治十年御軍事ニ付諸掛物触付記帳」（個人蔵）という史料が残されている（以下「触付記帳」と略記）。「触付記帳」の表紙には「馬脊畑村下」とあり、現在の馬脊畑地区下班（下組ともいう）にあたる地域と推定される。下班の戸数は現在九戸であるが、当時は二二戸であった。「触付記帳」は六月二五日から八月九日までの、官軍から村に課せられた徴発物の詳細な記録である。

【表5】は、この馬脊畑村に日ごとに課せられた徴発物の一覧表である。「徴発物」と一括して表にまとめてみたが、その内訳を見ると、軍需物資・食糧・労役の三つに分類することができる。軍需物資のなかで特に目に付くのが、草鞋の数の多さである。六月二九日に一〇〇足、翌日に三〇〇足、七月三日には一七四足、合計五七四足もの草鞋を村で作り、重岡や三重市の官軍に納めてい

【表5】馬脊畑村に課せられた徴発物一覧

	触付当番	小紙	ろうそく	わらじ	藁苫	藁	筵	番縄	空俵	こぬか	白米	小麦柄	人夫	馬	備考
6月25日	金太														
6月26日	金太														
6月27日	角平														
6月28日	角平	1	1												小紙代価2銭、ろうそく5銭
6月29日	熊五郎			100											重岡へ納める
6月30日	熊五郎			300											三重市へ納める。代価3円
7月1日	市松														
7月2日	市松												4	1	15人のうち4人
7月3日	藤五郎			174											1軒で原則8足のわりあて
7月4日	藤五郎														
7月5日	駒次郎												5		12人のうち5人
7月6日	駒次郎													4	
7月7日	馬太														
7月8日	馬太				14	6	2	2	2						
7月9日	新内									6			8	1	
7月10日	新内				31		4	4	4						番縄4束52銭
7月11日	新次						4								
7月12日	新次												5	1	
7月13日	近太郎														
7月15日	雪次郎												4	1	
7月16日	雪次郎														
7月17日	休太郎												7		
7月18日	休太郎												6		
7月19日	?														

【表6】「諸色代価定」

薪1束	3銭
松1〆	5銭
香物1貫目	8銭
松明1丁	4厘
藁1束	3銭
小麦柄1束	1銭5厘
縄1番	1銭2厘
塩1升	1銭7厘
空俵1俵	2銭
草鞋1足	8厘
梅付1升	5銭
竹1束	5厘
筵1枚	4銭
蝋燭1丁	7厘
油1合	4銭

(注)『三重町誌』より作成

7月20日	?												4		
7月22日	?										12			3	
7月23日	?												4		
7月26日	太郎へ												4		
7月27日	恒三郎													2	
7月28日	恒三郎														
7月29日	謙平					16						9			
7月30日	謙平														
8月8日	?														
8月9日	?							38							
合計		1重	1本	574足	45枚	22束	10枚	44束	6俵	6升	12斗	9束	51人	13疋	

(注)『明治十年馬脊畑村下組、御軍事ニ付諸掛物触付記帳』より作成

る。これら多数の草鞋は兵士と軍夫用のものである。七月三日の一七四足の時には、一軒あたり八足と記されていることから、村では各戸に均等にわりあて、成作したものであろう。六月三〇日の三〇〇足の草鞋の代価は三円であったというから、一足あたりの対価はわずか一銭でしかなかった。その他、藁苫《わらとま》・筵《むしろ》・番縄などが納入されているが、これらは官軍の陣地構築や物資の雨よけに用いられたものであろう。七月一〇日の番縄四束には、五二銭の対価が支払われているから、一束あたり一三銭であった。

食糧では、白米が一二斗徴発されている。米が各戸から少しずつ差し出されたものか、村の備蓄米から出されたものか不明であるが、七月という時期を考えると村にとっては厳しい米の供出であったろう。最後に労役では、人夫としてのべ五一人、馬がのべ一三疋動員されている。これは徴発物の納入や、その他の物資の移送に動員されたものであろう。こうした物資や食糧の徴発においても、区戸長が先頭に立った。こうしてみると、大分県南部で戦闘が展開された六月から八月にかけて、戦場に隣接する農村は官軍によって根こそぎ動員されたとみてよい。

徴発物の代価と支払い

『三重町誌総集編』には、同じ大野郡の久部村《きゅうぶ》（現豊後大野市、大分・宮崎県境付近）この久部村に「御官軍様御出張諸品留」（個人蔵）という史料が残されている。これは、村への人夫および物資調達に関するものである。これによれば、久部村には六月六日、警視隊五番小隊が入り、その後三国峠陥落まで駐屯・止宿した。史料に「一金四円　六月十二日ヨリ十七日迄、警視隊五番小隊御止宿ニ付、小使人夫弐拾人、但シ一人ニ付二十銭」とあるが、これは六月一二日から一七日まで実働五日間、一日に四人ずつの「小使人夫」を出して延べ二〇人、一日ひとり二〇銭の賃金の総額が四円ということであろう。徴募された「小使人夫」たちは、小隊の荷物の運搬や宿舎での兵士の食事などの世話をしたものと思われる。さらに、久部村と小隊とのあいだには、「諸色代価定」が取り交わされた【表6】。草鞋の代価をさきの馬脊畑村村と比較すると、草鞋一足が馬脊畑村では一銭であるのに対し久部村は八厘と、わずかに馬脊畑村が高いものの大差はない。番縄の場合も同様に、両村でほとんど差がない。ただ蝋燭などには大きな差があるが、理由は分からない。

周知のように、西南戦争では戦費調達のため、膨大な不換紙幣が発行されてインフレを招く。この紙幣の多くが戦場と近隣の農民の手に渡った。政府軍は、徴発した物資の代価をあらかじめ設定し支払っているが、薩摩軍は代価も賃銭も支払っていない。つまり食糧その他の物資を民衆から掠奪していた。官軍は、軍夫問題はじめ多くの未熟さを内包していたとは言え、兵士たちは軍律によって管理され、もちろん民衆から金品を掠奪した形跡はない。このように見てくると、各地で掠奪をくり返す薩軍はまさに前近代的な軍隊であって、政府軍との違いが歴然としていた。

「分配所」について

物資の徴発命令の発令、徴発された物資の集約と配布、さらには代価の支払いについて、「分配所」の存在について触れておきたい。分配所とは、文字通り各部隊の請求に応じて必要な物資を集め、分配する輜重部の部署である（ただし弾薬は分配所では扱わない）。重岡におかれた分配所には、一〇〇人ほどの局員が配置されていた。局員は「日夜昼夜ノ別モナク多忙ナリシ」と、官軍の輜重部の中でもおそらく最も多忙な部署であった。政府軍が必要な物資を現地で徴発する場合、その品名や数量は参謀部から県官に期限を定めて調達するよう命じた。さらに区戸長または町村への物資徴発に関する発令は、県官の名で行われる。こうして、官軍→県→区戸長の順で物資徴発の指令が伝わる。

分配所内の部署は、三つに分かれていた。第一部は各隊の請求に応じて物品を分配する部署、第二部は現地の町村や個人から徴発した物資を受け取る部署、第三部は受け取った物資に対する代金支払い事務を行う部署であった。町村で調えられた物資は、分配所の第二部に納められたのである（「懐古追録」）。なお、一時傭役夫など人夫の賃金については、この分配所ではなく参謀部会計係の管轄であった。

土地の接収

田原坂の激戦地に近い木葉町（現玉東町）、その近郊の山北の四か村（二股、上白木、西安寺、原倉）には、ちょうど一〇〇の台場や柵が、二月から三月にかけて築かれた。そのうち約六割が、民間の耕地、つまり田畑の中に築かれていた。このうち二股村には、九か所の台場があったが、その面積の合計は、六反五畝ほどになる。このすべてが、民間の田畑であった。これが田原坂の戦いが終わって、薩摩軍が熊本から撤退してもしばらく、県から「台場や柵を取り崩してはならない」との命令で放置されていた。

これだけの台場や柵、陣地跡が耕地の中にそのままにされていては、農民にとって死活問題であった。水田ならば、田植えの準備をしなければならない時期であった。いや、五月になっては、すでに遅いくらいであった。しかもこれだけの耕地を使用していながら、借地料は官軍からは支払われなかったという。農民たちは何度も、これらの土地を「解放」して欲しいと県に訴えている。訴えはようやく五月一五日になって、受け入れられた（『玉東町史　西南戦争編・資料編』）。

家屋の接収

木葉町は、三月はじめから五月下旬まで、官軍の軍団本営がおかれた。このため木葉町には、多くの兵士や軍夫が駐留し、まさに「基地の町」と化した。本営がおかれた木葉町では、ほぼすべての民家が接収された。従って木葉町の住民たちは、町から押し出され、自分たちの家に住むことができなくなった。伝手《つて》や縁故を頼って、家族ごと町外に身を寄せるしかなかった。官軍はここを拠点に、田原坂での戦いを展開した。戦場で疲れ傷ついた兵士や軍夫は、木葉町に戻って治療し休息した。町には炊爨場や野戦病院が置かれ、ごった返した。

このような状況は、官軍が移動し本営が置かれた場所では、どこも同じだった。大分県の重岡では、昭和三〇年にある病院の改修工事が行われた。この時、襖の下張から西南戦争当時の嘆願書が四六通発見された。これらの文書は、すべて宿泊料請求の嘆願書であった。文面は、「西南戦争の時、〇〇鎮台〇〇大隊〇〇小隊〇〇名が、何月何日まで何日間宿泊されましたが、宿泊料が支払われておりません。どうか宿泊料を『下渡』下さい」というよう内容であった。請求書の様式、文章もほぼ同一で、用紙も生漉の手刷の罫を使っていることから、役場を通じて作成し大分県に提出されたものの下書きであろう。

軍隊名と宿泊地から分類すると、熊本鎮台分が二二通で小野市側に分宿しており、他は名古屋鎮台分で木浦鉱山村に宿泊した分が一四通、田原が九通、千束が一通、村名不明（破損）となっている。宿泊日時で最も早いのが六月一七日で、最後が八月二八日となっている。宿泊料を請求した日付は、一〇月一五日である。宿泊した人数は、最も多いのが小野市の矢野秀吉宅で一五〇名。最も少ないのは同村矢野倉吉宅の一三名である。このうち、歩兵が最も多く、輜重、糧食、別動隊、警視隊、軍夫の順である。このように、官軍の本営付近の民家は、宿泊所として根こそぎ接収された（『西南役の三重市の戦闘　薩軍来たる』）。

この民家の使用については、官軍ははじめほとんど無断で使用し、借用料も支払っていなかった。「第一第二旅団会計官日記抄上」（『征西戦記稿附録』）の五月七日（現熊本市東部郊外在陣中）に、「これまでは戦闘がはじまると人民は山や谷に逃げて家にいなかったから、我が兵はその空き家に入って止宿していた。しかし近頃は、平定も近いので村民は帰宅して仕事をはじめる者も多い。そこで若干の屋舎料を給与せざるを得ない」として、次のような規定を設けた。すなわち「兵隊は居住人の有無にかかわらず、宿陣したあと相当の家屋料を払わなければならない。そこで必ず明細に記載し、県庁に申請すべし」と。

このように、労働力や食糧、そのたの物資、そして土地建物などの提供があってはじめて、いいかえれば民衆の協力があってはじめて、官軍の戦闘行為も継続可能であったのである。

死屍の埋葬

戦場となった村や町では、戦死者の遺体を埋めるのに、付近の住民が動員された。第一章で触れたように、官軍の場合には、官軍墓地での埋葬には軍夫が使役された。しかし薩軍の場合は、敗走する際に遺体を回収できない場合も多かった。薩軍が去ったあと、残された死屍の埋葬作業は、地元住民に負わされた。しかしその埋葬が簡略だったこともあって、次のように再埋葬が行われたケースがある。

四月二三日のことである。征討軍団本営は熊本県に対して、川尻地方で「賊徒の墳墓を取こわす者がいる」と聞いたが、これは「不法行為」である、県は、墳墓に標示をしてこうしたことが起きないように取り締まれ、と通達した。熊本県は早速、「賊徒墳墓地へみだりに立入り毀損するようなことは厳禁」と書いた標札を建てるよう指示した。

川尻の延寿寺には薩軍の野戦病院がおかれていて、ここで多数の死者がでた。薩軍兵士の死屍は、各所にばらばらに埋められ、しかも急場の埋葬で死体が露出するようなこともあった。気温も次第に上がり、死体が腐敗し臭気を放つという事態も、各所で生じていた。熊本県は五月一五日、県下各区戸長に対し、薩軍兵士の死屍が、一部露出していたりしている場合、すぐに埋めなおしをするよう指示した。

現在の玉東町域の山北の四か村もこれに応じて、薩軍の遺体の埋めなおしを行った。四か村で一〇四体の死体を埋めなおした。この一〇四体の埋葬地は、一四か所に分散した。この埋めなおしは、それぞれ遺体が埋めてあった場所で、さらに深く埋葬して露出しないようにしたものである。このときの埋めなおしには賃銭が払われたが、ひとりあたり五〇銭～一円であった（『玉東町史　西南戦争編・資料編』）。

熊本市川尻薩軍埋葬地（延寿寺）。当初、ここだけで800人以上が埋葬された

第四章
民衆が被った災難

一般住民は、この戦争でどのような被害を被ったのか。薩軍も官軍も、戦場となった街や村の家屋を、戦闘を有利にするために焼き払った。また、色々な理由で殺害されたり、拷問されたり、暴行されたり、物資を掠奪された。これは、一般に薩軍によるものである。しかし、戦場での砲撃や官軍による艦砲射撃による被害も大きい。戦場とその周辺では、農業ほか通常の生業ができなくなり、病院や学校も被害を受けた。民衆の側からみれば、薩軍も官軍もおなじように加害者であった。特に薩軍は民衆にとって脅威となったが、薩軍内部に目をやれば、強制的に兵士や人夫として動員されて犠牲になったものも多い。

焼かれる村や街

熊本城をめぐる攻防が開始されたのは、二月二一日の午後だった。その二日後、二三日午後には、高瀬に近い木葉町周辺でも戦闘が開始された。戦闘が行われた村々は、薩軍、官軍を問わず家屋が焼き払われる。お互いに戦いを有利にするために焼くのである。また、敵兵が隠れる余地を奪うためにも家屋に放火する。だから集落に入ってすぐに集落を焼くこともあり、負けて撤退するときに火を放って逃げることもある。木葉周辺の住民は、戦闘がはじまる前に慌てて避難した。だから、家屋は空き屋同前の状態となっている。戦場となった二股、原倉、木葉、山口、稲佐の五か村（現玉東町）では、二月二六日から三月三日までの間に一三八戸（ほかに小屋や蔵一三六棟）が焼失した。田原坂周辺の戦闘が行われた時期は、まだ春浅く、冷たい雨が降り続き、ときには雪がちらついた。そんな時期に、多くの住民が家屋を失った。

家を失った住民たちは路頭に迷い、縁故を頼って身を寄せるしかなかった。被害住民にはひとりあたり一日米二合五勺という、わずかな「一時御救助米」が渡されたが、これもたった一五日分であった。しばらく自らの居所をはなれていた住民たちも、戦場が移って村に帰ると、仮小屋の建設をはじめる。しかし村が焼かれたのだから、その資材がない。住民は区戸長を通じて「官山・官藪」、つまり公有林から竹や木を伐採する許可を請願する。さすがに県も許可を与えているが、仮小屋の建設にも事欠く程度の資材でしかなかった（『玉東町史　西南戦争編・資料編』）。

高瀬の市街地も、この数日前に薩軍によって焼かれている。三月二日に高瀬に入った川口武定は、高瀬の様子を次のように書いている。「高瀬は、官軍が入る前に薩軍によって放火、掠奪に見舞われた。高瀬市街の三分の一ほどが、放火の被害にあっているようだ。住民たちは散乱した瓦や土を畚《もっこ》（縄を網のように編んで四隅に綱をつけたもの）で運び出し、道路の修復をしている。無邪気なこどもたちは、何もわからず傍らで遊んでいるが、その対比がなんともあわれを誘う。ここに、大きな造り酒屋がある。ここも掠奪にあって、大きな酒樽が壊されて、濁り酒が道に流れ出している。溜まった酒の深さは四～五寸ほどもあった」と。翌日の日記には、「薩軍は、撤退時に必ずといって良いほど滞在した町や村に火を掛けて立ち去る。そのため住民は、可能な限り家財を運び出して、山中に逃げる。山中では穴を掘り、戸板やネコブク（農作業に用いる藁で厚手に織られた敷物）で雨露をしのぐ」とある（『従征日記』）。

竹田の場合

五月に薩軍が侵入した大分県の竹田町も、兵火によって市街地の大部分が焼失した。北村清士『西南戦争血涙史』は、「その焼失家屋千五百余戸に達し、竹田城下建設以来の大戦火を受けた。従って、昔日の美観を一朝にして失った」と記している。竹田で結成され薩軍に投じた報国隊士の日記には、「所々に放火、市中の人びとは思い思いにたちのき、その後市中の兵は残らず引き揚げた。続て敵兵（官軍）が入り込み、放火した。よって市中の老若の輩は度を失い逃げ惑う、あわれなること限りなし」とある（『西南戦争　豊後地方戦記』）。ある警視隊士の戦記には、「この時丘陵の樹木は砲弾を浴びてことごとく枝を打ち折られて、あたかも雷の落ちた木のようである。城の下にある農家はあるいは焼かれ、あるいは弾丸のため蜂の巣の如くうち破られていた。粟や麦は俵のまま散乱している。丘の上の死骸は敵も味方も、打ち交じってここかしこに斃れていて、まことに悪戦苦闘、悲惨な光景」とある（『竹田市史・中巻』）。

『郵便報知新聞』の犬養毅は、七月下旬に竹田に入っている。彼の竹田に関する「戦地直報」は、「竹田は千軒以上の家があったが、わずか二、三〇〇戸を残して焼かれてしまった。今は燕が群れるように罹災者が市街地に群集している。その荒野の情景は、五〇日前の熊本をみるようである。しかし竹田は山間の僻地

竹田市の官軍本営が置かれた難波屋付近

竹田市中川神社の鳥居。社殿のある常磐山も激戦地。本殿に銃弾の跡が残る

であるから、物資の運搬にも不便である。それを考慮すれば、物資の豊富な熊本よりも、その住民の苦労は甚だしい」という。いずれにしても、江戸時代以来、小規模ながら繁栄してきた竹田の城下町は、戦火によって徹底的に焼かれ破壊された。

熊本城下の避難民

熊本の城下町は、戦闘に先だって官軍によって焼かれた。それは「射界の清掃」のためだった。当時の新聞は、次のように伝えている。「熊本鎮台ははじめから籠城策をとり、城の近辺に人家あれば障害となる。このため、あす十九日正午から市街地の居宅を焼き払うから立ち退くようとの達しが出る。すると住民は騒ぎたち、家財を持ち運ぶために人力車を雇う。道の遠近を問わず五、六十銭の高額で、貧民にはとても雇う力はない。巡査はこれを見て、貧民の立ち退きかねる者にはことごとく車代を払ってたちのかせ、十二時を三十分ほど過ぎた頃には、人民はことごとく東西に退去した。そこで城内の櫓を焼き払い、それから安政橋あたりの三十軒ばかりと坪井あたりの六十軒ほどの民家を焼き払ったという。その後、戦闘のたびごとに諸方は焼かれたが、特に熊本市中の立ちのき騒ぎは、実に筆舌に尽くしがたい」と（『東京日日新聞』三月六日付）。

さらに数日後、熊本市民の避難の様子とその混乱ぶりを「老若男女の市外たちのきを布達したため、熊本市中は家財運送などで、その混雑は大変なものだ。この時、賊兵は八代まで進んだとの報があり、県庁と裁判所をよそに移そうと検討しているうちに、熊本鎮台（熊本城）の方に火の手あがり、黒煙が空を覆った。県官や裁判官は、さては鎮台は籠城のために城を焼却したようだ。一刻の猶予もない」と、県庁を一時上益城郡御船町に移すことを決した。書類、器具等を集め人足も集合させたが、この時鎮台は出火を報ずるため一発の大砲を放った。「そのため人足たちは、これは敵襲だと驚き恐れ、四方へ逃げ散った。県官、裁判官はどうしようもなく緊要の書類を目篭に入れ、たがいに荷なって、ようやく御船に着いたのは十八日の午後三時ごろ」だった（『東京日日新聞』三月一四日付）。

熊本城下の人々の多くは、郊外に避難した。四月二三日、川口は現在の益城町付近で、大勢の避難民たちを目にした。そして、「ひとつの家に七〜八家族もが雑居せざるをえない状況だ。憐れでならない」と記している（『従征日記』）。

住民の殺害

住民の殺害も各地で起きた。その多くは、薩軍兵士によるものである。区戸長など村役人が薩軍の要求に応じなかったり、住民が探偵となり薩軍に捕らえられたりした場合、「処刑」されることがままあった。官軍の探偵として処刑、中には探偵と誤認されて殺害された例もある。そしてこのような住民の殺害は、戦争の後半になると増えていくという。

大乗院という山伏の相続人に智桂《ちけい》という者が重岡（現佐伯市）にいた。この男は怜悧で学問もあり、法律にも詳しかった。ところが村びとの醇朴さにつけいり、古い証文などを裁判所に提示して金銭をだまし取ることがあった。さらに当時、重岡で原野の所有をめぐる争論があった。智桂はこの争いを利用して「悪事」をはたらいたという（悪事の内容および真偽は不明）。こうして智桂は、村びとの怨みをかっていた。

薩軍が重岡にいたころ（五月以降）、村びとの誰かが薩軍に智桂の悪事を訴え、さらに智桂は官軍に通じていると讒言した。薩兵はこの訴えを信じ、村びとの人気取りもあって、六〜七人が智桂を捕縛した。妻と姉が、誰か助けてくれと叫んだ。隣の小野儀三郎が助けようとしたが、薩兵は「おまえも俺の刀の切れ味を味わいたいのか」と脅迫した。儀三郎はそれ以上何もできなかった。

縄で縛られた智桂は、何度か立ち止まり、「身に覚えがない」と訴えたが薩兵は聞き入れなかった。薩兵は前からふたりが縄を引き、後ろから三〜四人で押して智桂をあるかせた。智桂が抵抗すると、青竹で頭や腕や肩を乱打した。こうして刑場となった「笠作の川辺」に着いた時、智桂は屠場に引いて行かれる牛のようだった。そしてその場で斬首され、さらに胴体は数人によって試し切りにされたという。その状況を渡辺用馬は、「臓腑露出惨鼻《ママ》ニ堪へサリシト、実ニ乱世ノ殺伐ハ言語ニ絶スルナリ」と書いている。渡辺は、この光景を子どもながらつぶさに見ていたのだが、薩兵は智桂が官軍の探偵であるか否かも確かめないまま、智桂を斬首したのは不当であるという。いっぽうで、村びとのなかで智桂の横死に同情する者はなかったともいう（『懐古追録』）。

追いつめられつつある薩摩兵たちは、精神的にも肉体的にも疲労し、しだいに理性も薄れていった。また薩摩兵たちが、戦場の村を支配する術は、金銭と恐怖であった。そして戦争の後半、払う金をもたない薩摩兵たちが村落を支配する手段は、もはや恐怖しかなかった。村びと殺害という凶行には、このような背景があったものと思われる。ちなみに西南戦争後、智桂の遺族には三〇円の弔慰金が下賜されたという。

住民の殺害については、「豊後佐伯及日向地方の景況大分県届」（五月二八日）にも、「延岡の人（氏名は不詳）は、賊の機嫌に触れて斬首された。官軍の探偵者三人も同じく延岡で斬殺にあった」など、特に戦争の終盤に近付くにつれ、その記録が多くなる（『宮崎県史史料篇近・現代2』）。

軍律違反による処刑

次のような殺害の例もある。因尾村《いんび》（現佐伯市）に通称文吉という男がいた。この男、馬喰《ばくろう》（牛馬を売買する商人）で相撲も強く、よく博打をしたり酒を呑んだりする「乱行者」であった。官軍に命じられて、薩軍の状況を探るべく重岡に潜入した。つまり文吉は、官軍の探偵である。しかし間もなく薩軍の知るところとなり捕縛された。文吉はその夜、縛られたまま遁走しようとした。しかし周囲は薩兵ばかりだった。文吉は身を隠すところがなく、窮して井戸の中に隠れた。しかしこれも間もなく見つかり、井戸の上から薩摩兵が銃で撃とうとするので、「助けてくれ」と文吉は叫んだ。鈎なりの木の枝で文吉は引き上げられたが、直ちに斬首された。渡辺は、先の智桂の件に比しこれを「之ハ軍律上正当ノ事ナリキ」としている。探偵、言い換えれば間諜＝スパイの処刑は、

「正当」なのであった。

軍律違反による処刑には、次のようなものもあった。薩摩兵が重岡から日向へ退却した日、ひとりの若い薩摩兵が重岡に取り残された。疲れのため眠り込んだのか、味方の一斉退却に気づかなかったようだ。重岡にはすでに官軍が入っていたため、この兵士はすぐに捕らえられて本営に送られた。まだ若い兵士で、説諭されて降伏の意思を示した。以後、この薩摩兵は本営付きの小使いを命ぜられた。ところが、二〇日ばかりたった頃、故郷が恋しくなったのか、兵士は日向方面へ逃走した。しかし間もなく番兵にみつかり捕らえられ、ふたたび本営に送られた。一度助けた命である。官軍本営も処遇に迷ったものと思われる。しかし結局、この兵士は軍律違反で処刑された。のちにこの兵士は、鹿児島出身で、この時わずか一八歳だったということが分かった（「懐古追録」）。戦場とはいえ、軍律は非情で、戦争は理不尽である。

光雲寺見妙の拷問

田原坂で激戦が展開されていた三月一八には、阿蘇の西端の二重峠と黒川口でも戦闘が行われ、いずれも官軍が敗北して多数の死傷者を出した。ここでいう官軍とは豊後口警視隊で、阿蘇一揆の鎮圧の目的もあって、三月一二日に坂梨（現阿蘇市）に入っていた。翌一三日には、警視隊の一部が南郷の吉田新町（現南阿蘇村）に進んだ。こうして吉田新町の警視隊と黒川口の薩軍が、一触即発の状態で対峙した（両軍の距離は、約一〇キロメートル）。一四日には、今にも戦闘がはじまりそうで、住民は避難をはじめた。このような状況の中で、痛ましい事件が起きた。

一五日、黒川口にいた薩摩軍のうち、一〇人あまりが東へ向かった。吉田新町にいた警視隊の偵察だったのだろう。ところが、この一団が、東下田村（現南阿蘇村）の光雲寺付近を通過していると、突然、光雲寺の鐘が鳴った。鐘が鳴る時分でもなく、薩軍は不審に思った。彼らは、この鐘は吉田新町の官軍に薩軍の来襲を知らせる鐘に違いない、と考えた。薩軍の一団はすぐに光雲寺に走り込み、鐘を撞いた見妙という僧侶を捕縛した。そしてそのまま、黒川口の薩軍陣営に連行した。噂を聞いた村の人びとも大勢沿道に詰めかけた。薩摩兵に引き立てられる見妙をみて、村びとたちは恐怖に震えた。

見妙は、連行された薩摩の陣で拷問を受けた。見妙をかかえる光雲寺は、長野村に薩軍との交渉を依頼した。薩軍との交渉には、黒川口に隣接する長野村の三人が行くことになった。黒川口の陣に入った「交渉人」たちは、あの鐘は合図などではなく、たんなる仏事の鐘であるから許してほしいと、額を地にこすりつけながら詫びた。しかし、薩軍は一向に聞き入れず、見妙への拷問は夜まで続いた。

拷問に耐えかねた見妙は、ついに「警視隊と行動を共にしている者たちから、薩軍が通過したら、鐘を撞いてくれと依頼されていた」と、自白した。しかしこれが真実なのか、拷問により強要された自白なのかは分からない。結局、見妙が解放されたのは二一日になってからである。これは三月一八日の戦闘で、薩軍が大勝利をおさめたあとである。勝利によって薩軍の見妙に対する態度も、軟化したのであろう。

光雲寺の門徒数人が、見妙を引き取りに行った。しかし、激しい拷問を受けた見妙は、立ち上がることすらできなかった。そこで門徒たちは、見妙を「たご」（「担桶」と書く。にない桶）に入れ、かついで光雲寺まで連れ帰った。ふかい傷を負った見妙は、見るに耐えなかった。気の毒なことに見妙は、このときの拷問がもとで翌年死亡した。見妙は病床で、村での農民一揆と西南戦争の記録、さらにはこの拷問事件に関する記録を残した。この記録は、光雲寺に今も残されているという。しかしこれは、見妙本人の遺志に配慮して、未だ公開されていない。事件の真相は、謎のままである。

掠奪の横行

薩軍も「荷駄方」という、兵站の部隊をもってはいた。しかし極めて貧弱であったから、食糧その他の物資は、現地調達がはじめから常態化していた。しかし、資金も貧弱な薩軍は、掠奪を繰返さざるを得なかった。これは、のちの日本軍の日中戦争以降の戦いぶりを彷彿させる。

五月一三日、薩軍奇兵隊のうち一六〇人の先発隊が、竹田に侵入した。彼らは早速、登高社を襲撃し、預金九〇〇〇円を掠奪して軍資金とした。登高社は、秩禄処分によって支給された金禄をもとに設立された旧士族の金融機関である。明治六年（一八七三）に大分町（現大分市）に設立されたが、竹田にはその支店である竹田登高社があった。登高社は、のちの大分銀行の前身である第二十三国立銀行の母体でもあったが、この襲撃の影響で、銀行設立の手続きが遅れたという（『竹田市史・中巻』）。先発隊は、久住（現竹田市）や三重（現豊後大野市）にも兵士を出動させ、久住だけでも二〇〇石以上の米を奪い、各村から馬五〇余頭を徴発して城原《きばる》（現竹田市）へ運ばせた。城原からは馬を使って町内の商家の倉庫にそれらを収納させた（「西南戦争と大分県」）。

渡辺用馬は、「薩兵は幾晩も止宿しても、一銭の宿料も食費も払わない。飯は飯袋に、酒は酒袋に勝手に入れ、平然と立ち去る。しかし住民は、代金の要求もできず、泣き寝入りをするほかない。『薩摩守《さつまのかみ》』という言葉があるが、それをそのまま実行している。薩兵が止宿する家に飼っている鶏は、勝手に捕まえて食べる。だから、薩兵が去った後では、明け方に鶏の声を聞かなくなる。しかし、婦女子に対する淫猥な行為はなく、その点、薩摩武士の面影を残している」と書いている（「懐古追録」）。ここでいう「薩摩守」とは、むかし薩摩守忠度《ただのり》という人物がいて、その「忠度」を「ただ乗り」にかけて、キセル乗車や無銭飲食などの意味として使っている。つまり薩軍は、食糧や馬を徴発しても、一切代価を払わないというのである。また戦争に便乗し、薩軍の「威名」をかりて金品を掠奪したりするものたちもいた。

しかし掠奪は、薩軍だけの専売特許でもなかったようだ。それは官軍総督名で、次のような告諭が何度か出されているからである。「一　軍人と軍属とにかかわりなく、住民を威圧して物品を奪ったり、無理矢理物を買い上げたりする行為は、最も厳禁であり軍律上許されないことである。ところが、間々右のような行為があると聞こえてくる。これははなはだ不都合のことであり、今後、上下士官は職責を以てきっと取り締まりを行うこと。もし万が一、右のような行為を見聞したならば、本人はもちろん、上官も含め処罰する」と（『第三旅団西南戦袍誌』）。官軍においても、掠奪や恐喝が行われていたものと思われる。

浦々の戦争

西南戦争は、大分県南の小さな漁村(浦)にも及んだ。六月二六日、薩軍の一隊一二〇人余が、突然丸市尾浦(現佐伯市)に現れた。薩軍は、臼杵郡三河内村(現延岡市)から侵入した。二日後、この情報を得た官軍の軍艦が、薩軍が屯集する丸市尾浦越田尾峠に向かって艦砲射撃をした。薩軍はこの峠を放棄したが、この日から一八〇人余りが人夫として徴発された。これは台場構築だったが、すべて無賃であった。また、丸市尾浦には炊き出し場が設けられた。薩軍は二九日までには、再び三河内村に撤退した。

佐伯市蒲江の背平山からリアス海岸を望む。手前が屋形島。この漁村にも薩軍が現れた

六月二六日には、隣の葛原浦(戸数七〇戸)にも薩軍およそ五〇人が侵入している。これも三河内村から来ている。薩軍は当初、言葉も温厚で少しも暴力を振るうこともなかった。ところが丸市尾浦から撤退してきた薩軍が来ると、事態が一変した。まず官軍の軍艦がきて、葛原浦を二〇~三〇発、艦砲射撃をした。そして六月二九日から七月一日まで、およそ二〇〇人が人夫として徴発された。これは脅迫によるもので、すべて無賃であった。人夫の仕事は台場構築と荷物の搬送で、荷物は二〇数キロ先まで運ばされた。七月四日には、再び薩軍七〇~八〇人が乱入。区

長宅から三八〇円余と家財や衣服を奪った。また葛原浦惣代の甲斐五三郎を捕らえ、脅迫により幾多の金穀を奪った。葛原浦の住民は、惣代が殺されないようにと毎戸白米一斗と金一円ずつを出した。『蒲江町史《かまえ》』には、「（薩軍は）はじめ丁寧な物腰であったが、まもなく脅迫して金穀を奪い、また台場構築や物資の搬送に、連日のように尾根筋労役を強いられ、人質に少年を捕らえたりして、全く生きた気持はしなかった」とある。

また大分県は、六月二〇日に「船船鹿児島県下へ回航云々達」を発し、第四大区（海部郡）の大島（現佐伯市鶴見）以南のすべての船舶の航行を禁止した（『縣治概畧Ⅴ』）。このため、地域で唯一の生活の手段である漁業ができなくなった。大分県もこの点には配慮して、「この地域の漁師は耕地をもたず、専ら漁業によって生活している。しかし沿海船舶取締によって、営業を禁止されている。そこで、船主には営業が出来ない日数に応じて、手当を給与していただきたい」と軍団総督本営に伺いをだしている（六月二〇日、『明治十年騒擾一件』）。この地域は、海路で他の地域と結ばれており、これを遮断されると食糧その他の生活必需品がたちまち逼迫する。このため大分県から海軍に対し、「船の航行が禁止されているので、近ごろ飢餓状況に陥り、そのままにできない。せめて屋形島（蒲江浦、一〇七ページ写真）以北の通船を許可してほしい」という要求も出されている（六月一八日、『明治十年騒擾一件』）。このような状況下での薩軍の掠奪に加え、官軍の艦砲射撃である。蒲江の浦々の住民にとって、西南戦争は迷惑この上ないものであった。船の自由航行が解禁されたのは、九月二一日であった（『縣治概畧Ⅵ』）。

軍票（「西郷札」）被害

人吉に退却した薩軍は、兵力の補充の必要に迫られた。薩軍は五月一三日、鮫島元《さめじまはじめ》ら三人を日向の募兵参軍として宮崎に派遣した。そして、宮崎支庁（このとき宮崎は鹿児島県に含まれていた）を軍務所と改称し、日向国を軍政下においた（五月二一日）。薩軍は軍政下においた日向国で、あの手この手で軍資金を調達した。延岡や飫肥では、富裕な者や物産会社からの借入金や各区からの徴収金を軍資金にあてた。宮崎支庁では、多額の公金が薩軍の軍資金として流用された。軍政下における軍資金の調達は厳しさを増し、例えば清武村（現清武町）では、貢納金のうち一九一〇円が宮崎本営へ、一三〇二円が人馬賃に、一四二八円が銅・錫・鉛などの買上金にあてられた。また日向国では、各地に弾薬製造所が設けられ、その資材として神社の社殿の銅板を剥ぎ取ったり、寺院の梵鐘や銅鏡の強制買上げが行われたりした。こうして日向国の民力のすべてが、薩軍と西南戦争に注ぎ込まれた。

さらに、この地域が不運だったことには、食糧や物資の調達に軍票（「西郷札」）が使われたことである。軍票は、佐土原《さどわら》の広瀬で製造された。軍票は「六月十九日には、軍務所の名で佐土原において軍票作成に着手」「六月二十四日夕刻偽札が初めてできて」「六月二十五日から発行している」。軍票は表と裏に寒冷紗を張り合わせた布札で、一〇円札・五円札・一円札・五〇銭薩・二〇銭札・一〇銭札の六種類が造られた。形状は、たて長であった。発行枚数九万三〇〇〇枚、総額一四万二五〇〇円が発行されたという。当時の新聞には、「賊は贋紙幣をおよそ二十四万円余製造したる由なるが、その内十四万円を流通し、残り十万円はもはや遣うあたわずそのままに積み重ねである」（『大阪毎日新聞』八月二四日）という記載もある。この一四万円余という金額は、当時の米価で換算すると、現在のおよそ二四億円に相当するという（『宮崎県史通史編近・現代Ⅰ』）。

軍票は薩軍の敗色が濃厚となっての発行であったから、当然のこととして信用がなかった。薩軍の強制力のみが信用の源泉であった。だから、薩軍の本営とその支配地域周辺でしか流通しなかった。薩軍が都城にいれば都城で、小林にいれば小林でという具合に、薩軍の移動とともに流通圏が移動した。ある探偵の報告書（「小林近傍賊状探偵記」）に「賊は小林町において酒食をもとめ腹を肥やし、衣服をあらため、その代価はすべて賊札をもって支払う。人民の煩いや苦しみはいいようがない」と報告している（『宮崎県史史料篇近・現代2』）。軍票の被害がもっとも大きかったのは、延岡とその周辺地域であったという。西南戦争の最終盤に薩軍の本営が延岡におかれていたからである。西南戦争後、軍票は処分のため区戸長が回収し、これをまとめて最寄りの出張所へ差し出すように達しが出ている。延岡周辺の住民たちは、軍票と太政官札の交換を県令に請願したが、もちろん聞き入れられなかった（『宮崎県の百年』）。

偽札厳禁

八月三一日、川口武定はある将校から、五円札、一円札、五〇銭札の三葉と「承恵社ノ証券」一枚を譲り受けた。川口は、「薩軍は宮崎で紙幣を造り、その支配地域で通行させたが、この紙幣を拒む者は兇威をもって無理やり押しつけた。現地民の中には、この紙幣を蓄えているものが多い。しかし無知官軍が宮崎に入って以来、直ちに通用を禁じたから、すでに紙くずとなったに等しい。しかし無知

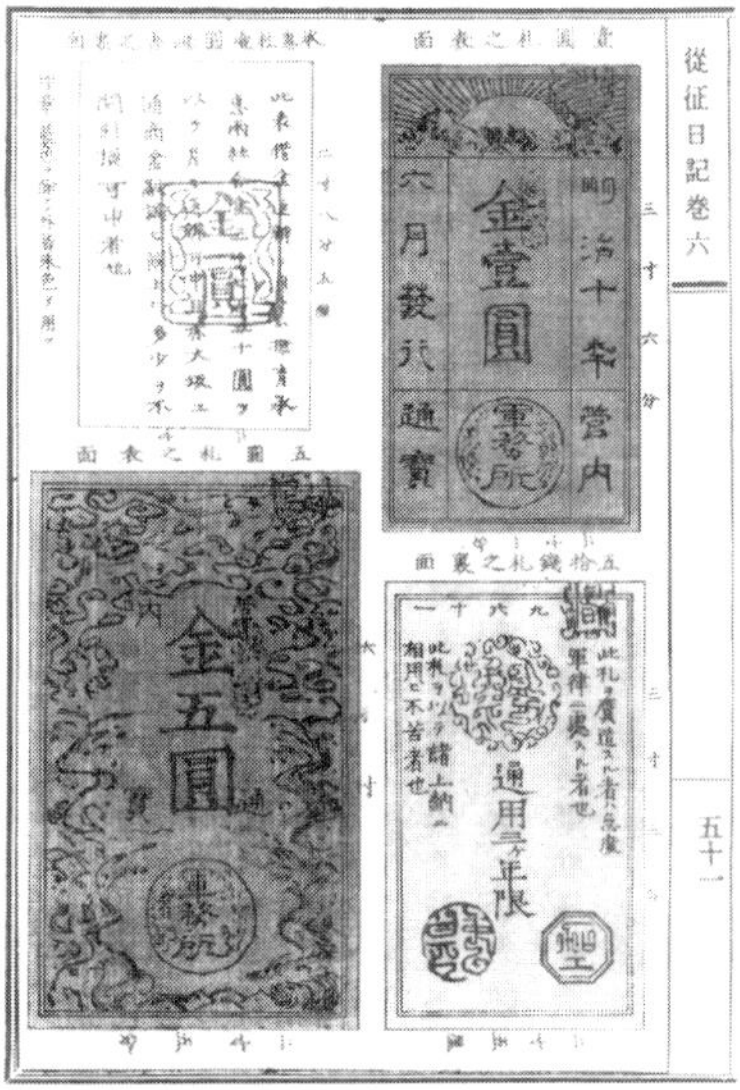

川口武定が入手した西郷札、承恵社札（『従征日記』）

の頑民は、いつか何がしかの価値が出るのではないかと思っている。実に憐れむべきだ」と認めている（『従征日記』）。

川口が手に入れた「承恵社ノ証券」とは、薩軍が西郷札を発行する以前に発行していたものである。これは西南戦争に際し、士族商社の「承恵社」と「撫育社」によって四月に発行された。これにより薩軍は、六万円を調達したといわれる。西南戦争後、軍票の「西郷札」とともに、この「承恵社札」も回収された。しかし戦争後もしばらく蓄えられ、わずかに流通した模様で、鹿児島県はたびたび「通用厳禁」の布達を出している。また明治一一年五月二四日には、「偽札はすべて引き上げ裁断」の伺いが鹿児島県から内務相に出されている。これは「（偽札流通の厳禁の達を出したが）正貨と引き換えられる可能性があるとの疑念を生じかねない」状況もあったからである（『宮崎県史史料編近・現代2』）。軍票をつかまされた人びとは、淡い期待をもって「偽札」を隠匿していたと思われる。

多くの人々が軍票と引き替えに、強制的に食糧や物資を薩軍に提供させられた。しかし結局は、紙くずを受け取ったも同然の結果になったから、軍票被害は掠奪とさほど違いはなかった。西郷札を多く引きうけた商家の中には、戦争後、没落した者もあったという。

砲撃と避難

現地住民は、銃撃戦がはじまると、流れ弾にあたる危険性が大きいので避難せざるを得ない。しかし銃弾より恐ろしいものは、野砲や山砲などの砲弾である。薩軍は、六月二一日重岡を放棄した。しかし、それを知らない官軍は、重岡に薩軍がいるとみて砲撃をはじめた。官軍の砲撃がはじまると聞いた住民は、家族ぐるみで避難した。砲撃の的となった重岡の住民たちも、ほかの村へ避難した。渡辺用馬とその家族も、敷倉の知人の家に避難した。砲声は、間断なく雷鳴のように轟く。まだほの暗い早朝からはじまった砲撃の激しさに住民は色を失った。近くの娘は、朝草を刈りに行ったが、近くに砲弾が落下して破裂した。驚いた娘は、そのまま牛を走らせ、刈り取った草もその場にすてて逃げ帰った。このとき総ての家では雨戸を閉め、流れ弾を防ぐために畳を二三枚ずつ重ねて立てて、さら床に伏せて身を隠した。

この時、用馬の父親は重岡にいた。そこに用馬の家で働いていた平造が帰ってきて、「薩兵は日向へ引き払ってもうここにはいません。旦那さま、何とか官軍の砲撃を止められませんでしょうか」という。そこへ長昌寺の住職もやってきて、同じことを言う。そこで三人は連れだって、官軍の本営がある小野市に駆けつけた。そして有り体を本営の「将官」に具申して、砲撃をやめてくださいと懇願した。しかし将官は、「総攻撃を命じているからすぐに砲撃をやめるわけにはいかん。本当に薩軍がいないのか確かめる必要がある」と答えた。その後、将官は斥候を走らせ状況を確認させたところ、三人の注進に間違いがなかった事が判明した。そして午後一時になって三人は呼ばれ、将官は「三人の注進に間違いはなかった。よく知らせてくれた」といって、三人に金五円を下賜した（「懐古追録」）。しかし、砲撃は七〜八時間行われたと思われる。この間の住民の恐怖は、いかばかりであったろうか。

艦砲射撃による被害

砲撃といえば、艦砲射撃による被害もある。艦砲は地上で使用する山砲や野砲にくらべて口径が大きい。それは軍艦上で使用するため、衝撃が水に吸収されるからである。従って、艦砲の破壊力（被害）は山砲や野砲よりいっそう大きい。艦上からの射撃は、相手の軍艦に向けるだけでなく、地上に向かっても行われる。これは上陸を支援したり、沿岸部での地上戦における援護射撃として行われる。なお西南戦争では、大量のロケット弾（軍用火箭《かせん》）が艦砲射撃で使用されたことが知られている（猪飼『西郷隆盛』）。

大分県南の臼杵から佐伯にかけての沿岸部は、官軍による艦砲射撃の標的となった。五月二五日、薩軍が佐伯の城下に侵入した。これに対し官軍は五月二六日朝、軍艦浅間が大入島《おおにゅうじま》（現佐伯市）沖に入った。さっそく舟艇を出して、沿岸部の探索にかかったところ、薩軍に待ち伏せ攻撃を受けて、一二名の水兵のうち、二名が死亡し七名が負傷した。このため浅間は、約一時間にわたり艦砲射撃で反撃した。

五月三一日、薩軍四〇〇名余りが再び佐伯に侵攻した。翌日（六月一日）、軍艦孟春が猛烈な艦砲射撃でこれを撃退した。この時の砲撃は、佐伯城下にむけて午前六時から午後四時まで、六三発におよんだという。このとき市民は、とにかく安全な場所まで逃げるしかなかった。この時の様子を「西南戦記堅田異聞」は、「百雷殷々、大に砲撃を加ふ。いまも残れる馬場の老松なる巨弾の痕跡、人をして当時を偲ばしむ」と伝えている。「殷々《いんいん》」とは、雷が激しく轟く様をいう。この時薩軍は、難を避けるためすでに城山（市街地の南西端）の背後に移動していた。つまり艦砲射撃は、薩軍のいない市街地に向かって行われていたのである。そこで日向屋の田島善助が、その身の危険を顧みず孟春に接近して、「薩賊は市街地にいないので、すぐに砲撃を停止して欲しい」と懇願した。しかしすでに、佐伯の城下町は官軍の艦砲射撃によって破壊されていた（「西南戦争と大分県」）。薩軍は六月一二日までに、横川（現佐伯市）に撤退した。なお佐伯では、士族四〇人が薩軍に従っている。主に脅迫によるものであるが、四〇人のうち戦死一一人、降伏した者七人、帰還した者二二人であった（『佐伯市史』）。

六月、鹿児島の出水では、「挙浦消滅」という事態も生じている。艦砲射撃によって、漁村が丸ごと消滅した。政府官員の報告（「丁丑日誌」）によれば、「字名護浦というおよそ一〇〇戸余りの村のみが居住する場所にて、焼失後は小屋掛けもできず、青天には野山で寝起きし、雨天には船の中で寝起きしていて、憐れなことこの上ない」という。これを紹介した山口茂は、「出水は六月十一日に別働第三旅団に占領されているから、十三、四日の砲撃は不必要なはずであった。戦乱の最中、誤報によるものか、あるいは恣意的な砲撃がなされたのだろうか。結果としてその日暮らしの漁民たちは家も失い、なかには飢餓にさらされている者もいるという状況になった」と書いている

(『知られざる西南戦争』)。

暴行や強姦

右の艦砲射撃で撤退した薩軍は、六月六日、みたび佐伯に侵入した。そして、佐伯城下に残留している士族や商家、及び町家を厳しく捜索した。七日には、養賢寺(旧藩主毛利家の菩提寺)に彼らを集めて、挙兵の趣旨を説明し、薩軍に従軍することや軍資金の提供などを強要した。大分県南における薩軍の敗色が濃厚になってくるにつれ、地元住民に対する金品や労働力の強要、さらに住民に対する暴行が頻繁に行われるようになった。『佐伯市史』によれば、「土器屋の坂本元蔵」が薩軍の行動を罵ったかどで捕縛され暴行を受けた。元蔵は、長男惣五郎の必死の助命嘆願で釈放された。また、古市村戸長川野良平が、薩軍に人夫徴発を命じられた。しかし、村民がこれに応じず、人夫を集めることができなかった。その旨を薩軍に届け出たところ、約束を履行しなかったとして一刀を浴びせられたという(「西南戦争と大分県」)。

薩軍の婦女子への暴行の事実は、あまり目にしない。むしろこのような暴行に関しては、かなり強い規制が働いていたという印象を受ける。しかし川口は、六月一七日に「官軍に加わった士族某の妻女は、賊軍兵に脅迫され強奸《(ママ)》に遇い、憤怒に堪えられず遂に自殺したという。憐むべき烈女、憎むべき姦賊」と書いている(『従征日記』)。これは、大分県臼杵での記述である。「西南戦争臼杵騒動私記」にも「(薩軍は)市民の家に乱入し掠奪を擅《ほしいまま》にして口腹の怨慾を極め或は婦女を奸する等の暴逆《(ママ)》を行った」とある。こうして、この時期(六月頃)には、薩軍の規制も弛緩しはじめたと理解すべきだろう。三重野勝人は、「西南戦争の終盤に戦場となった大分県南では、他の地域にくらべ薩軍による暴行や掠奪が目立った。それが、戦場としての大分県の特徴だ」としている（三重野、前掲論文）。

「農兵」たちの悲劇

党薩諸隊への参加者数は、日向国全体では出動合計七〇一三人、このうち農兵が三四八〇人だったという。しかしこれは、あくまで判明数で、農兵の数はもっと多い可能性がある【表7】。都城では、農兵は一〇戸に一人の割合で駆り出された（『知られざる西南戦争』）。また、鹿児島や人吉でも農兵が徴発されている。そのほか動員された農民の人数（工商も含む）は、さらに多いと思われる。

【表7】日向国党薩隊と農兵数

	士族	農兵	合計
延岡隊	556	840	1396
高鍋隊	300	770	1070
福島隊	314	不明	314
佐土原隊	713	600	1313
飫肥隊	500	840	1340
都城隊	1150	430	1580
合計	3533	3480	7013

『宮崎県史通史編近・現代Ⅰ』より引用

「豊後佐伯及日向地方の景況大分県届」（五月二八日）には、「最近になって、薩軍の宮崎本営から、農工商に関係なく男性一八から四〇歳までの壮兵を募って、兵卒とするという命令が下された。宮崎近傍から美々津まではすでに徴募があり、これから延岡一円の募兵がはじまる。募兵をしているのは、高鍋士族の荻原恕平と田村吉克である。このふたりは出兵に不同意の者であったが、薩軍に指名され、命に従わなければ捕縛するという『威力』によって、やむなく募兵業務を行っている」とある。

強制的な募金・募兵に対し、農工商で壮年男子のいる家は、軍資金を出して兵役を免れようとしたが、薩軍はそれを一切許さなかった。また金穀の徴収は士族に命じ、家産の貧富に応じて強制的に賦課した。飫肥の士族で、官軍に投降した太田久平の供述（七月二五日）によれば、「宮崎の守衛兵はおよそ一〇〇〇人くらいで、その内三〇〇人くらいは士族、残りは新しく徴募した農兵である。しかしこれは豊後口に派遣予定で、その後は鹿児島から農兵が来る。佐土原広瀬の守衛兵はおよそ三〇〇人で、これは農兵である。延岡では約一五〇〇人を徴募した。内二〇〇人は、豊後口に向かった」という。強制的に徴募された農兵たちは、薩軍が抑えている地域の守備や、豊後口の戦闘に投入された（『宮崎県史史料篇近・現代2』）。

『一神官の西南戦争従軍記』によれば、現在の宮崎県東臼杵郡椎葉村付近にいた「宮寄《ママ》隊」（薩軍側の延岡隊か）の兵士は、多くが農兵であった。彼らが携えている銃は「和銃」、すなわち火縄銃であった。これをみて『従軍記』を書いた安藤は、「とても覚束なくみえた」と書いている。農兵たちは、火縄銃を持たされ、最新鋭のスナイドル銃（後装式で一分間に六発発射できる）を持った官軍と戦わねばならなかったのである。

西南戦争は、士族反乱のひとつにあげられる。しかし、ここでみたように、農兵も多く戦争に動員されたし、農兵以外で動員された人びとはさらに広範に存在する（第二、第三章）。士族たちは曲がりなりにも「大義」を掲げ戦ったが、農兵たちは何のために戦えば良かったのか。西南戦争における日向国（宮崎県域）の戦死者数は、九六九人（『宮崎県史通史編近・現代I』）であるが、このうち農兵が何名なのかは、不明である。つまり農兵の実態は、その戦死者数も含めて未だ明らかでない。その墓もよく分からない者も多いのだろう。強制的に動員されて戦場に投入され、そして「戦死」した農兵の悲劇は、どのように語り継げばよいのか。「農兵」たちを犬死にさせた西南戦争とは、いったい何だったのか。

遺族の悲しみ

わが子を兵士として送り出し、その子を失ってしまう遺族の悲劇は、戦争につきものである。三月二一日、木葉本営でのこと、ひとりの「狂爺」が本営にやってきた。齢すでに六〇余、名を平野萬之進といった。轟村（現熊本市北区）の者だ。おそらく士族であろう。この老人にはふたりの息子がいた。ふたりとも薩軍に加わり、ふたりとも戦死した。おそらく田原坂の戦いで戦死したのであろう。老人はその口惜しさのあまり、「もし官軍がわが轟村に一歩たりとも入る事があれば、おれがすぐに本営に斬り込み、息子たちの仇を討ってやる」と叫び暴れる。この日は、官軍の哨兵線に入り込んで、同じことを叫んでいる。恐らく、連日本営周辺に現れたのだろう。このため官軍の兵士が、やむを得ず老人を捕縛した。川口は、これをみて思った。「思えばこの老人は、ふたりの愛し子をいっぺんに失い、悲しみのあまりついに気が狂れたのであろう。なんと憐れな」と。敵兵の親とはいえ、川口も憐憫の情を禁じ得なかった（『従征日記』）。周囲にいた官軍の兵士たちも、「自分が死んだら、親は同じように悲しむだろう」と思えば、手荒なことはできなかっただろう。

チャイルドソルジャー

中東やアフリカの内戦で、いわゆるチャイルドソルジャーが戦闘に参加していることが明らかにされ、世界に衝撃をあたえた。中には、わずか六歳のこどももいたことが報告されている。子どもがメッセージを残し、自爆テロに向かう映像も衝撃を与えた。ところがすでに、西南戦争でも同じような少年兵（チャイルドソルジャー）がいた。

三月二六日（植木付近の戦闘が続いている頃）、川口が地元民を集めて、敵情を尋ねたところ次のようなことがわかった。「薩軍は多くの老人や少年を部隊に編成している。その最も年長者は、すでに六〇歳を優に超えている。いっぽう年少者は、一三、一四歳の少年が含まれている。そして老人も少年も銃や刀を持たされて、戦場に駆り出されている」と。これを聞いて川口は、「思うに少年たちは、国家に反逆している意識もなく、その理由もわからず、ただ大人たちの脅迫によって国事犯罪者（反逆者）に仕立てられているのである。そして何もわからないまま、戦いで命を落とすのである。ああ、なんとかわいそうなことだろうか」と思った（『従征日記』）。

また喜多平四郎『従西従軍日誌』には、西郷隆盛の逸話として次のような記事がある（四月五日）。薩軍において、補充兵として動員された兵士の中に少年が含まれていることを知った西郷が激怒して、「幼若の男子、前途国家に尽くす有らんとするの人、何ぞ一戦争に命を損さしむるを為さんやと。悉くこれを奉還帰国せしむ」といったという。西郷が、前途ある少年たちをこの「一戦争」で死なせてはならないといって、帰国させたというのである。ここには、賊将である西郷の良識が示されているといってよいが、薩軍に少年たちが含まれていたことは確かなようである。

実際に戦場に散った少年たちがいる。ＪＲ植木駅（現熊本市北区）近くに、この付近（萩迫）の戦

川尻本営の錦絵。少年兵を前に西郷が説諭する場面（国会図書館デジタルアーカイブズ）

闘で戦死した東野孝之丞の墓があり、地元では「美少年の墓」と呼ばれている。彼は都城の庄内出身で、わずか一五歳だった。また鹿児島市の南洲墓地には、松橋《まつばせ》（現熊本県宇城市）で戦死した伊地知末吉ら一四歳の少年の「少年烈士」の墓もある。この墓地の入り口には、勝海舟の手になる「ぬれぎぬを　干そうともせず　子どもらが　なすがまにまに果てし君かな」という歌碑が建てられている（『西南戦争と西郷隆盛』）。

　現代の定義では、一八歳未満の子ども兵士をチャイルドソルジャーとよぶ。世界の多くの国では、一八歳になると法的にも社会的にも大人として認められている。西南戦争当時は近世社会の名残で、おそらく一五歳前後の元服以前は子どもという扱いが行われていたかも知れない。いっぽう、徴兵令（明治六年）による徴兵年齢は、二〇歳以上である。したがって明治期は、二〇歳が大人と子どもの境界であるという認識も生まれつつあった時期といってもよかろう。いずれにせよ一三、一四、一五歳というのは、今の中学生の年齢である。勝海舟の歌を繰り返すまでもなく、紛れもない「子ども」である。

少年は暴力や薬物によるマインドコントロールが容易で、恐怖心が弱く、さらに大人の命令に従順に従う傾向が強い。これを利用して、子どもたちを兵士に仕立て上げるのである。川口は少年たちが、「脅迫」による恐怖心に支配され、薩軍という大人たちの組織に盲従しているとみている。これはまさにチャイルドソルジャー以外の何者でもない。

戦争と子どもの心

チャイルドソルジャーで思い出したことがある。六月一九日の熊本県の富岡権令《ごんれい》(官位五等官相当、四等官であれば県令。のちの知事にあたる)の告諭は、「近ごろ、子どもたちの遊びは、専ら闘争を好み、甚だしきは隣村同士で子どもたちが敵視し合い、竹刀を携え、瓦礫を投げ合い、そのためけがをする者もいると聞いている。これは、そのままには済まされないことである。右のような事がないように、親たちが説諭することは勿論、いっそう懇ろに注意するよう、この旨告諭する」とある(『玉東町史　西南戦争編』)。

戦争を間近でみた子どもたち、中には戦争に巻き込まれた子どもも多かったに違いない。戦死した兵士の遺体をみた子どもたくさんいたであろう。また子どもたちの中には、家族や親戚、近隣の者を失った者もいたはずだ。そのような子どもたちの間で、戦争を忌み嫌うどころか、戦争ごっこが蔓延しているという。さらに遊びはエスカレートし、隣村の子どもたちがお互いに敵対し、手に竹刀をもって、石を投げ合って喧嘩をする。挙げ句に、けが人もいるという。権令の耳にまで達していること、さらに権令が告諭を出さねばならないほどであったから、これはかなり深刻な事態だったに違いない。

本書を執筆しながら、戦場で人間はどこまで残酷になれるのだろうかと、これまで何度か考えたことがある。そして、戦争を間接的に経験した子どもたちも、ここでは好戦的になってしまっている。戦争は、明らかに子どもたちの心を蝕んでいる。

農業ができない

薩軍が大分県南部に侵攻した五月下旬は、田植え直前の時期であった。ところが、農家の男たちは根こそぎ薩軍の人夫として動員され、官軍が優勢となって薩軍が去っても、次は官軍に根こそぎ動員された。そのため、農作業が思うようにできなかった。この年は、田植え前の麦刈りは、年寄と女で済ませねばならなかった。官軍が入ってきてやっと、一部の地域で田植えのために田を鋤くことができたという。その後も田の草取りが充分にできなかった上、夏は雨も多かった。だから田はもちろん、畑の作柄も「不作」だった（「懐古追録」）。戦場となって兵隊に田畑を踏み荒らされたところでは、なおさらである。

官薩両軍とも、腹が減れば畑の作物に手を出した。第三旅団の亀岡泰辰の部隊は、七月三一日猛暑の中を高岡から宮崎まで移動したが、疲労と食糧不足に陥った。空腹に耐えかねたが、人家もな

弦書房
出版案内

2025年

『不謹慎な旅２』より
写真・木村聡

弦書房

〒810-0041　福岡市中央区大名2-2-43-301
電話　092(726)9885　FAX　092(726)9886
URL　http://genshobo.com/　E-mail　books@genshobo.com

◆表示価格はすべて税別です
◆送料無料（ただし、1000円未満の場合は送料 250円を申し受けます）
◆図書目録請求呈

◆渡辺京二史学への入門書

渡辺京二論 隠れた小径を行く

三浦小太郎　渡辺京二が一貫して手放さなかったものとは何か。「小さきものの死」から絶筆『小さきものの近代』まで、全著作を読み解き、広大な思想の軌跡をたどる。

2200円

渡辺京二の近代素描4作品（時代順）

*「近代」をとらえ直すための壮大な思想と構想の軌跡

日本近世の起源 戦国乱世から徳川の平和へ【新装版】

室町後期・戦国期の社会的活力をとらえ直し、徳川期の平和がどういう経緯で形成されたのかを解き明かす。

1900円

黒船前夜 ロシア・アイヌ・日本の三国志【新装版】

◆甦る18世紀のロシアと日本　ペリー来航以前、ロシアはどのようにして日本の北辺を騒がせるようになったのか。

2200円

…という幻景【新装版】

…代とちがうからこそおもしろい。『逝きし世の面影』

1800円

…の近代 1・2（全2巻）

…現を強制された時代を生きた日…を鮮やかに描く。第二十章「激…筆・未完。

各3000円

潜伏キリシタン関連本

【新装版】かくれキリシタンの起源 信仰と信者の実相

中園成生　「禁教で変容した信仰」という従来のイメージをくつがえす。なぜ二五〇年にわたる禁教時代に耐えられたのか。

2800円

FUKUOKA Uブックレット⑨ かくれキリシタンとは何か オラショを巡る旅

中園成生　四〇〇年間変わらなかった信仰——現在も続くかくれキリシタン信仰の歴史とその真の姿に迫るフィールドワーク。

680円

アルメイダ神父とその時代

玉木譲　アルメイダ（一五二五～一五八三）終焉の地天草市河浦町から発信する力作評伝。

2700円

天草島原一揆後を治めた代官 鈴木重成

田口孝雄　一揆後の疲弊しきった天草と島原で、戦後処理と治国安民を12年にわたって成し遂げた徳川家の側近の人物像。

2200円

天草キリシタン紀行 﨑津・大江・キリシタンゆかりの地

小林健浩［編］﨑津・大江・本渡教会主任司祭［監修］　隠れ部屋や家庭祭壇、ミサの光景など﨑津集落を中心に貴重な写真二〇〇点と四五〇年の天草キリスト教史をたどる資料

◆石牟礼道子の

あいだに

光則　一九四三〜二〇一五年に詠まれた未発表短歌を含む六七〇余首を集成。

2600円

花いちもんめ【新装版】

70代の円熟期に書かれたエッセイ集。幼少期少女期の回想から甦る、失われた昭和の風景と人々の姿。巻末エッセイ／カライモブックス

1800円

【新装版】ヤポネシアの海辺から

対談　島尾ミホ・石牟礼道子　南島の豊かな世界を海辺育ちのふたりが静かに深く語り合う。

2000円

非観光的な場所への旅

満腹の惑星　誰が飯にありつけるのか

木村聡　問題を抱えた、世界各地で生きる人々の御馳走風景を訪ねたフードドキュメンタリー。

2100円

不謹慎な旅 1・2　負の記憶を巡る「ダークツーリズム」

木村聡　哀しみの記憶を宿す、負の遺産をめぐる場所へご案内。40＋35の旅のかたちを写真とともにルポ。

各2000円

戦後八〇年

占領と引揚げの肖像　BEPPU 1945-1956

下川正晴　占領軍と引揚げ者でひしめく街、別府がBEPPUであった頃の戦後史。地域戦後史を東アジアの視野から再検証。

2200円

占領下の新聞　別府からみた戦後ニッポン

白土康代　別府で、占領期の昭和21年3月から24年10月までにGHQの検閲を受け発行された52種類の新聞がプランゲ文庫から甦る。

2100円

日本統治下の朝鮮シネマ群像《戦争と近代の同時代史》

下川正晴　一九三〇〜四〇年代、日本統治下の国策映画と日朝映画人の個人史をもとに、当時の実相に迫る。

2200円

◎FUKUOKA uブックレット◎

㉒中国はどこへ向かうのか　国際関係から読み解く

毛里和子・編者　不可解な中国と、日本はどう対峙していくのか。

800円

㉖往還する日韓文化　日本文化開放から韓流ブームまで

伊東順子　政治・外交よりも文化交流が大切だ。

700円

㉗映画創作と内的対話

石井岳龍　内的対話から「分断と共生」の問題へ。

800円

近代化遺産シリーズ

産業遺産巡礼《日本編》

市原猛志　全国津々浦々20年におよぶ調査の中から、選りすぐりの212か所を掲載。写真六〇〇点以上。その遺産はなぜそこにあるのか。　2200円

筑豊の近代化遺産

筑豊近代遺産研究会　日本の近代化に貢献した石炭産業の密集地に現存する遺産群を集成。巻末に300の近代化遺産一覧表と年表。　2200円

九州遺産《近現代遺産編101》

砂田光紀　世界遺産「明治日本の産業革命遺産」九州内の主要な遺産群を収録。八幡製鉄所、三池炭鉱、集成館、軍艦島、三菱長崎造船所など101施設を紹介。【好評11刷】　2000円

熊本の近代化遺産 上 下

熊本産業遺産研究会・熊本まちなみトラスト　……を全2巻で紹介。世界遺産推薦の「三角港」……な遺産を収録。　各1900円

……遺産

……化遺産の密集地北九州。……案内。　2200円

歴史再発見

明治四年久留米藩難事件

浦辺登　明治初期、反政府の前駆的事件であったにも関わらず、闇に葬られてきたのはなぜか。　2000円

マカオの日本人

マヌエル・テイシェイラ・千島英一訳　一六～一七世紀、開港初期のマカオや香港に居住していた日本人とは。　1500円

球磨焼酎　本格焼酎の源流から

球磨焼酎酒造組合［編］　米から生まれる米焼酎の世界を、五〇〇年の歴史からたどる。　1900円

玄洋社とは何者か

浦辺登　テロリスト集団という虚像から自由民権団体という実像へ修正を迫る。　2000円

歴史を複眼で見る　2014～2024

平川祐弘　鷗外、漱石、紫式部も、複眼の視角でとらえて語る。ダンテ『神曲』の翻訳者、比較文化関係論の碩学による84の卓見！　2100円

明治の大獄　尊王攘夷派の反政府運動と弾圧

長野浩典　「廃藩置県」前夜に何があったのか。河上彦斎（高田源兵）、儒学者毛利空桑らをキーパーソンに時代背景を読み解く。　2100円

歴史書、画文集、句歌集、詩集、随筆集など様々な分野の本作りを行っています。ぜひお気軽にご連絡ください。

☎092-726-9885
e-mail books@genshobo.com

い。見渡してみると、近くに西瓜畑があった。仕方なく、兵士たちにも西瓜を随意に食して良いと許可した。そのほかに食い物があれば食べて良いともいった。すると皆よろこんで畑の中に入って探したが、西瓜はもとより何ひとつ食い物はなかった。すでに薩軍が食い散らしたあとだった。みな失望して、空腹のまま空しく進むしかなかった。こうして農民たちは、実ったばかりの畑作物も食い荒らされた（『第三旅団西南戦袍誌』）。

しかし戦争後、農業がなかなか軌道に乗らない理由がほかにもあった。それは、当時の農業に不可欠な牛馬が、官薩両軍に根こそぎ徴発され、村からいなくなっていたのである。宮崎県では、熊本で負傷した兵士を搬送するのにも、大量の馬が使用された。薩軍が人吉に退くまでは、負傷者や病人は、熊本から馬見原・三田井・延岡を経て、宮崎方面に馬や牛で送られていた（『知られざる西南戦争』）。こうした牛馬の不足に対して、鹿児島県では「耕牛馬紛失届」を出させた。また同時に、「拾得牛馬届」（九月二九日）も出させている（『宮崎県史史料篇　近・現代２』）。牛馬の紛失が、どれほどにのぼったかは定かでない。いっぽう、所有者の分からない牛馬が、各地でみられた。ここにも、この戦争の深刻さがあった。

学校は閉鎖

薩軍が侵入し、のちに官軍の本営がおかれた重岡には、三つの学校があった。山間地で、どこもせいぜい一〇人、二〇人、三〇人という小規模な学校ばかりだった。しかも、女子生徒はひとりもいなかった。校舎も当時は、個人宅や草庵、「山伏の私宅」などが学舎として使われていた。しかし五月半ばの薩軍侵入と同時に、すべての学校が閉鎖された。薩軍が去り官軍が重岡へ入ると、ここには本営がおかれた。さらに官軍が南下していなくなっても、学校は閉鎖されたままだった。結局、この地域で学校が再開されたのは、翌年の春からだった（『懐古追録』）。

また鹿児島県では、戦争終結直前の九月一六日、「各区学校再開につき諭達」がだされた。ここでは、「二月以来ノ兵乱ニ付自然閉校相成実ニ不堪遺憾」として、学校開校の準備を速やかにはじめるように達している。ところが一か月ほどあとの一〇月二七日に、「各学校開業の日限等取調につき布達」が出された。ここでは、「士民困窮の中であるが、日限を切って学校を再開せよ」と再度開校を促している。また、「再開の見通しが立たない場合は、その理由を届け出よ」ともいっている（『宮崎県史史料篇近・現代2』）。しかし、行政が思うように簡単に学校は再開できなかった。戦場となった各県では、校舎が被害を受け、教師だった者が戦争に加わったため、教師不足という事態もあったと思われる。

もうひとつ、学校が開かれなかった事情が見え隠れする史料がある。大分県は九月一八日に区戸長と学区取締に対し「小学開校云々達」を出した。「県下では西南戦争で一時やむを得ず学校を閉校にした。しかし県内鎮定後も開校していない学校が間々あると聞いている。開校した学校でもそれは名ばかりで、入学時の十分の一しか生徒が登校していない学校がある。一時休校にしたからといって、生徒が減少するなどとは全く根拠のないことである。病気やけがでなければ、速やかに入学を督励し、その状況を報告せよ」と（『縣治概畧Ⅵ』）。明治五年に学制が発布されて、全国に学区（大学区・中学区・小学区）が設定されて学校建設がはじまった。これは国民皆学を目指すものであったが、学校の建設や運営は民費負担（村民負担）であったため、反対も多かった。また農村では、子どもといえども労働力であったから、就学率も低調だった。つまり民衆は、学校教育にたいして積極的ではなかった。だから西南戦争による一時閉校を「これ幸い」と、多くの子どもたちが学校に行くのをやめたのである。

「戦後」の処罰

こんな形での「被害」もあった。それは、薩軍に金品を強要されたが、それが薩軍への協力行為とされ、処罰を受けたケースである。大分県下直見村（現佐伯市）の元大庄屋佐藤大作は、薩軍に協力した佐伯士族に金を要求された。彼は仕方なく村民からお金を集め、提供したのだが、これが薩軍への軍資金の供与とされ処罰された。佐藤大作は、明治一〇年八月一七日、佐伯臨時裁判所で懲役一年の刑をいい渡され、広島刑務所に収監されたという。佐藤は出獄後、直見村の戸長となった。しかし、村民から集めたお金を返済するため、土地（山林田畑）を売り払い返済したため、家産を失ったという。

また、永良・堅田・長谷・青山・池田の各村（現佐伯市）では、用務所（役場）に押し入った薩軍に貧民資産金（貧民救済のための村の積立金）一一九円四八銭余を提供した。しかしここでも、戸長副戸長が薩軍協力者として懲役一年、総代が一〇〇日の懲役をいい渡されたという（『直川村誌』）。

いずれの場合にも、薩軍の強要があったもので、もし提供しなければ命の危険があった。しかし、村民から集めたお金や積立金は公金であり、公金を薩軍に供与したものとみなされた。薩軍に脅され村びとから金を集め、その金を奪われたうえ、戦後はそれが罪に問われ懲役刑を受ける。当時の村役人たちは、踏んだり蹴ったりであった。

第五章
見世物としての西南戦争

戦争がはじまると早々に避難した住民たちも、戦闘がつづき、それに慣れてくると戦争を見物するようになる。人にはどこか、怖いもの見たさの心理が潜んでいる。もちろん人によって、戦争の見方、感じ方は異なるから、総ての人がそうではないが、戦争を見物する様子をいろいろな史料からみることができる。

また、戦場から遠く離れた、例えば東京や大阪では、人々は新聞や錦絵などのメディアを通じて、戦争を見つめることになる。また歌舞伎は「西南戦争劇」を上演し、リアルな戦場の雰囲気を伝えた。人と人とが命を奪い合う戦争は、いわば究極の見世物だったが、戦争の動静は当時の人びとの関心をひきつけた。また当時の人びとにとっては、近代的な軍隊そのものが興味をそそり、新兵器や軍隊の持ち物もまた、格好の見世物だった。そしてあの「大西郷」も偶像化され、「上野の西郷さん」として見世物になった。

面白き見物

黒川口に隣接する長野村（現南阿蘇村）に長野内匠という人物がいた。彼は文化一〇年（一八一三）から明治二〇年（一八八七）まで、七五年にわたって日記（『長野内匠日記』）を認めた。西南戦争がおこった明治一〇年は、彼の最晩年（満七九歳）であったが、戦場となった村の様子を克明に記録している。

明治一〇年五月二三、二四日には、現在の南阿蘇村（南郷谷）を大勢の官軍が二日間にわたって通過した。この時期薩軍は、すでに人吉へ退却しており、五月二五日には官軍が三田井（現高千穂町）を攻略している。官軍は、熊本から宮崎・大分方面へ移動している時期である。長野内匠はその時の様子を「官軍が大勢、街道筋を阿蘇南郷から大津の方へ下っていく」（二三日）、「近日、毎日街道を上っていた官軍勢が、今日は皆一同に下っている。そこで、村中の老若男女が見物のために、長野村今市の街道筋に出かけた。これは実に面白き見世物である」（二四日）と書いている。

長野村の南を通る「今市往還」は、高森を経て高千穂に至り、さらに延岡へと通ずる街道である。当時のことであるから、街道の道幅は狭く、大勢の兵士や軍夫が通過し終わるのにはかなりの時間がかかったと思われる。その街道を官軍が、東西に行き来している。長野内匠が、阿蘇一揆と西南戦争について記した手記『南郷騒動見聞書・薩州と上方勢合戦聞書』（個人蔵）には、その人数を「両三日に人数五六千之風聞」と書いている。明治はじめの長野村の人口は、三〇〇人に満たない程度であったから、五～六千人の隊列は、さぞ壮観だったであろう。しかも軍服を着て銃を持った兵隊たちの姿は、はじめてみるに違いなかった。また馬を牽いたり、荷物を担いで移動する大勢の軍夫の様子にも驚いたであろう。村中の老若男女が沿道に繰り出して、この隊列を見守った。街道は人びとでごった返した。

いっぽう、鹿児島を発って北上する薩軍にも、大勢の見物人が押し寄せた。二月一五日から薩軍を送り出した鹿児島の町は、連日大勢の見物客で溢れかえった。加世田（現南さつま市）の郷士久米清太郎は、薩軍本営付の大砲隊二番隊病院掛役として従軍し、日記を残している。彼は二月一七日に鹿児島を船で発って、加治木に上陸したが、そのときの様子を次のように書いている。「我等ハ船ヨリ（西郷等に）同行。四方ヲ見渡ス大雪ノ風景。桜島牛根福山方上ハ吉野原四方光ヲ白清シテ陸軍大将西郷公モ勇々ト春ノ日ノカスミノ中ヲ重富近ヨリ舟方帆ヲ挙テ加治木波止へ着ス。直ニ町口へ出ト数万人見物人出テ道ヲ不分、宿屋森山加兵衛宅ニ着ス」と。西郷は陸行したが、船上からは春かすみの中を悠々と歩いて行く西郷と護衛兵たちの様子がみえた。加治木港に着き上陸すると、数万人の見物客が出ていて道も分からぬほどだった。加治木の人びとは、ひと目西郷とその軍隊を見ようと押し寄せた。薩軍の場合、官軍と違って制服はなく、大半の者が着物に草鞋と脚絆を巻いただけの軽装であった。しかし、数千人規模の軍隊が移動する様子は、壮観だった。また薩軍は、山砲二八門、野砲二門、臼砲三〇門を牽いているが、この様子にも驚いた。薩軍は、二月二〇日に人吉に入った。ここでも「人吉方眼（ママ）物人 夥敷《おびただしく》出張有之」と書いている（『西南戦争従軍記』）。

砲撃戦の見物人たち

熊本城下で本格的な戦闘が開始されるのは、二月二二日からである。早朝、薩軍五番大隊一七〇〇人が本荘村の白川河畔に着いたところ、鎮台兵がこれを砲撃した。これをきっかけに薩軍は城下各所に展開し、四方から攻撃した。これに対し鎮台では、下馬橋、飯田丸、千葉城などの砲台から砲撃した。いっぽう薩軍も各所から熊本城を砲撃した。熊本城攻防戦は、両軍の凄まじい砲撃戦でもあった。薩軍の砲台が置かれた場所のうち、熊本城の南西にある花岡山（現西区、標高一三二メートル）は、鎮台砲撃の格好の台場となった。ここからは、熊本城の鎮台が一望できるのである。しかも熊本城からは、直線距離でわずか約二キロメートルである（ただし、薩軍の砲弾は熊本城に届かなかった）。花岡山には現在も、「薩軍砲座の址」の記念碑が建っている。

熊本市花岡山にある「薩軍砲座の跡」。ここから熊本鎮台を砲撃した。しかし砲弾は届かなかったという

二月二五日午前一一時頃、久米清太郎は医師ら数人とともに花岡山台場に登った。すると「此地花岡山ヨリ城中ハ忽テ見通ス地ニテ」、鎮台の状況が手に取るようにみえる。驚いた事には、薩軍の兵士のほかに多数の見物人がいるではないか。見物人は地元民である。時おり熊本城中から、花岡山台場に向けて砲弾が撃ち込まれる。砲弾は花岡山の近くに着弾するが、そのときは大きな歓声が上がった。それにしても、わが身の危険をかえりみず戦争を見物する人びと。砲撃戦は、特に人びとの興味をかきたてた。砲撃戦という戦争自体が、はじめてみるものだったからである。甲斐有雄の「肥の国軍《いくさ》物語」（約三か月にわたり、西南戦争を記録した日記。甲斐は阿蘇郡尾下《おくだり》村の郷士）には、「官軍は茶碗位の破れつ玉、的《あた》るやいなや八方に開く。如何なる家も焼かずと云ふ事なし。また人も死す」（四月一日）とある。官軍の炸裂弾は、凄まじい破壊力があったが、民衆はこれをみてみたかったのだ。ちなみに西南戦争では、官軍が一二種類の大砲一〇九門、薩軍が六〇門の大砲を有して撃ち合った。消費した砲弾の数は、官軍（陸軍）だけで、七万三〇〇〇発にのぼったという（『従征日記』）。

久米らとここで意気投合した、「花岡山ノ下」に住む緒方卯吉という「平民」がいた。卯吉は久米らを自宅に招いて、焼酎を馳走した。また夜八時には、福田某宅で三味線による

熊本市花岡山から熊本城を臨む。ビル群奥の緑地帯が熊本城

もてなしを受けている。もちろんこの日、久米らは遊んでいたわけではない。この間、様々な荷駄を各所に運んだりしている。この日の日記の最後に久米は、「世間ハ浮世ノ風俗不否ノ事」と書いている。確かにここは戦場なのだが、「浮世の風俗は未だ健在である」という意味か。久米自身も不思議な感覚だったのだろう。

「イクサ見物」

植木付近でまだ激戦が続いている三月二五日、川口武定は一〇歳ばかりの少年が、担がれて病院に連れて行かれるのをみた。足に弾丸があたったとみえて、包帯を巻いていた。川口はいう。「近ごろは、住民たちも戦争を見るのに慣れて、男たちだけでなく女性や子どもまでもが、小さな丘にのぼり戦争を遠くから眺めるようになった。すべての住民が見物するわけではないが、けっして珍しくもない。それで今日のように、誤って流れ弾にあたり、中には死ぬ者もいる」と（『従征日記』）。戦争見物は命がけだった。

熊本城下でも、民衆が戦争見物をしている。先にもあげた「肥の国軍物語」には、激戦が続く二月二三日の条に、「見物人が一ヶ所に集まって戦闘をみていると、櫓（熊本城中の櫓か）から銃を撃ちかけてくる。それで、連れだって見物にきた友人もあったが、方々へ散り散りに逃げ去った」と。見物人たちは、「みんなでみるから怖くない」という気持ちだったろうが、戦場に安全な場所はなかった。

『明治の熊本』に、「庶民の戦争観」として紹介された「高瀬戯話」という史料がある。第三者の立場から、西南戦争を眺めており、戦争自体を揶揄している。遊里の知識や浄瑠璃の文句も随所にみえることから、江戸に住み遊び馴れた人の作と推測される。話の多くは、高瀬周辺ことがらである。こうしたことから、『玉名市史』では、「官軍本営が置かれた岩崎原村に住む元高瀬藩士の手に成るものであろう」と推定している。この「高瀬戯話」にも、「イクサ見物」の話がある。

（前略）官軍一統、高瀬ヘクルナリ、市人ハ勿論、老若男女、僧侶交リテ、イクサ見物、コハ面白シ、コンナ時分ニ、生レタ幸ヒ、高イ所ガ、能ク見ヘマスルゾ、イヤイヤアブナヒ、昔ノイクサト、今時キヤチガウゾ、叢ノ中トカ、石塔ノ間ガ、用心第一（後略）

「高瀬戯話」全体が戦争を強烈に皮肉っているが、この部分も同様である。「戦争見物ほど面白いものはない。こんな時代に生まれたことは、なんと幸せなことだろう」という。さらに「イクサ見物は高いところがよくみえるが、流れ弾が危ないので、草むらの繁みや墓地の石塔の間からみるとよい。用心第一」とつづける。また老若男女に混じって、「僧侶」も熱心に見物しているシーンを織り込むが、実に巧妙で面白い。こうして茶化してはいるが、この話はさきの『従征日記』の記述

豊後大野市三重町の激戦地。崖の下付近で、多数の官軍兵士が戦死した

と全く一致する。

次に大分県での話である。六月一〇日、臼杵から撤退した薩軍は、再び三重市（現豊後大野市）を攻略しようとした。ところが薩軍の先頭が、内田にさしかかったとき、不意に現れた官軍の兵士に薩軍の兵士が斬られた。警戒した薩軍は、三重市への侵入を断念した。高みにのぼり三重市を遠望してみたところ、夥しい数の人影（軍夫）が走りまわるのがみえた。また別な所に目をやれば、近くの住民が人家の屋根や丘の上にのぼって、やはりこの様子をみている。住民たちは、軍夫の動きやこれからはじまるかも知れない戦闘を、期待しながら、高みから見ていたのである（「西南役の三重市の戦闘」）。

臼杵の諏訪山

薩軍の奇兵隊が竹田に入ってここを占領したのは、五月一三日だった。その後、鎮台兵・警視隊との激戦に敗れ、奇兵隊が竹田から撤退したのは、五月二九日である。その後奇兵隊は、三重市を経て臼杵へ向かう。すでに臼杵では、薩軍の侵入に備え五月二二日頃、士族八〇〇余人をもって八小隊を編成していた。しかし、小銃は二〇〇挺しか集まらず極めて貧弱な防備であった。二〇〇挺の小銃で武装できたのは、わずかに一番隊と二番隊だけだった。また臼杵防衛のため、警視隊一個小隊が派遣されていた。

六月一日、臼杵の城下から二里ほどの武山で薩軍（奇兵隊約一〇〇〇名）との戦闘がはじまった。しかしわずか二〇〇挺の備えしかない臼杵隊（官軍側）と、歴戦の奇兵隊との力の差は歴然としていた。臼杵隊は、緒戦で総崩れとなり臼杵城下へと敗走した。臼杵の士族は、方々へ逃走した。また多くは臼杵城に入ったが薩軍も城内へ乱入。臼杵隊は追い落とされ、二〇〇名以上が投降し、戦利品を奪われた。またこの日の戦闘で、臼杵士族四三名と、警視隊二〇名が戦死した。

臼杵城下町の北側の縁を流れる末広川をはさんで、城下の対岸に諏訪山がある。この小さな山に登れば、臼杵の市街地を眼前に一望できる（現在は樹木が視界を遮り、市街地は見えない）。臼杵に入った薩軍は、当然この諏訪山を確保した。これから約一〇日間、臼杵は奇兵隊に占領された。臼杵に迫った官軍が奪還作戦をはじめ、戦闘が再びはじまるのが六月八日である。そして激戦の末、臼杵を占領した薩軍が敗れ、撤退するのが一〇日である。はじめ諏訪山をおさえていた薩軍も、形勢が不利になりはじめたためこの

臼杵市の諏訪山（中央仏舎利塔）は、市街地の北辺にあり、市街地が一望できる

山を放棄した。官軍はこれを追撃する。

諏訪山が戦域外になると、諏訪村の住人が続々と山に登ってきた。すると諏訪山の南西にある江無田で、両軍の白兵戦が繰りひろげられている様子がよくみえる。伝聞では、「両方が白刃を振りかざして戦があったものか、六月の太陽の光が刀に映じて閃く様は、実に壮観であったと、その人たちは一生の自慢話として聞かされたものでした」という。これは臼杵で薩軍と戦った父親から聞いた話をまとめた、「炉辺にきいた臼杵の戦」の一節である（『臼杵史談』）。標高一九〇メートルの諏訪山は、熊本の花岡山同様に、戦争を眺めるのには絶好の場所だった。しかしここもまた、決して安全な場所ではなかった。ここでも諏訪村の人びとは、危険をかえりみず山の上から高みの見物をしているのである。そして白刃が六月の日の光に輝く様子は、実に「壮観」だったという。村びとにとっては、夢か幻のようにみえたのかもしれない。しかしそこでは、命の奪い合いが繰りひろげられていたのである。

見物がてら弾拾い

戦争という見世物は、戦闘シーンばかりではない。多数の官薩両兵士たちが斬り合い撃ち合い死んでいった激戦地「跡」は、じゅうぶんな見世物になりうる場所であった。五月一一日、二股村（現玉東町）の戸長から熊本県に対して、興味ある「伺書」が提出されている。それは、「近ごろ遠近から、激戦地の見物がてら玉拾いに大勢集まってくる。あまりの見物人の多さに、台場を崩さないようにせよ、という指示が守れないような状況にある」と（『玉東町史　西南戦争編・資料編』）。五月一一日といえば、田原坂の激戦からまだ二か月に満たない。砲台のあともあれば、堡塁や塹壕の跡もそのままだった。戦場の木や建物に残された夥しい弾痕は、いかに激しい戦いだったかを物語る。そこには、激戦を彷彿させる生々しい戦場跡があった。

第三章で、薩軍兵士の遺体の埋めなおしについて触れたが、その指示が熊本県から出されたのは五月一五日だった。この時期、田原坂近郊の戦場跡は、遺体の腐敗臭がひどく口や鼻を覆わなければ歩くことすらできない状態だった。大勢の見物人たちが戦場を訪れたのは、同時期である。とすれば、集まった人びとは腐敗臭にまみれながら、戦場跡を見物していたことになる。場所によっては、薩軍兵士の遺体の一部が露出している、そんな光景にも出くわしたに違いない。それに加えて、戦場にはこれまた夥しい数の銃弾や薬莢が落ちていた。これを拾って売れば、お金になる。当時の銃弾は、主に鉛製であった。鉛はそれなりの価格で引き取られた。戦跡（戦場）の見物を兼ねて、弾拾いに大勢の市民が集まったのである。そして人びとは、腐敗臭の中で銃弾を拾っていたのである。

西南戦争と新聞

伊藤正徳『新聞五十年史』（昭和一八年）は、次のようにいう。「戦争ほど国民の普遍的な関心を喚起する事件はなく、従ってニュースに対する渇望を湧立たせるものもない。明治の新聞は、日清日露の二大戦役を画期として飛躍的発展をするが、西南の役もまた時人の新聞に対する認識を深める機会を与へた」と。さらに、「この機会（西南戦争）に戦報に対する民衆の関心が、新聞紙の発行部数を急速に増大せしめたことがわかる」ともいう。
西南戦争の戦況は、新聞報道で刻々と伝えられた。西南戦争期、新聞の発行部数はどの新聞社も大きく増加した。【表8】は明治八年度から一〇年度までの新聞の発行部数である。各年度はその年の七月から、翌年六月までである。従って、「九年度」は明治九年七月から明治一〇年六月までとなるから、「九年度」の増加が西南戦争の影響によるものである。『東京日日』など大新聞《おおしんぶん》も増加しているが、小新聞《こしんぶん》の『読売』（江戸時代の読売瓦版の伝統を継ぎ、社会の事件を庶民に伝える新聞。安価で娯楽を重視）が大新聞をはるかに凌いでいることが注目される。ただし『朝野新聞』は、戦争報道を怠り激減したというから、この増加は九年中のものと推測される（『駆け抜ける茂吉』）。いずれにしても民衆は、西南戦争に興味をいだき、その趨勢を新聞で追った。

【表8】主要新聞年度別発行部数

新聞	明治8年度	9年度	10年度
郵便報知	2,143,293	2,393,444	2,072,131
東京日日	2,933,998	3,285,238	3,274,520
朝野	1,178,699	5,319,510	2,077,639
東京曙	814,976	1,934,368	2,329,417
読売	4,352,445	5,456,723	6,565,786
東京絵入	1,030,488	1,848,590	2,191,450
仮名読	(231,533)	1,561,120	1,872,500

＊各年度は、その年の7月～翌年6月
＊（　）は年度途中からの発行
＊野田秋生『駆け抜ける茂吉』より引用

各新聞社とも一流記者を特派員として派遣した。ただ、実際に戦地に行ったのは、『東京日日新聞』の福地源一郎・久保田寛一・南波正康の三人と、『郵便報知新聞』の犬養毅の四人だった。なかでも『郵便報知新聞』の犬養は、三月二七日以降、「戦地直報」と題する従軍記事を連載していた。当初、西南戦争の戦争報道は、社長の福地源一郎（桜痴）が自ら戦地に乗り込んでいた『東京日日新聞』がリードして読者の支持を得ていたが、各社もこれに続いて記者を投入し、とりわけ弾雨のなかを駆けた犬養の記事は人気を呼んだ（小川原『西南戦争』）。

報道合戦と見世物化

民衆は、新聞による戦争報道を渇望した。四月七日の『朝野新聞』には、「普通新聞に田舎先生が、戦争の様子を早く聞きたがり、同新聞の売りさばき所へ来て、前金をやるから四月中の新聞を今渡してくれという。そのような新聞はありませんというと、それならせめて明日の新聞を呉れという。可笑しい」とある。発行前の新聞を買いに来ているのだが、民衆は、それほど戦争報道を得たかったのだ。八月一八日の『郵便報知新聞』は、「時の流行というのは妙なもので、この頃は説教僧が高座にあがり、説法するときにも何々新聞にこんなことが書いてあるといわなければ聴聞者が少ない。また講談師はなおさら、新聞のことを語らねば人が集まらない。そこでどこの席でも看板に、大抵何々新聞とか、戦地直報とかかかれてあります」とある。新聞の「戦地直報」の話をしなければ、どこも人が集まらないのである。

このような状況下で新聞各社は、戦争の報道合戦を繰りひろげた。ある意味で、こちらも熾烈な戦いであった。新聞は売れなければ意味がない。記者は売れる記事を書かねばならない。また、東京その他、九州の戦地からほど遠い読者たちは、戦争の帰趨と戦場のリアルな記事を待っていた。そういう意味で戦争は、新聞を通じて見世物になっていたのである。

戦争と新聞報道のこのような関係は、いつの戦争でも同じであった。日中戦争において、「百人斬り」競争という「殺人競争」が、堂々と新聞に掲載された事実を思いだす。また、満州事変以降、政府や軍の行動を非難し、戦争反対の記事を書いて発行部数を減らした新聞社がある。この頃新聞社は、大陸進出を煽る記事を書かねば、発行部数を維持できなかったという。すでに西南戦争においても記者たちには、読者の興味をそそる記事を書くことが求められていた。

虚説妄談の新聞記事

新聞をめぐる状況が前述のようになってくると、新聞報道はエスカレートする。そして興味本位のいわゆる「虚説妄談」的な記事が紙面を蔽うことにもなりかねない。『東京日日新聞』三月一二日付は、「記者間の戦い」と題して、次のような記事を掲載している。

今回鹿児島県賊徒事件については各新聞社探訪者を各地に派遣しわれ先にと聞き得たるところの熊本その他戦地の模様を実見したる如くに記載し、虚説、妄談を出し、いく分の利益を得んと欲するにあらずや。いやしくも新聞記者たるものは、よく事の虚実を見分け、勧善懲悪の道を正し、エコひいき、軽薄ベンチャラの行い無く、真実を記載せずんば、我が輩は各新聞を称して虚事新聞と言わん。汝記者軽薄をもって虚説を唱えるならば許すべからず。同志を募集し、汝が屋台をこわし、記者を日本橋上にさらし首にすべし。もし保護の兵をもって防御に及ばば、もろともに打ち殺すべきなり（『新聞にみる世相くまもと　明治・大正編』）

まだ、戦争がはじまってひと月にも満たない時期の記事であるが、すでに虚実入り混じった新聞報道が横行していたのであろう。「虚説妄談」ほか、伝聞にも尾ひれが付く。こうして戦争は、新聞報道を通じて見世物と化していったのである。さきにも述べたように『東京日日新聞』は、三人の記者を現地（戦地）に派遣していた。危険を冒して取材したし、正確な報道にも絶対的自信があったはずである。また同新聞は、政府側にたって賊徒征伐に新聞人として貢献することにも自負心を持っていた。同新聞が、「虚説妄談」を許すことができなかった理由がわかる。

錦絵に群がる群衆

大森貝塚を発見して、日本考古学に多大な貢献をしたアメリカ人エドワード・モースは、次のように記している。「往来を通行していると、戦争画で色とりどりな絵画店の前に、人がたかっているのに気がつく。……一枚の絵は空にかかる星（遊星火星）を示し、その中心に西郷将軍がいる。将軍は反徒の大将であるが、日本人は皆彼を敬愛している。鹿児島が占領された後、彼並に他の士官達はハラキリをした。昨今、一方ならず光り輝く火星の中に、彼がいると信じる者も多い」（『日本その日その日』）。これはすでに戦争が終わったあとの話である。戦争が終わっても、西郷の人気は依然として高かった。西郷星が現れたという話は、まだ戦争が続いていた明治一〇年の八月頃であったという。西郷星は地球に接近した火星であったことが知られているが、当時の人々は西郷星を見あげて、星のなかに西郷がみえると噂した（小川原『西南戦争』）。

「戦争画で色とりどりな絵画」とは、錦絵のことで、その錦絵を販売する店に人々が群がったの

だが、西南戦争はこのようにして民衆の興味をかきたてた（国会図書館デジタルアーカイブズ）

である。このように民衆の興味をそそり、西南戦争や西郷という人物に人々を惹きつけたメディアが錦絵であった。

西南戦争と錦絵ブーム

西南戦争を描いた錦絵（多色摺りの版画、浮世絵ともいう）は、二月の開戦前後からはじまり、わずか一年ほどで六〇〇点以上摺られた。毎日一枚以上の新作錦絵が出版され続けたことになる。当時の新聞は、写真はもちろん挿絵もなかったため、視覚的に戦争を伝えた戦争錦絵は、大変な人気を博した。当時の人々はこれらの西南戦争錦絵を、新聞感覚で手に取った。

もともと錦絵は、佐賀の乱（明治七年）を伝えた仮名垣魯文《かながきろぶん》の『佐賀電信録』の成功に端を発するという。この『佐賀電信録』は、絵入りの冊子（二冊）であるが、反響が大き

鹿児島勇猛揃（錦絵）。薩軍オールキャスト

かった。版元がその成功をみて、戦争錦絵が儲かることを知った。その後、明治九年に相次いだ士族反乱では、『佐賀電信録』に続けとばかり、多くの冊子が刊行された。また同年の神風連の乱では、「熊本之賊徒ヲ討伐之図」などの「大判三枚続」の錦絵が発行された。こうして西南戦争以前に、戦争錦絵の定型も定まったという。

錦絵は、新聞報道をもとに作成される。当時はこの錦絵も、届け出をして出版の許可を得る必要があった。版元は、新聞報道から五日ほどで錦絵を作成し、届け出をしたという。錦絵は、新聞とともに速報性をもったメディアであった。当時の錦絵は、「大判」（縦三九センチ×横二六・五センチ）一枚が、二銭であった。多くは三枚組の「大判三枚続」であったから、この場合六銭で現在の一五〇〇円位の感覚だったという。戦争錦絵は、迅速性が求められたために、商業主義的に「生産」された。そのため、事実確認などは二の次で、また誇張した表現が目立った。しかし当時、識字率も低かったから、新聞を読めない人々は、この錦絵を奪い合うように買い求めた（「錦絵が映す西南戦争」）。

西南戦争の錦絵で最も早く出版届けを出したものは、二月一九日の「鹿児島事情」と題する錦絵で、弾薬庫をめぐる私学校党と海軍の攻防を扱ったものである。その後は、熊本城籠城戦や田原坂

事実無根の話も、このように伝えられた（国会図書館デジタルアーカイブズ）

の激戦地、その他の戦闘地のもの、西郷や桐野といった「戦争の主役たち」の活躍や動静に関する錦絵が次々に出版された。そして戦争終結後もしばらく出版が続き、明治一〇年の年末には、正月必須のアイテムである双六まで刷られている。さらに、錦絵に登場するのは男たちだけではない。「鹿児島女隊力戦ノ図」や西郷隆盛の妻の凛々しい錦絵もある（『西南戦争―報道と、その広がり』）。ここでは、鹿児島の女隊が西郷の妻に率いられて、戦場で戦っているという話になっている。これはもちろん虚構であるが、こうしてさらに民衆の興味をかきたてて錦絵を売りまくる。民衆の側はといえば、錦絵を通じてイメージをふくらませ、なにか芝居をみているような感覚にとらわれたにちがいない。

　人々は新聞と錦絵によって戦況を知り、さらに大西郷や賊徒たちのイメージをふくらませた。当時の人々にとって、薩摩賊徒もその首領

鹿児島女子乱暴の図（錦絵）。

である西郷隆盛もけっして悪人ではなかった。むしろ民衆は、西郷に敬愛の念を抱きつづけた。それが西郷星の逸話につらなっていく。ここに錦絵の果たした役割は大きい。そして錦絵によっても、戦争は一種の見世物ともなったのである。

メディアとしての歌舞伎

明治一一年二月二〇日付の『東京曙新聞』に次のような記事が掲載された。

新富座の西南戦争劇　新富座の劇場にて、西南雲《おきけのくも》晴《はらう》朝東風《あさごち》と題して、西南事件を仕組みし狂言を明廿一日より興業するよし、これまでありふれぬ趣向なれば、さぞ大入りならんとの評判。

ここに「狂言」とあるが、歌舞伎である。興業以前から「さぞ大入りならんとの評判」とは、新聞も大いに期待している。さきに錦絵は、おもに新聞報道をもとにして作成されたと書いた。ところがここにもうひとつ、新聞報道と錦絵に題材をとって作成された報道メディアがあった。それが、歌舞伎である。歌舞伎もまた、戦争を伝える報道メディアの役割を果たした。歌舞伎は、芝居である。従って、ここでも戦争は紛れもない見世物となった。

戊辰戦争を題材とした歌舞伎も、二作上演されたという。これは、戦争が終って二年後だった。西南戦争では、戦争終結後わずか三ヶ月で上演された。明治一〇年が暮れ翌一一年になると、各地で西南戦争を題材とした歌舞伎が上演された。なかでも最大の当たりをとったのが、明治一一年二月新富座の『西南雲晴朝東風』（以下『西南雲』と略記）であった。作者は河竹黙阿弥（新七）、九代目市川団十郎・五代目尾上菊五郎・初代市川左団次らが出演。大変な評判で、上演は八〇日にわたって続いた。

黙阿弥は新聞と錦絵の報道に取材し、さらに座元の守田勘弥が人脈を通じて関係者に独自取材をして材料を集めた。『西南雲』では、ほぼすべての場面に新聞と錦絵の報道を取り込んでいるという。例えば七幕目「日向西條陣営の場」（「西條」は西郷）は、多くの老人と少年が兵の召募に応じて本営に集まるというシーンがある。これは召募がたび重なって行くにつれ、老人子どもまで召募せざるを得なかったという事実と一致している。このように黙阿弥は、事実に即して作品づくりを行っている。脚本とともに、衣装も事実に近づけている。例えば簑原（篠原）ほか登場人物の軍服は、警視第二課の監修のもとにリアルな軍服を作成した。そしてこれを役者に着用させ、興業の呼び物にした。

歌舞伎のリアリティー

さらに『西南雲』における戦場の表現は、人間ドラマとスペクタクルを融合させている。人間ドラマは西郷の人間味を強調し、大衆の関心をそこに反映させた。くり返しになるが、「賊軍の将西郷」は、死んでも絶大な人気があった。ドラマに加え、スペクタクル性、すなわち戦場の視覚化を試み、戦場のリアリティーを追求した。例えば戦闘シーンでは、「砲弾」「喇叭」「号令」「行進」を強調した。西南戦争の戦場では、「砲弾」が飛び交ったが、これこそ近代の戦争を象徴するものだった。『西南雲』では、その仕掛けに西洋花火を用いたという。また西南戦争では、官薩両軍ともにラッパを攻撃と退却の合図に用いたが、ラッパはまた西南戦争の音の記憶であった。さらに「気をつけ」等の号令と、号令に従って整然と行進する軍隊。これが近代的な新しい戦争の要素、近代の兵士の身体的特徴として演出された。こうした『西南雲』の戦場のリアルな表現は、映像というメディアが登場する以前、歌舞伎がその映像に代わる役割を果たしていたといえる。歌舞伎の舞台には、リアルな戦場が再現されていたのである。

東京や大阪からみれば、九州は最も遠隔地である。いくら新聞に関心を持ち、錦絵を買ったとしても、当時のほとんどの民衆は戦場を実際に見ることは出来なかった。しかし『西南雲』は、リアリティーをもち臨場感に満ちていたから、さながら観衆は戦場を追体験するかのような興奮を覚えた。だからこそ、『西南雲』は大当たりした。歌舞伎も新聞同様、速報性と迫真性をそなえ、民衆の耳目に直接訴えかけた。そして後世の映像に近いかたちで総合的に戦争を伝えた（「西南戦争における報道メディアとしての歌舞伎」）。西南戦争は、伝統的な日本の演劇（歌舞伎）を通じて、見事に民衆の心をとらえる見世物となった。

西南戦争劇（歌舞伎）は、各地で上演されヒットした。東京ではさきの新富座と桐座（四谷）、大阪では戎座《えびす》（道頓堀）、石川県の金沢でも二か所で上演され人気を博した。西南戦争劇をとりあげた『朝野新聞』（四月九日付）は、「昨年の今頃は軍《いくさ》の最中で、まだ熊本へ連絡が付かなかったが、今年は酒を飲み飲み芝居で見るとは、お目出たい世の中」と書いている。

新兵器の大実験

西南戦争では、これまでになかった新兵器が投入された。地雷火（地雷）・水雷・軍用火箭《かせん》（ロケット弾）・軍艦などである。また電信も情報伝達のうえで、官軍の優位性を保つ絶大な威力を発揮した。これら「新兵器」もまた、民衆の格好の見世物となった。

そのなかで、世間の耳目を集めたものに気球（軽気球）があった。気球（おもに偵察用か）は西郷従道が、四月一四日にその製造について代理局長に照会したことからはじまる。二日後には兵学校に対して、製造に着手するよう達せられ、その五週間後には完成したという。そして五月二三日に「北省門外操練場」で「試揚」が行われた。西郷従道は明治二年から、ヨーロッパに軍事視察に赴いており、その時に「軽気球」の知識を得ていたものと思われる（『西郷隆盛』）。なお気球は、兵学校だけでなく、工部大学校や海軍でも製造されていた。西南戦争において、気球は実戦では使用されなかったようだが、当時の新聞によれば使用が検討され、戦地に送る準備は行われていた（『読売新聞』六月一九日付）。

戦争中に工部大学校や海軍が東京や京都で何度か公開実験を行っている。そしてその実験を見物するために大勢の人びとが集まった。そして民衆は、驚きの目でその様子を見守った。五月三日、工部大学校で軽気球の実験が行われた。この時の様子を『民間雑誌』（明治七年に慶応義塾が発刊した学術雑誌）は、次のように伝えている。「去三日工部大学校にて軽気球を試されたり、其数は都合三箇にて何れも可なり上れり。古来我国にては誰も見たる事なき珍物なれば、見物の人も多く集りしが、皆誰奇妙なり不思議なり仰天して驚く斗《ばか》り、如何なる訳にて斯く大なる球が空中に飛上るかを知らざれば、何の益にもならぬことなり」と（五月一二日付）。民衆は、ただ驚くばかりだった。

このとき上げられた気球は、風で南の方へ流されていったらしい。そのため、「小笠原あたりの椰子の木にでも引っかかっているのではないかと噂された」が、実際には「下総国《しもうさ》（現千葉県）香取郡西田部村の畑中」にふわふわと落ちてきた。それをみていた村びとは、これは風神の風袋かと思い拾い上げてみた。すると「径《さしわたし》二丈五尺ばかり、色は臼茶にてその上に青漆の油紙を覆い、またその上麻糸の網を着せ、篠竹にて作りたるザルがついている」という珍妙な代物で、みたこともない物だった。それで村びとたちは仰天して、すぐさま役所に届け出た（『朝野新聞』五月八日付）。

五月二一日、海軍省も気球をあげる実験をしている。これは、陸軍省の依頼を受けて行ったものだった。もちろん、軍事目的の実験だった（陸軍は、偵察と攻撃の両面から、気球の使用を検討していた）。このときの実験は、いわば「有人飛行」で実際に人が気球に乗って上昇した。ひとり（麻布君）は、四〇〇間（約七二〇メートル）、もうひとり（裏野君）は三二〇間（約五八〇メートル）上がったという。この時の気球は国産で、「袋は奉書紬《つむぎ》をゴムで塗」ったものだった。日本人の手でつくった初めての気球をみようと、「物見もやまのように出かけました」とある（『読売新聞』五月二二日付）。

同じ実験の記事だと思われるが、『郵便報知』（五月二六日付）は、「日本開闢《かいびゃく》二千五百三十七年、しかも始めて真最初」と報道している。要するに、この時に気球に乗ったふたりは、「日本人で初めて空を飛んだ人」だったのである。だから民衆も大勢集まり、かつ大いに驚いた。西南戦争が終わったあとの一二月六日には、京都の「旧仙洞御所」でも気球の大実験がおこなわれた。この時には、見物人のために今でいう整理券が、四万八〇〇〇枚発行されたが、これはすぐになくなったという。当日は晴れ着で着飾った老若男女が御所に集まり、見物人は総勢約五万人に及んだという（『朝野新聞』一二月一三日付）。

「西郷星」と「上野の西郷さん」

「西郷星」の噂は、戦争がまだ終結していない八月ころから広まったらしい。八月三日付の『大阪日報』は、毎夜二時頃に辰巳の方角（南東）に「赫色《かくしょく》」の星が現われ、それを望遠鏡でみると、西郷が陸軍大将の軍服を着ている姿にみえるとの噂がひろがり、物干し台で夜ふかしをする者があると伝えている。そして『朝野新聞』（八月一九日付）は、「西郷は憤怒のあまり、心火がたちまち燃え、ついに火星となりたる」という。このような新聞報道があると、続いて「西南西郷星之図」などの錦絵が登場する。西郷星の噂は「戦後」も続く。

さらにこの噂は、西郷が生きながらに星に変身したものと信じられ、戦争終結後も西郷が外国に逃れて生きながらえているとの話に発展していく。例えば、和歌山の陸奥宗光は、高知の林有造らと西郷に呼応して捕縛された。この話は次に、「実は陸奥が西郷を海外人に依頼して、支那地方に潜伏させるために捕らえられた」という話になる（『近時評論』明治一一年六月二八日付）。他の新聞でも、西郷は洋行していると伝える始末であった（『西郷隆盛』）。

錦絵でも、明治一〇年一〇月五日に、「西郷涅槃像」が刷られている。これは、横たわる西郷を「士族」「坊主」「へび」「うし」などが取り囲み、嘆き悲しむ様子を描いた死絵《しにえ》（著名人が死んだときに刊行される追善絵）の一種である。さらに同年の一二月には、「鹿児嶋凱陣双六」が刷られている。これは月岡芳年が描いたもので、西南戦争勃発から終結までを双六でたどれるようになっている。いうまでもなく双六は、江戸時代以来、正月遊びの定番である。このほかにも、西南戦争の好画題を扇子に仕立てた物なども作られた。その後も「西郷」の名前を冠した玩具や菓子が、子どもたちに人気であった。こうして西南戦争は、庶民の生活の中に深く浸透していった（『西南戦争―報道と、その広がり』）。

西郷星（錦絵）。西郷星は、８月頃から噂が広がった。西郷の背後、図の左上の角に星が見える（国会図書館デジタルアーカイブズ）

日本の歴史上、西郷は最も知名度の高い人物の一人である。それには、上野公園の西郷隆盛像の果たした役割が大きい。西郷は「国賊」であったにもかかわらず、その後も民衆に絶大な人気があり、英雄視された。それは裏を返せば、新政府への不信のあらわれでもあった。この時期、地租改正などへの反発から、各地で農民一揆が起こった。これは政府にとっても、看過できないことであった。政府は明治二二年、「大日本帝国憲法」発布に伴う大赦で、西郷の賊名を除き、さらに正三位を贈った。ここでの政府の意図は、どういうものだったのか。

同じ頃、西郷の銅像を作る話が持ち上がり、それは実現した。しかしできあがった西郷像は、軍服を着たひげ面のそれではなかった。西郷像は、呑気に愛犬ツンを引いた「着流しの旦那」の姿であった。もちろんこのような姿の錦絵は、それまでに一枚もない。西郷像をみた民衆は、それまでのイメージからかけ離れたものと感じたに違いない。西郷の妻糸子夫人が除幕式で西郷像をみて、「宿んしはこげんなお人じゃなかったこてえ（うちの主人はこんな人ではなかったですよ）」といって腰を抜かしたという話は有名である。また、「主人は浴衣姿で外をあるくことはなかった」ともいったらしい。こうして、政府と戦う武人としての西郷イメージは、人畜無害の「上野の西郷さん」に生まれ変わったのである。こうして政府は、「反政府の象徴としての西郷」を自らの側に取り込んでしまった（『明治維新という幻想』）。西郷隆盛は、もはや偶像化された。偶像はまた、見世物にほかならない。

第六章

商魂たくましき民衆

民衆は西南戦争の被害者だったが、戦争を通じて金儲けに奔走する民衆の姿もみえてくる。「戦争は儲かる」は、どの戦争も、いつの時代の戦争でも同じである。しかも民衆は、儲かるなら危険を顧みず、戦場にも現れる。また軍隊、とくに官軍が駐留する場所は、一時的に軍事都市となり、そこに商人が群がる。戦場付近の街や村は、被害を受けるいっぽう、特需に潤う。戦争では大量の軍費が使用され、通貨が膨張し物価があがりインフレを引き起こす。こうして、一時的な「戦争バブル」が生じた。また、日本を代表する財閥も、この戦争で荒稼ぎしてその地歩を固めた。

田原坂の商売人

三月九日というから、田原坂の戦いの真最中である。川口武定も木葉付近にいる。川口の日記には、次のようなことが書いてある。「近ごろ住民も戦争を見慣れたのか、大胆になって恐がる様子がない。今日は、餅や酒や魚、それに菓子などを持参して戦場で売り歩いているではないか。銃弾が飛んでくれば、物陰に身を寄せながら、最前線までやってくる。前線の兵士は、いつ死ぬかも知れないから、金さえ持っていれば気前がよい。腹も減っている。次から次に買い取るのだ。これをみていて、古人の『利ノ在ル所ハ賁育《ほんいく》トナルト』ということばを思い出した。『賁育』とは、孟賁と夏育のことで、ふたりとも秦の武人である。どちらも勇猛果敢で名をはせた。儲かるところでは、どんな人間も勇士になるという意味だ」と。そのあと川口は、ひとりの商売人に「儲かるか?」と尋ねてみた。すると、「糯米《もちごめ》ひと包みで餅をついて前線に持っていけば、一〇～一四円の利益がある」と答えた。これは現在のお金で、一〇万円以上になるだろう。まさに、荒稼ぎである。

三月一一日、村びとも次第に砲声にも慣れ、徐々に帰宅してくる。村の女性たちも、ようやく帰ってきた。すると沿道には、兵士や軍夫相手の露店が立つようになった。草餅を売る者、濁酒を売る者、そばや稲荷寿司、さらにはあお菜を売る者もある。こうした食べ物は、戦場付近の女たちが作っているものだろう。ここは戦場であるが、露店がならんでいる様子は、祭りや縁日の光景と何らかわりがない。

激戦がつづく三月一九日には、もっと露店が増えている。川口のいる会計本部付近の道端には、新鮮な魚や肉、そばやうどんを売るものたちが大勢いる。露店は道の両端に並んでいて、餅、酒、くだもの、さらには日用雑貨を店頭に並べている。ただ、近くに官軍の営舎がなければ、なかなか売れない。そこで、前線にまで行って酒や魚、餅を売る者たちがいる。このような行商人も、日一日と増えている。ある商人は、戦場から引き揚げようとするときに、流れ弾にあたり負傷した。しかし人間は、儲かるならば弾丸も恐れないようである（『従征日記』）。

銃弾が飛び交う田原坂、本営のある木葉付近で商売をする地元民や商人。そこは、死屍がころがり、負傷者が血を流し運ばれてくる紛れもない過酷な戦場のはずである。しかし民衆の商魂は、死の恐怖をも凌駕する。もちろんすべての地元民（人間）が、同じではないだろう。戦場を恐れて避難する人びともたくさんいた。しかし川口がみた光景は、祭りや縁日と何ら変わらないものだった。川口は、「ここは本当に戦場なのか？」とわが目を疑ったにちがいない。したたかな民衆の姿に驚かされる。

「焼キ唐黍《とうきび》」を売る

前章の冒頭で、『長野内匠日記』に官軍の行軍をみて、「面白き見物也」と記されていることを紹介した。官軍の隊列をみてこう書いているのは、五月下旬のことであった。はじめ、珍しい光景をみて驚いていた阿蘇長野村の村びとたちも、一〜二か月するとすっかり慣れてくる。七月一八日になると、「月の田の儀八宅にて焼唐黍売る。一本三分から五分で売っているらしい」(『見聞書』)と、何と道を行き交う官軍兵士や軍夫などを相手に、儀八という男が、「焼キ唐黍」を売っている。

「唐黍」はとうもろこしのことである。今でこそ焼きとうもろこしは、観光地阿蘇の名物である。しかし当時は、保存食であった。寒冷地の阿蘇ではどこでも、不作に備えて必ず畑作物として作っていたのである。とうもろこしは、ちょうど夏から秋に収穫期を迎える。収穫すると、束ねて軒下に吊して乾燥させ、保存食とした。ところがこの年は違った。とうもろこしを焼いて売ってみると、面白いように売れた。夥しい数の官軍兵士と軍夫たちが、空き腹を埋めるために買っていく。とうもろこしは保存食ではなく、現金収入を得る商品となった。「一本三分から五分」という値段は、具体的にどれくらいか分からないが、ここでも商魂あふれる民衆の姿がみえる。

高瀬と山鹿の「盛況」

官軍が通過し、さらに駐留した街や村は、どこも活況を呈した。充満する官軍兵士や軍夫が、多額のお金を落としてくれるのである。兵士も軍夫もお金を持っていたが、戦場でいつ死ぬかも知れない。明日死ぬのなら、今日のうちに贅沢をしておこうと考えるのは人情である。商人たちは、またそのことをじゅうぶんに理解している。

高瀬は、熊本県北西部にあって、菊池川と繁根木《はねぎ》川の合流点付近にあり、古くから河港として栄えた。江戸時代は熊本藩の五か町のひとつで、城北地域の政治・経済・交通の要地で町奉行が管轄していた。菊池川に沿って運河も開かれ、藩の蔵米や納屋物（特産品）の集散地であった。田原坂の戦いが行われている三月一二日、『従征日記』には、「高瀬町は交通の要衝で便利がよい。いろいろな物資が行き交い、特に魚や野菜はとても豊富である。とく新鮮な魚をみる。高瀬町には、軍人や巡査が多く集まって、一都会を為している」とある。

閑静な温泉町山鹿も同様である。三月二九日、川口は次のように書いている。「温泉町山鹿は、内陸で魚や肉を売る店も少なく、普段は塩漬けの魚くらいしか食べられない町である。しかし今は違う。官軍が駐屯しているので、通りの左右に店がならび、鯛、鰤《ぶり》、鮪、鯔《ぼら》などを売っている。また足袋や手拭いなどの日用品販売から、理髪店に至るまで、ないものはないというくらいだ。街は人で混み合って、ことさらにぎやかである。温泉場も混むので、午後二時までに官軍の兵士が入浴し、その後は地元民が入るようになっている。私もこの日、幸い二時前であったので入浴できた」（『従征日記』）。

「軍事都市」となった重岡

豊後口戦線の後方兵站基地は、はじめ熊本県の大津（現菊池郡）に置かれていた。大津には、最大で兵員が一万人、軍夫が二〜三万人いたといわれる。五月二八日、熊本鎮台が大分県重岡（現佐

佐伯市重岡の長昌寺から、宮崎県境方面を臨む

伯市）に進出したとき、大津には輜重部と食料課が設置された。大津の輜重部は、七月一二日まで弾薬や食糧を調達し、豊後方面へ物資を供給した（『大津町史』）。そして、五月の竹田での戦闘後は、重岡に輜重部の本営が置かれることになった。重岡は、先の高瀬や山鹿と違い、山間地にある鄙びた農村である。ここでは、官軍の本営が置かれ、また多くの軍夫が駐留して、にわかに「軍事都市」と化した。

　渡辺用馬「明治十年懐古追録」によれば、重岡には多いときで二千人、少ないときでも数百人の「官ヨリ雇入ノ人夫」、すなわち軍夫が駐留していた。軍夫たちの宿舎は、通称「千人小屋」と呼ばれ、重岡には四～五棟の千人小屋が急造された。千人小屋の周囲には、「雑貨店、酒店、焼酎店、菓子屋、餅屋、甘酒、白酒、饂飩屋、蕎麦屋、葛湯屋、呉服類店、写真屋、風呂屋、理髪所、楊弓場、氷店、雇人ヲ備ヘシ飲食店」が立ち並んだ。飲食店や雑貨店のほか、写真屋や理髪店なども軒を連ねた。また、飲食店のなかには、売春宿もあったという。しかしこれは、風紀を害するとして官軍本営から移転の命令が出され、村はずれに移転させられた。矢野某宅前の田の中には、地面を掘って水をためた急造の「風呂屋」もできた。

これらは、にわか商店街ともいうべきものであったが、今度はこれらの仮店舗を急造するために、重岡では材木などが高騰した。さらに仮店舗を建設する人夫にも地元民が傭われ賃金も上昇し、重岡周辺の村びとは稼ぎまくった。商人や職人たちは、九州各地のどこからともなく押し寄せ、軍隊に従って移動した。おそらくこの中には、にわか商人もたくさんいただろう。

兵器や弾薬拾い

戦争中、戦場に遺棄された両軍の小銃や刀剣、弾薬、胴乱などを官軍は回収した。胴乱や弾薬箱は、亜鉛などの金属製の容器である。それはこれらの武器や金属が、薩軍に再び使用されないようにするためでもあった。そこで官軍は、地元民に命じて、兵器や金属を拾って官軍に差し出せば、買い取ることにした。たとえば小銃一挺二〇銭、剣一本四銭、弾薬五〇〇発五〇銭、胴乱一組八銭という具合である。人びとは、「これはけっこうな稼ぎになる」と思った。布令が出た途端、四月二日には大勢の人々が、拾った兵器を抱えてやって来た（植木付近）。それは続々として絶えることがないほどだった。この日、弾薬だけで七万発が回収され、支払った償金は百円を超えた（『従征日記』）。

五月二二日には、熊本県から次のような達《たっし》がだされた。「轟村そのほか激戦地だった場所へ、多数の人びとが群集して、銃丸や埋没した兵器を掘り出している。そのため、埋められた死体を掘り出したり、さらには田畑を踏み荒らしたりもしている。これはもってのほかである。このような行為を行えば、きっと取り締まるので心得違いがないようにせよ」と。

植木付近の住民が土中をあさるようす（『従征日記』）

これは先の兵器、弾薬買い取りの布令がでたあとの、小銭稼ぎの行為である。しかし、遺体を掘り起こしたり、田畑を踏み荒らすなどの行き過ぎた行為である。だから規制している。しかしいったいなぜ、遺体を掘り起こしているのだろうか。遺体が身につけているものの中から、使用できるもの、売買可能なものを取っていたのだろうか。いっぽう、つぎのような県の達（五月二九日）もだされている。「これまで木留・田原・七本に遺棄された賊徒の遺体の中には、熊本県人のものも含まれている。そのため、戦死や行方不明の家族から、遺体受け取りの願いも出ている云々」と。このことから、遺体の掘り起こしは、身内の遺体の捜索を行っていたこともうかがわせるのである（『玉東町史　西南戦争編・資料編』）。

再び重岡周辺の状況についてみてみたい。「戦後」も重岡周辺の人びとは、「戦争の恩恵」に浴した。明治一一年頃、「丸《たま》拾ヒ」、すなわち弾丸拾いがこの地方で流行したという。重岡周辺は、田原坂周辺の平地とちがって、かなり深い山間地である。そのため弾拾いには、斧を携えて両軍の激戦地であった山林に入る。なぜ斧を携えているのか。弾は地面に落ちたものを拾うだけでなく、弾が食い込んでいる立木をみつけると切り倒して弾を取り出すのである。こうして多いときには、一人で五～六貫（一貫は三・七五キログラム）というから、二〇キログラム前後も拾うことができた。

また、「丸《たま》ガラ」を拾う者もあった。「丸ガラ」とは、「官軍ガ発射シテ遺棄シアル『ケース』」というから、すなわち薬莢《やっきょう》のことである。薬莢は地面に落ちている。地面に落ちた薬莢を拾っていると、戦死者の金貨や銀貨、それに時計を拾うこともあった。さらに牛骨も拾った。官軍は毎日のように屠牛して、その骨は川に廃棄したから、それを拾うのである。牛骨は、粉砕して肥料などに使われていた。こうして、鉛弾、薬莢、牛骨などは、現地で商人が買い集めて、佐伯町に送っていた（「懐古追録」）。佐伯の商人たちが、これを買い取っていたのである。

物価の上昇

西南戦争がはじまると、物価は急上昇した。会計課の川口武定は、三月七日の日記につぎのように書いている。「（戦争がはじまって）官軍の兵士は急増している。それに従って、今日の炊飯は四～五万口にのぼった（米は俵に詰めて運ばれる）。これによって、（築塁に用いる）空き俵が不足している。これは急を要することだから、俵を製造させているが、それでも足りない」。そこで遠隔地から俵を調達するのだが、その価格が急騰した。米も一石が七円八〇銭から八円と高止まり、軍夫の賃金は一昼夜一円、女性でも一日四〇銭である（『従征日記』）。

いっぽう大分県では、戦争が始まって一か月足らずの三月一三日に「物価云々達」を出している。ここでは、隣県（熊本県）の騒擾に乗じた「奸商」たちが、申し合わせて物価を引き上げている。特に熊本県に近い久住、竹田地方では穀物や日用品の物価が高騰しているとして、警告を発している（『縣治概略Ⅴ』）。

明治初年の一円の価値は、現在の一万円〜二万円といわれる。西南戦争がはじまってまだ半月あまりだが、すでにインフレ状態だった。一円を現在の一万円としても米は、一石（一五〇キログラム）が、七〜八万円となる。単純には比較できないが、現在の米価は、一俵（四斗）が一・五〜二万円くらいである。従って、一俵二万円としても、一石は五万円程度である。そうすると米価は、すでに異常な水準に達していたというべきだろう。物資の調達と支払いを担当する会計課の川口は、頭を抱えている。そしてこれは、いつの時代にもおこる、「戦争インフレ」である。

実際に物価はどれくらい上昇していたのか。明治九年を一〇〇とする物価指数（東京）でみると、明治一〇年一〇四・七、一一年一〇八・五、一二年一二九・八、一三年一三六・八、一四年一五一・九となっている。五年で一・五倍である。この主な原因は、戦費を賄うための不換紙幣の発行である。ただしこれは、東京の物価指数であり、戦場となった九州では戦争の直接の影響をうけたため、さらに物価が上昇していたと思われる。諸物価のなかでも、特に米価の上昇は著しく、明治一三年には「嘉永、天保の飢饉相場まで上昇した」ともいわれた。これで利益を得たのは、中上層の農民で、都市細民は大きな打撃を受けた（『景気の基礎知識』）。

色々なものの物価が急上昇していることは、当時の新聞にもみることができる。例えば、「長崎市中の人気穏やかならず、逃げ仕度などするものあり。しかし、丸山の娼妓は大繁昌にて、一夜の揚げ代三円以上。旅店の泊り賃は四十銭、三度の支度料は五十銭、わらじ一足七銭。ひも付き白足袋一足四十銭、そのほか何に限らず高値なりという」（『東京日日新聞』明治一〇年三月一二日付）と。

「人気」は「ジンキ」とよみ、その土地の気風や人びとの動静のこと。「長崎の動静は穏やかでない。戦争がはじまって、逃げ支度をするものがある。しかしいっぽうで、丸山の娼妓は大繁盛である。揚げ代（娼妓と遊ぶときの代金）をひと晩で三円以上も稼ぐ。旅館の宿泊料四〇銭、一日の食費五〇銭、わらじ一足七銭、紐つきの白足袋一足四〇銭、そのほか何に限らず物価があがっている」というのだ。長崎の草鞋の値段は、さきの二銭五厘よりもさらに高い。このような物価高騰の状況は、九州において顕著であろうが、全国的にも物価は上昇していった。

特需景気から「戦争バブル」へ

戦費を捻出するために、政府は不換紙幣を大量に発行した。戦争による「特需」を通じて、多くの国民や会社がその紙幣を手にする。こうして多額の貨幣が市中に流通し、インフレ状態となる。こうなると諸物価や賃金が上昇する。「懐古追録」には、「松明《たいまつ》一本五銭、松で作った松明は三〇銭で買い上げられ、藁縄なども相当の値段で買い上げられた。日雇いも賄い付きで一日六〇～七〇銭。商人の仮小屋造りは、一日二円から三円の報酬があった」という。第二章でも触れたが、明治一〇年東京での鳶人足の賃金が一日二五銭、土方人足が二四銭、平人足が二二銭であった。従って、この時の重岡での賃金は、東京とくらべても通常の二～三倍、商人の仮小屋造りは一〇倍の賃金が支払われたことになる。商人たちも戦争で荒稼ぎをして、羽振りが良かった。通常の一〇倍の賃金を出してでも、商売のための店舗を建設した。さらに重岡ほか周辺の村々には、官軍兵士の宿泊料として、毎戸一〇円が下賜された。実は明治一〇年という年は、戦争に加え夏場に雨も多く、田畑は不作だった。しかし農民たちにとって、右のような臨時収入は、それを補って余りあるものだった。

周知のように西南戦争後は、通貨量が膨張しインフレ状態となった。例えば戦前に三斗入りの米一俵六〇〜七〇銭だったものが、戦争後には一円三〇銭と、ほぼ二倍の値となった。こうして特需景気は、さらに「戦争バブル」ともいうべき状況を引き起こしたといってよい。この状況を鹿児島県では、商人たちの便乗値上げとみて、「不当の賃銭、物価貪らざる様説諭」（明治一一年二月一日）をだしている（『宮崎県史史料篇　近・現代2』）。川口武定も人吉にいるとき（九月二〇日）、「人吉地方の『土民』は頑愚のうえ貪欲である。この時とばかり、利益を得ようと物価をつりあげている。精米が一升一五銭、鮎が一尾五銭もする」と嘆いている（『従征日記』）。たしかに便乗値上げもあったろう（ただし人吉地方は、古来薩摩との縁が深く、薩摩贔屓であったから、官軍をきらってわざと価格をつりあげた可能性もある）。しかし、政府によって大量に発行された不換紙幣も、物価高の大きな要因であったことは明かである。

官軍が駐留し、通過していった大分県南部でも一時的に地域的な「戦争バブル」が起きていた。そしてこの地域では、戦中から戦後しばらく、「奢侈ノ風」が広がったという。この地域の飲食店の周辺では、夜ごと、太鼓や三味線の音が聞こえた。金を手にした村びとが、毎夜どんちゃん騒ぎをした（「懐古追録」）。しかしこんな贅沢な生活が、そんなに長く続くはずがない。「バブル経済」は、必ず破綻を迎える。物価の高騰もあって、「狂宴」はたちまち借金漬けの生活へと一転した。バブル崩壊後の不況（松方デフレ政策による不況）は、かえって村びとをこれまでにない深刻な苦境に立たせることになった。

竹原友三郎の場合

戦地の熊本で荒稼ぎした商人の例をひとつあげておきたい。その商人の名は、竹原友三郎という。一八四七年頃（大正五年刊の『大正之商傑』に六九年前に生まれたとある）、大阪高槻の刀剣商の次男として生まれた。一〇歳から、大阪の両替商に奉公に出た。竹原は西南戦争の時、大阪から熊本に行き荒稼ぎをした。彼はのちに不動産事業を手がけ、それは現在の関西土地株式会社に引き継がれている。

さて竹原は、「戦地は儲かる」という話をどこかで聞いたのか、大阪で商売をはじめる資金を得るために熊本に行くことにした。竹原三〇歳頃である。竹原はまず、大阪高槻の戸長のもとへ行き、「往来券」をもらった。往来券がなければ、戦地の熊本に入れないからである。その後、大阪の商人で、熊本に取り引き先のある金澤某に紹介状を書いてもらった。そして通計丸（官軍の輸送船）という小型蒸気船に乗って大阪を出た。これが何月頃なのかは、はっきりしない。ただし、彼が熊本に着いたのは、すでに熊本城下での戦闘も終わっていたから、五月頃と思われる。竹原は船が博多に着くと、そこで大和絣、日傘、扇子などを大量に仕入れて熊本に向かうことにした。荷物は馬の背を借りて運ぶことにしたが、熊本までの運賃は六円五〇銭と非常に高かった。

激戦地だった田原坂付近にさしかかると、ここの電柱はササラ竹のようにボロボロなって、惨憺たる状況だった。そして山口県や広島県からやってきた人夫が大勢いる。熊本へ通ずる道路には、番兵が銃剣を構えて、往来券をチェックしている。往来券のないものは、熊本には入れない。幸い竹原は、往来券を提示して熊本城下に入ることができた。そして細工町の小さな空き家を借りて、博多で仕入れた商品をならべた。熊本はながらく戦場となったから、すべての物資が欠乏している。竹原の見込んだとおり、買い手が八方から集まり、商品は飛ぶように売れた。中でも日傘は八一本あったが、商売人までやって来て買い取っていく。わずか一本の日傘をめぐって、商売人同士が喧嘩をはじめる始末。持ち込んだ商品で、三割以上の利益を得ることができた。今度は儲けた金で、金銀銅ほか地金の買いつけをはじめた。店には「金銀赤銅地金買入所大阪竹原商店出張」という看板を掲げた。また士族屋敷を訪ねて、刀剣、金具、槍、古金銀などを買い入れた。商売の合間には、軍夫頭が持ってくる五〇円札や一〇〇円札を両替して手数料を取った。戦争終結後、今度は大阪から日用品、雑貨、清酒を仕入れて商った。こうして竹原は、熊本に三年間滞在して商売をつづけた。このように戦地には、遠隔地の商人たちもやってきて、荒稼ぎをした。

大阪に帰ると竹原は、熊本で買いだめした古金銀や刀剣類を売り払い巨額の利益を得た。この三年間で竹原は、ちょうど一〇〇〇円ばかりの資本金が出来たという。彼はこれを元手に大阪で両替商をはじめた（『大正之商傑』）。のちに竹原は、相場師となって株を売買し、九州電鉄株を買い占めるなどして名を挙げた。日清戦争のときも相場で利益をあげ、財産を築いたという。このように、竹原友三郎のサクセスストーリーのはじまりは、西南戦争であった。戦争は、儲かるのである。

西南戦争は、色々な業界に需要をもたらし、業界の発展に寄与した。メリヤス業界からみてみる。メリヤスとは、「莫大小」とか「目利安」とも書き、平編みで編んだ編地（ニット）・布地、またはそれらの生地を利用した製品のことである。伸縮性にすぐれ、靴下や下着、手袋や帽子などに用いられる。「メリヤス」という呼称は、ポルトガル語で靴下を意味する「メイアシュ」(meias)が転訛したものだという。

西南戦争以前、メリヤス業界は東京府下に四社（四工場）があり、主に陸軍にメリヤスの靴下を納入していた。西南戦争がはじまると、「西村工場」には兵士の襦袢（下着）と股引八千着が、「松山工場」には同じく一万着の注文がはいった。戦争当時、職工の賃金も跳ね上がり、日当は一日七〇銭になっていた。それでも人手が足りず、夜業すればさらに二〇銭を加算して注文に応えた。西村工場の職工は、二〇〇人ほどであったが、工場はフル稼働だった。このように軍用のメリヤスの需要が急増したので、今度はメリヤスを織る機械が高騰した。戦争前は二五円で購入した機械だったが、戦争がはじまると機械は四〇円から五〇円になった。つまりほぼ倍の値段になった。このころすでに、メリヤス機械を販売していた朝田某は、「メリヤス機械販売」という看板を掲げ、機械を売りまくって巨利を得た。西南戦争後、メリヤス製造に従事する者が増加した。西南戦争は、メリヤス業界の発展の一大転機となった（『日本メリヤス史』）。

わが国ではじめて西洋の機械を用いて、西洋紙を漉く事業をはじめたのは、浅野公爵家（旧広島藩主浅野長勲《ながこと》）が設立した有恒社（のち株式会社有恒社、さらに王子製紙に吸収合併）であった。有恒社は、明治七年六月に開業している。しかし西洋紙に対する需要がほとんどなく、有恒社が製造した西洋紙は、約三年にわたって倉庫に眠ったままだった。売れないのに事業を継続して、「御大名仕事」ともいわれた。

ところが西南戦争がはじまると、一気に西洋紙への需要が増加した。第五章で、西南戦争によって新聞の発行部数が増加したことに触れたが、有恒社にはその新聞社から大口の注文がはいった。新聞だけではない。その他の印刷物や出版物も増え、市場にあった西洋紙は忽ち底をついた。紙商たちは、西洋紙を求めて奔走した。そして有恒社の名前すら知らなかった商人たちが、つぎつぎにやってきて紙を購入した。倉庫に放りっぱなしだった西洋紙には、羽が生えて飛び出していくようだった。三年間売れなかった西洋紙は、わずか数ヶ月ですべて売れ、忽ち倉庫は空になった（『浅野家の有恒社と株式会社有恒社』）。

西南戦争と三菱会社

西南戦争と商売といえば、岩崎弥太郎と三菱会社に触れないわけにはいかない。西南戦争前、三菱会社は琉球の開発や小笠原への入植、またウラジオストクへの新航路の開拓などを手がけ、政府から補助金を得ていた。日本を代表する国策会社である三菱は、明治七年の台湾出兵で、兵員輸送にあたって以来、政府所有の東京丸（二二一七トン）など一三隻の船の寄託を受けている。明治八年からは一五年間にわたって、毎年二五万円の給付を受けた（『知られざる西南戦争』）。このような政府の手厚い保護のもと、会社は順調に成長した。創業者の岩崎弥太郎は、政府とのパイプを通じて財をなした典型的な政商である。

三菱会社は、西南戦争でも荒稼ぎした。当時はまだ和船が主流であり、一〇〇〇トン以上の洋船を所有していたのは三菱会社だけであった。西南戦争がはじまると、岩崎弥太郎は「政府の金を取るのなら今の中《うち》、何でも取れるだけ取って置かねば損である」と、政府に対し矢継ぎ早に要求を差しだし、巨額の公金を三菱の金庫に掻き込んだ。戦争がはじまると、三菱会社は上海航路を休止した。さらに近海航路も廃止し、すべての船舶を引きあげた。そして一般の荷物や旅客ついては、「これはすべて、政府の御用だ」といって、積載を拒絶した。迷惑を被ったのは、一般の事業者や利用客だった。

西南戦争の緒戦、田原坂の戦いで薩軍は善戦した。圧倒的に物量にまさる官軍も、なかなか田原坂を突破することができなかった。大久保も岩倉も、当初はもっとはやく援軍を熊本鎮台に送り込めると思っていたから、田原坂での一進一退を危惧していた。そんなとき、岩崎弥太郎はなんと七〇万ドルもの貸下金《かしさげきん》を政府に要求した（この金額は現在の円の価値に換算すると、一〇〇億円をこえるものと思われる。また外国船を購入する計画であったため、ドル建で提示したものか）。岩崎は、この貸下金で一〇隻の外国船を購入しようと計画していた。さすがの大久保も、岩崎のこの法外な申し出に不快感を示したが、田原坂の戦況を危惧していたため、しぶしぶ受け入れざるを得なかった。三菱会社は、ゆすり取ったも同然の七〇万ドルに、自己資金の三八万ドルを加え、一〇隻の汽船を計画通り購入した。

西南戦争がおわるとなぜか、この一〇隻の汽船はそのまま三菱会社に下付されることになった。はじめは七〇万ドルを一五か年で返済する予定であったが、三菱会社はほぼタダで一〇隻を手にしたことになる。なぜこんなことが起こるのか。これが、弥太郎が政商たる所以である。いずれにしても三菱会社は、西南戦争を機に「海上王」となって、この国の海運業界、経済界に君臨することになった。

西南戦争の「総決算」

西南戦争がはじまって以来約八か月、政府が国内の各汽船会社に支払った運送費の総額は、一三〇〇万円にのぼった。このうち、約一〇〇〇万円が、三菱会社に支払われた。このうち七〜八割、すなわち七〇〇〜八〇〇万円が三菱会社の純益であったという。三菱会社の利益は、運送費ばかりではなかった。三菱会社は、政府から発注のあった軍需品を自らの汽船で運送していた。これらの軍需品の多くは、九州の戦地に送られた。軍需品は発注当時、戦争がいつ終わるか確定してなかったから、かなりの余剰が生じた。戦争が終わったあとこれらの余剰軍需品は、三菱会社が政府の指定する場所に送り返すことになっていた。ところが驚くべきことに、三菱会社はこれを猫ばばしたというのである。この軍需品の利益にしても、はした金ではなかった。このような事態を政府の官僚が気づかないはずはなかろう。ここに政府官僚と政商の癒着をみることができる。政商、のちに財閥と呼ばれる独占資本は、このような不正行為の積み重ねの中から生まれたのである。

結局、三菱会社は西南戦争において、一〇〇〇万円以上の利益を手にしたといわれる。さらに当初は返済の予定だった汽船一〇隻の貸下金も、船が下付されたことから、これも三菱の「利益」となった。これも含めると、合計約一五〇〇万円近くの利益を得ていたといわれる。わずか約八か月間での「暴利」、いや「不当利得」である。この三菱の「不当利得」は、西南戦争の戦費総額（四一五〇円余）の三分の一余にのぼる（『岩崎彌太郎傳』）。

三菱会社以外にも、多くの会社がこの戦争に群がった。三井物産が、やはり様々な軍需物資の調達に貢献した。大倉組は、米や干魚、梅干しなどの食糧を調達した。藤田組は兵士の被服のほか、草鞋を大量に納めている。こうした特需によって、わが国初期資本主義の資本蓄積がすすんだ。西南戦争は、台湾出兵につづいて日本資本主義の成立に大きく貢献した（『戊辰戦争から西南戦争へ』）。

第七章
西南戦争と農民一揆

西南戦争が勃発する直前から、熊本県北部では戸長征伐という、区戸長（村役人）の不正を追及する騒擾（一揆）が起きていた。一種の民衆運動であるが、これは民権運動の影響下で拡大した。阿蘇では、明治九年の年末頃から放火と思われる火災が頻発し、一〇年になると西南戦争とほぼ並行して、大規模な阿蘇一揆がおきた。大分県では明治一〇年三月末、増田宋太郎率いる中津隊の檄文に刺激され、県北四郡一揆がおきた。阿蘇一揆も県北四郡一揆も、参加者が数万人にものぼる大農民一揆だった。これらの農民一揆は、最後まで薩摩軍と同盟することはなかったが、西南戦争という特殊な条件のもとで一揆が拡大し、そして西南戦争がおわると農民たちの運動は消滅していく。

農民一揆の背景

西南戦争がはじまる直前、明治一〇年一月二九日付の『熊本新聞』に次のような記事が掲載されている（『新聞にみる　世相くまもと　明治・大正編』）。

◇五、六、七、八大区のかなりの人民は地租改正の人費やら民費の勘定に疑惑を抱き、いろいろやかましく申し立て、区戸長以下の役人に迫って勢いすこぶる盛ん。なかには区戸長をなぐったりする者もあるやに聞く。第六大区内では、戸長詰所の前にワラ人形をおいて竹槍で貫いてあったとのこと。詰所には夜になると一人も留守居に泊る人がないという。

五・六大区は飽田郡、七・八大区は託麻郡であるから、現在の熊本市北部地域である。新聞報道のように、戸長征伐とは住民たちが、区戸長などの村役人の不正を追及する運動である。しかし飽田郡ではすでに、明治七年一〇月にも第二大区の戸長・副戸長らの不正を糺す訴えが、安岡良亮県令に対して行われている。訴えは役場で使われる「炭油薪」費の徴収について、戸長らの勤務状況について、村役人の人選について、地租改正にともなう調査についてなど、一三か条について戸長らの不正や怠慢を挙げている。そして、関係する村役人の更迭を要求している。すでに明治七年の段階で、農民と正副戸長らの末端の役人との間の対立が生じていた（『新熊本市史』）。対立の背景には、戸長らの不正のほかに、民費（地方税）の増徴や地租改正に対する農民の不満、さらには米価の下落や明治九年の不作などの問題があった。このような状況の延長上に明治一〇年の戸長征伐や熊本・大分県下の農民一揆を位置づけなければならない。

農民一揆のはじまり

明治六年七月、天草郡崎津村（現天草市）では、農民たちが徴兵令に反対して一揆をおこし、副戸長や村用掛など村役人の家五戸を打ち壊した。これは、徴兵によって働き手を奪われることに対する農民たちの不満が原因だった。明治七年一〇月には、飽田郡五町郷の農民たちが、地租改正事業に関する村役人の不正を熊本県に訴えた。こうしてこの頃には、徴兵令や地租改正をめぐって、政府対農民という、基本的な対立構図があらわになりつつあった（『新・熊本の歴史6』）。明治九年末になると、県内を巡回する富岡敬明権令に対して、南関町の二〇〇名の人民が拝謁を願い出ている。民衆が直接行動をはじめたのである。後述するように、阿蘇でも火事が頻発し、放火というかたちで農民たちが抗議行動をはじめている。

年があけて明治一〇年一月六日、八代郡松求麻村で最初の民衆蜂起がおこった。一五〇〇～一六〇〇人の民衆が、突如戸長役場に押しかけた。そして、石や竹木で戸板や障子を打ち壊し、火鉢を投げつけ官金の入った戸棚も打ち壊した。さらに二階にあがり雨戸を壊した上、帳簿を引きちぎった。群衆は屯集したまま帰らず、戸板などを燃やした。これに対して熊本県は、県官を派遣してこれを鎮定した。その後も県下各地で不穏な動きがみられるため、連日県官を各地に派遣して民衆を説諭している。しかし松求麻村の事件が鎮圧された頃、熊本県北部の各地で農民による戸長相手の団体交渉が頻発し、さまざまな要求を突きつけた。要求の内容は、山林の官民区分の問題、地租改正についての疑惑、負担軽減、区戸長の公選要求など、実に多岐にわたる。これらの運動と要求は県下各地でみられ、そのままその後の農民一揆の要求にも通ずる。この民衆による戸長との団体交渉は、一月下旬になるとさらに高揚した。

これに対し県は、集会禁止令、区戸長尋問禁止令、さらには兎狩禁止令をだして民衆の動きを取り締まった。兎狩禁止令は、人民が兎狩と称して群集することを禁止するためであった。しかし民衆の運動は、なかなかおさまらなかった。

植木学校と戸長征伐

熊本県北部の山本郡、山鹿郡の一揆は戸長征伐と呼ばれている。両郡の一揆は、植木学校の影響のもとに進行したところに特徴がある。植木学校は、宮崎八郎などの民権運動家によって、明治八

植木学校跡。現在隣には、植木小学校がある

年に設立された。学校が設立された植木（現熊本市）の広町は、山鹿と熊本を南北に結ぶ道路と、大津・菊池・合志と玉名を東西に結ぶ道路が交わる地点にある。正式名称は白川県（熊本県の前身）立第五番中学校というが、今では植木学校という名称の方が知られている。植木学校では、ルソーの『民約論』などが教科書として使用された。いっぽう、夕方になれば劇剣や戦争の際の負傷者や遺体の搬送訓練をするなど、「一種怪奇の学校」であったという（松山守善の回想）。また、植木学校には県内の多くの民権家が集まり、学校というだけでなく民権結社としての性格も合わせ持っていた。植木学校に集まった人びとが中心となって、山鹿や高瀬で集会を開き、九州各地へ遊説に出かけた。植木学校は九州の自由民権運動の最先進地であった（『玉東町史通史編』）。西南戦争では植木学校を中心に協同隊が組織され、官軍と戦うことになる。

戸長征伐は、右のような植木学校の指導のもとに展開した。『西南記伝』には、次のような記述がある。

植木学校の民会説を唱道するや、熊本城北の各町村、之に賛成するもの頗る多く、また「戸長は、村民の代表者なるにより、宜しく民選によるべきものなり」との説を唱へ、野満長太郎を始め、十数村の戸長等連署して戸長民選の建議を為し、同時に相率ゐて蓮袂辞職するに至れりさらに続けて、「その建議書は宮崎八郎の筆になるもので、学校の生徒は戸長公選に同意しない戸長を論難したという。また各村の人民が、学校にやってきて不正の村長を排斥してほしいと訴えたので、不正の戸長らは戦慄して肝を冷たくした。当時の人びとは、これを戸長征伐といった」とある。このように戸長征伐と呼ばれる県北の一揆では、戸長公選の要求で人民が一致し、運動が広がったことが特徴である。

この戸長征伐について、熊本県権令安岡敬明は、内務卿大久保利通に次のような報告を行っている（一月二七日）。「県下第五大区では、民権派と称する党派があります。その中心人物はわずか三〜四名に過ぎませんが、この者たちしきりに民権拡充を唱えております。昨年、県会が開設された時も区戸長公選を主張しました。（中略）第五大区の堀善三郎や広田尚らが中心となって、五〇名また時には五〇〇〜六〇〇名を集め、戸長に対して地租改正や民費について戸長を尋問し容易ならざる事態との届け出もあります。そこで、民費については県で調査の上公示するから、これ以上の戸長への尋問はしてはならないと達したところです」と。堀善三郎と広田尚も、宮崎八郎とともに植木学校に拠った人びとである。つまり熊本県も、植木学校（民権派）の影響の大きさを認めざるを得なかったのである（『新熊本市史』）。

戸長征伐の指導者と西南戦争

一月九日、山本郡轟村（現熊本市）で、小区の主だった者たちが轟村学校に集まり一一か条の要求をまとめ、一一日伊倉町（現玉名市）巡回中の富岡権令に上願した。要求内容については、区戸長を通じて書面で出願すれば、書面で指令するとの回答を得た。一三日は、轟村学校で「人民集会」を開催した。この集会を指導したのは、さきに出た、堀善三郎と広田尚（両人とも植木の住人）であった。その後広田は、一八日西安寺村、一九日白木村、二〇日原倉村（以上現玉東町）で運動の指導を行った。また堀善三郎は、一三日立山村、二四日伊倉村に指導に入った。ふたりは精力的に動いているが、このような指導によって戸長征伐は拡大していくのである。

戸長征伐の闘争形態は、はじめは団体交渉であった。しかし、一月二七日の山本郡平井村専徳寺での集会には、参加者は竹槍を携えていた。平井村ほか五大区（飽田郡）七小区の一二か村の民衆が、「千人ばかりも集まり、竹槍などもこしらえて、戸長詰所へ押懸けたるに」と当時の新聞は伝えている。この時、警部や巡査三〇人ほどが出動して主だった者一四名を捕縛したという。こうして戸長征伐は、しだいに激化する傾向にあった。この時、竹槍を持参するように指導したのも堀や広田だったという。一月下旬にかけて高揚した熊本県北部の戸長征伐は、民費取調掛の任命（二月下旬）や一部正副戸長の交代など県側の譲歩を引き出した。いっぽう、集会禁止令や指導者の逮捕など取り締まり強化もあって、二月上旬頃までにはおおむね沈静化した（『新熊本市史』）。

一月二三日、熊本県は集会禁止令を出したが、二八日に広田と堀は逮捕されている。しかし二月にはいって、薩軍が熊本へ向けて北上をはじめると、広田と堀は釈放される。その後ふたりは、協同隊（民権派活動家で構成）に参加し官軍と戦うことになる。このように、戸長征伐と呼ばれる一揆の指導者の多くが、西南戦争では薩軍に加担しているのである。なお、西南戦争開戦後も安楽寺下村（現和水町）では、人民が小学校に集まり（三月一日）、民費の割り戻し要求を談合している。このように西南戦争下で、一部農民の闘争が続けられた。

現在の玉名市や玉東町周辺の人びとが、軍夫として戦争に参加させられることに抵抗していたとは、すでに述べた（第二章）。二月二三日（木葉で戦闘がはじまった日）、大濱町光善寺（現玉名市）で出夫に反対する集会が行われたが、この集会を主導したのは坂本次郎だった。彼もまた、戸長征伐の指導者だった。彼は集会の翌日、数名の帯刀の者を連れて伊倉に布陣した熊本隊（旧藩士族で構成）に参じている。そして、人民を苦しめる区戸長らに懲罰を加えるよう訴えている。彼はその後、熊本隊に加わり各地を転戦した。ここでは戸長征伐の指導者が熊本隊に身を投じている（『玉名市史通史編』）。

戸長征伐、協同隊、熊本隊、そして薩軍をつなぐものは何か。それは政府の政策（地租改正やあいつぐ税金の増徴）、有司専制とよばれる大久保が中心にいる官僚独裁体制、その官僚たちの奢侈に対する反発などであった。いい換えれば、戸長征伐も西南戦争も反政府運動であった。ただし、薩軍に加わった協同隊や熊本隊を構成した者たちの多くは士族であった。戸長征伐という運動の主体である農民たちは、ほとんど西南戦争に加わっていない。西南戦争をはじめた士族たちは、人民（農民）との同盟を選択することはなかった。人民もまた、例外を除いて政府打倒の「戦争」に加わることはなかった。

協同隊の結成と山鹿の自治

二月二〇日、植木学校を中心に自由民権運動を展開していた民権家たちが、現在の熊本市東部に位置する保田窪《ほたくぼ》神社に集まった。集まったのは、平川惟一、宮崎八郎、広田尚、堀善三郎、有馬源内など四〇余名であった。選挙によって、平川を隊長、宮崎を参謀長、有馬を半隊長などに選出した。協同隊結成の報を知った同志がさらに集まり、のちに四〇〇人を超える人数となったという。ただし、隊員の全貌は明らかでない。『明治の熊本』には、隊結成時の九七名の氏名が書かれている。また寺田正一の研究（『西南戦争協同隊士の研究』）によって、二〇七名の氏名が明らかになっている。二一日、彼らは地元民注視のなか、日暮れに川尻に入った。二二日未明、薩軍に合流し、この日熊本城の鎮台を襲撃、激しい戦闘が行われた。その後、平川は兵を率いて出京町小学校に至り、ここで隊の名称を「協同隊」と名付けたとされる。その後薩軍は、本営を川尻から本荘へ、さらに二本木へ移した。協同隊も本営を二本木においた。

宮崎の筆になるという「協同隊挙兵の趣旨」では、「明治六年（征韓論で西郷らが下野）以来、政府は奸臣が実権をにぎり、賞罰は愛憎により決められ、政令は姑息を究め、一時的な平安に身を任せ、外交では国際の権利を失い、国内は末世の状況を呈している」「今こそ横暴な政府を倒し、国内においては確固たる国の基盤を確立し、外交においては万国対峙の権利を回復し、全国の人民と共に真成の幸福を保ちたい」と宣言している。彼らが薩軍とともに戦うのは、共通の敵である専制政府を倒し、そののち民権を伸張させるためであった。平川、宮崎、有馬らは、さきに鹿児島の桐野を訪問し、薩摩が立つなら行動をともにすることを約していたのである。宮崎八郎は、松山守善に「きみは西郷西郷というが、彼とは主義主張が違うのではないか」と問われ、「その通りだ。しかし今は西郷の力を借りなければ政府を倒すことは出来ない。西郷とともにまず政府を倒し、そののち西郷と主義の戦争をするほかはないのだ」と答えたという（猪飼『西南戦争』）。こうして民権党たる協同隊は、共通の敵である大久保官僚独裁政府を打倒するために西郷の薩軍と手を組んだのである。

田原坂の戦いが行われていたとき、並行して山鹿をめぐる攻防戦（第一次～第四次山鹿戦闘）が行われていた。協同隊は、桐野率いる薩軍の四番大隊二六〇〇人とともに、この山鹿戦闘に参加している。田原坂の戦いに先だつ二月二六日、第一次山鹿戦闘で薩軍は戦闘を有利に展開し、野津鎮雄率いる官軍を南関に退却させ山鹿に入る。その後、田原坂の戦いで薩軍が敗退した翌日、山鹿の薩軍も隈府《わいふ》（現菊池市）に撤退した。この間約一か月弱、山鹿ではほんの数日間ではあったが、自治政（民政）が行われた。

阿蘇一揆の背景

熊本県内の農民一揆は、明治九年末からその兆しがみえ、翌一〇年正月には県北部で高揚する。山本・山鹿・菊池・玉名の各郡では、一月上旬ころから戸長や用掛など、村役人に対する不正追求の集会が行われた。これに対し県当局は、集会禁止などの弾圧策ほか、説諭のために県の官吏を各地に出張させた。しかしこれは、かえって民衆の反発を招いた。そのうち二月一五日には、薩軍が鹿児島を発して北上をはじめる。二月一九日には、熊本城が炎上し焼失するという衝撃的な出来事が起こった。こうして熊本県下は、西南戦争の戦場となって騒然となる。西南戦争が本格化していくにつれ、県庁は移動を余儀なくされ、地方行政機構も次第に崩れはじめる。この権力の空白状態は、農民一揆をさらに助長した。

民衆を一揆に駆り立てた原因はいくつかある。第一に民費増徴である。地租が国税となったため、戸長や巡査などの役人の給料、地租改正の事業費、学校の建設・運営費用などが、「民費」として増徴されることになった。国税である「地租」に加え、地方税にあたる「民費」の徴収は、民衆の生活を二重に圧迫した。第二に地租改正にともなう、「石代納」の問題がある。地租改正では、税をこれまでの米納から地価を基準とした金納に改めた。しかし、地租改正の事業が完了して地価が決まるまでの間は、とりあえず米を換金してお金で納めさせた。ところが明治九年は米価が下落したため、税金は結果的に重くなってしまったのである。第三に地租改正事業そのものに対する、民衆の不審がある。まず地租改正事業にかかる費用は、民費三に対し官費は一であった。また従来入会地《いりあいち》として村びと共有の土地が、所有者が明らかでないとして官有地に組み入れられることがあった。さらには、あらかじめ江戸時代の年貢を下回らぬ様に設定された新しい地租に、不信や不公平感が渦巻いていた。第四に、自由民権運動の影響があった。公選された熊本県民会議員たちは、役人の給料を民費で賄うのなら、戸長を公選にすべきである、と主張した。熊本県側はこの要求を拒否したが、こうした政治的要求は県下にかなりの広がりをみせていた。また民権派が指導した戸長征伐の影響は、熊本県下ほぼ全域に広がっていた（『西南戦争と阿蘇』）。

これらに加え、一揆の原因をもうひとつあげれば、幕末から維新期にかけての「格差社会」の拡大という社会状況もあげられよう。貨幣経済（商品経済）の浸透にともない、豊かになる者と困窮していく者の差がいっそう広がっていく。「幕末期は、村人全体の生活水準の全般的向上と、その中における格差の拡大とが同時進行」したのである（『百姓たちの幕末維新』）。阿蘇の小村（現南阿蘇村）で書かれた『長野内匠日記』の阿蘇一揆に関する記述にも、「銭持共」という語がたびたび現れる。この村も裕福な「銭持共」と、貧しい「一揆勢」とに分解していたのである。そのような社会状況によって、民衆の不満がくすぶっていたことは間違いない。

阿蘇一揆の経過

二月下旬になると、県北部の一揆は阿蘇へ波及し、阿蘇郡各地で集会や打ちこわしがはじまる。阿蘇一揆は数日のうちに、阿蘇郡のほぼ全域にひろがった。その中でも阿蘇谷の一揆・うちこわしは、農家のほぼ全戸が参加した大規模なものであった。一揆勢は、地主・高利貸しなどの資産家や正副戸長など村の役人たちの居宅を襲った。打ちこわしの被害にあった戸数は、一小区（内牧郷）一九戸、二小区（内牧郷）一八戸、三小区（坂梨郷）二四戸、あわせて六一戸にものぼった。このうち、役人が三六戸、地主・高利貸しが二五戸であったという。農民たちは、「役という名のついているものは膏薬でも打ちくずせ」とさけび、役人への敵意をあらわにした。農民たちは、鉈・斧・鎌、あるいは担い棒などの「得物」をたずさえ、つぎつぎに富家や役人の居宅をうちこわした。ただし、農民たちは傘連判状を認めて結束をかため、「盗るな、焼くな、殺めるな」という規律をもって集団行動した。

阿蘇一揆における農民たちの要求は、地主・高利貸しに対しては、小作料引き下げ、農地の解放、借金利息の引き下げなどであった。いっぽう、正副戸長や用掛などの役人たちに対しては、民費をはじめとする公金の取扱いについての疑惑追及、精算要求、郷備金の割り戻し要求などが主なものであった。このうち郷備金とは、江戸時代以来、凶作など備荒用に郷（大区）ごとに蓄えられていた積立金である。従って郷備金は、「人民の共有の財産」と認識されており、それを役人が独占することは許されない、と民衆は考えたのである。

三月一〇日には、豊後口警視隊が東京から大分県を経由して阿蘇に入ってきた。豊後口警視隊の五〇〇人のうち二〇〇人が阿蘇に派遣された。警視隊は坂梨に陣取り二重峠の薩軍と対面するいっぽう、まずは一揆の鎮圧を行った。一揆の鎮圧は、小国郷（現小国町）からはじまり、阿蘇谷（現阿蘇市）、南郷谷（現南阿蘇村）とすすんだ。先にも触れたが、警視隊の任務には一揆鎮圧も含まれていた。警視隊が阿蘇に入ってくると、農民一揆は急速に沈静化する。一揆勢は、武装した警視隊と対決する意志も力量もなく、警視隊の前に沈黙するしかなかった。

一揆の指導者たちの逮捕は、五月二七日からはじまった。以後、関係者に対し始末書の提出や呼び出し、取り調べが行われた。六月三〇日には、内牧小学校に熊本裁判所内牧出張所を開設し、審理ののち順次判決を言い渡した。阿蘇一揆の被告は、八八八六人にのぼった。罪状別にその内訳をみると、兇徒聚衆《きょうとしゅうしゅう》（集団で暴力をふるった罪）二九人（全体の〇・三パーセント）、放火五人（〇・〇五パーセント）、破毀牆屋《はきしょうおく》（かきねや家屋を破壊した罪）一七四三人（一九・六パーセント）、附和随行《ふわずいこう》七一〇九（八〇パーセント）であった（『西南戦争と阿蘇』）。

南郷谷の一揆

話は、三月の南郷谷の一揆にもどる。高森郷（九小区）は、現在の高森町市街地を含む西部と南阿蘇村の旧白水村東部が含まれる。三月初旬、九小区の色見・上色見両村（現高森町）では、戸長や高利貸しに対する不満がくすぶりはじめていた。三月三日、高森村で借金利子引き下げの交渉が行われ、一部農民たちの要求が実現した。四日には色見村で、学校建設費にかかわる残金の割り戻し要求が行われ、七日に実際に割り戻しが行われた。六日、上色見村の農民たちは了蓮寺に集会。「役人退治万民之為」と書いた紙旗をおしたてて、郷備金や野開増税（これまで免租であった新開地への増税）などの取り調べのためと称して、戸長詰所（役場）へせまった。翌七日から一〇日まで、色見・上色見両村では「貸借悉皆捨方《たいしゃくしっかいすてかた》」、すなわち借金の帳消しを要求し、債権者と交渉し借金証文を取り返した。いっぽう吉田村（現南阿蘇村）でも集会を行い、貸借悉皆捨方について相談した。一〇日になって、白川・吉田両村で借金利子引き下げを要求した。吉田村では約二〇〇人の農民が、家屋を巻き倒すための縄や鉈、鎌、杖などを用意し威圧しながら各債権者と交渉、さらに小作料引き下げも合わせて要求した。

九小区の一揆で注目されるのは、打ち壊しには発展しなかったものの、手に手に「得物」をもち強硬な要求を行っていることである。そして利子の引き下げや、公金の割り戻しなどを勝ち取っている。また、「役人退治万民之為」という旗（スローガン）を農民が掲げていたことも注目される。「役人退治」とは、文字通り正副戸長や用掛などの役人の不正を暴き、要求が容れられなければ役人宅を打ち壊すことを意味する。ここには熊本県北部で展開した「戸長征伐」に通ずるものがあった。また、「役人退治」は「万民之為」に行うものであって、「この一揆は私的行為でない」と宣言するものであった（『西南戦争と阿蘇』）。

現在の南阿蘇村にあたる十小区で、はじめて大勢の村びと（約六〇〇人）が集結したのが、三月一日の龍王社（現久木野神社）の集会であった。龍王社は、南郷谷屈指の大地主長野一誠の居宅から目と鼻の先にある。ここで集会をすれば、長野一誠らの有力者が出てこないはずがない。案の定、長野一誠と久木野村の有力者がその場に現れ、一揆勢と富裕者との本格的な交渉がはじまる。

三月八日になると、一揆勢は「十小区人民中」という旗を作り、この旗を押し立てて南郷谷をねりあるいた。これは九小区の「役人退治万民之為」と同様の効果をねらった行為である。しかし九小区が明らかにスローガンなのに対し、ここでは自分たちの所属を明示する旗となっている。しかし「人民中」という語は、明らかに「官」に対置されたものである。一揆に参加する者は「人民」であって、その行為は「公の行動」であることを明示するものである。また「十一小区人民」はすべて一揆に結集しているとして、村役人や富裕者たちに圧力をかけるねらいもあった。近世の百姓一揆においても、自分たちの村の標識として、村名をあらわす旗を掲げた。村を超えて展開した広域の百姓一揆の場合、それは顕著だった（「移行期の民衆運動」）。三月一一日、一揆勢は、豪家から取り戻した借金証文を、光雲寺で借主たちに配った。郷備金の一部を割り戻させ、借金証文の破棄、温泉の入浴料無料などを実現させ、一揆勢の要求のかなりのものが実現した。ただ、十小区の一揆勢は、九小区にあった被差別部落を襲って焼いている。

警視隊と薩軍の対峙

三月一一日、豊後口警視隊は本営を笹倉（現阿蘇市）へ、一二日には坂梨へ移した。そして一等大警部佐川官兵衛率いる小隊が一三日に吉田新町（現南阿蘇村）に入った。阿蘇一揆の指導者の逮捕がはじまるのは、一般には五月二八日からである。ところが南郷谷では、警視隊が南郷にはいると直ちに首謀者の逮捕がはじまっている。一揆に対抗し、警視隊に協力する南郷有志隊（隊長長野一誠）の協力によるものである。一揆の攻撃対象になった南郷谷の富裕者たちは、警視隊の到着を待ちかねていた。彼らにとっては、これで秩序が回復すると期待された。

同じ頃、薩軍が南郷谷の西の入口にあたる、黒川口（現南阿蘇村）に陣を敷いていた。これは、大津に布陣した薩軍の一部である。さらに一部は、阿蘇谷の西の入口である二重峠にも布陣した。こうして南郷谷では、吉田新町の警視隊と黒川口の薩軍が、阿蘇谷では坂梨と内牧の警視隊と二重峠の薩軍が対峙した。

このような状況下で、南郷谷では一揆の首謀者の逮捕がはじまったが、首謀者のうち数名は、黒川口の薩軍に身を投じた。もちろん、逮捕を免れるためであった。薩軍に身を投じた一揆首謀者のひとりは、その後熊本隊に加わり、薩軍が解散する長井村（現延岡市）まで転戦している。

黒川口と二重峠の戦い

二重峠の薩摩軍は、近隣の的石《まといし》村（現阿蘇市）の農民を強制的に動員して土塁を築いていた。いっぽう黒川口には、一小隊を配置して吉田新町の警視隊を牽制していた。三月一七日、警視隊幹部は軍議をひらき、檜垣直枝隊長は内牧で指揮を取ることとし、総攻撃は一八日夜明けと決した。黒川口には、一番小隊と五番小隊の半隊が配されることになった。この一番小隊の小隊長が、会津の「鬼官兵衛」こと佐川官兵衛であった。

阿蘇郡南阿蘇村の黒川口近くの高野原。黒川口の戦いでは、佐川官兵衛が戦死した

　黒川口は、南阿蘇村の西端に位置する。黒川口の方は、黒川と白川の合流点近くである。今では、「東海大学農学部の校舎付近」と言った方がわかりやすいかもしれない（平成二八年の熊本地震で、学生が死亡するなど大きな被害が出た）。ここは当時、黒川口から北隣の赤水（現阿蘇市）へ出て西へ向かえば二重峠を越え熊本方面へ、また東へ向かえば豊後街道を経由して大分方面へ行く、その分岐点に近かった。また南郷谷の入口であり、日向街道を東にたどれば、高千穂から延岡に至る。つまり街道筋の要衝で、薩軍にとっては豊後にも日向にも通ずる街道の分岐点を抑えていることになる。

　戦闘がはじまったのは、三月一八日の未明。場所は、黒川集落の東方のはずれ、「高野原《たかのばる》」とよばれる原野であった。ここは現在、京都大学阿蘇火山研究センターの建物が建つ丘の南側である。一八日午前一時、吉田新町の警視隊一五〇名余は、南郷有志隊五〇人余の先導で、黒川口へむけ出発した。それまで警視隊が得た情報では、黒川口の薩軍はおよそ五〇人と思われた。しかし情報戦では薩軍が上回っていたのか、黒川口の薩軍は数日のうちに二四〇〜二五〇名に兵力を増強していた。これは、吉田新町の警視隊の数を上まわる。しかも、薩軍は警視隊の動きをも察知し、道の脇に待ち伏せて警視隊を待っていた。警視隊は、黒川口の薩軍の正面と間道の二手にわかれて進んだ。午前五時、警視隊正面軍が薩軍屯所をめがけ発砲し、戦闘が開始された。ところがすぐさま薩軍の伏兵が、道の左右から警視隊にめがけて銃を乱射した。お互いに銃を打ち合い、さらに抜刀し入り乱れて戦った。不意討ちをくらった警視隊は大混乱に陥り、多数の死傷者を招く結果となった。戊辰戦争で勇名をはせ、家臣から「鬼官兵衛」といわれた猛将佐川官兵衛一等大警部も、農民一揆の首謀者のひとり長野唦《さばく》に狙撃され落命した。享年四五歳。

この戦闘の模様を甲斐有雄「肥の国軍物語」は、次のように書いている。「聞いたところでは、薩軍は黒川村にいた。官軍は南郷の士族を加え、ラッパを吹立て、夜討ち（戦闘はまだ暗い未明にはじまった）をしようと押し寄せた。しかし、薩軍に内通する者があって、薩軍は屯所裏の林に忍び入って待ち伏せて、銃の筒先を揃へて待っていた。それとはしらない官軍は、誰もいない屯所にどっと銃を撃ちかけた。そこへ薩軍が、後ろから官軍めがけて撃ちたてた。すると佐川隊長はじめ撃たれ、官勢はことごとく撃たれて逃げ去ったという」（三月二八日）と。戦闘の一〇日後に書かれているが、かなり正確な情報を得ている。甲斐有雄は、三月一八日未明の戦闘を、宮山（現西原村）から遠望している。「二重の峠では砲発の音。峠の台場が西原村の宮山からも見える。黒川で撃ち合いがあった。二重山には白旗が見えた」と書いている。詳細な情報は、のちに得たものであろう。

さて、逃げ惑う警視隊の兵士たちは、南東方面の南郷往還（日向街道）と北の湯ノ谷の方へ、ふた手に分かれて敗走した。薩軍は、追撃し多数を討ち取った。湯ノ谷温泉方面へ逃れた警視隊の残党は、阿蘇山側に大きく迂回して、吉田新町まで逃れた。その後、警視隊は吉田新町から高森を経由して坂梨へ撤退した。黒川口の戦闘は、二時間ほどで終わった。警視隊の大敗北であった。

いっぽう、二重峠の戦闘は数時間に及んだが、こちらでも警視隊は敗北した。警視隊は、峠を阿蘇谷の麓側から攻め登ったわけで、戦術的に不利であった。警視隊は、午後三時ころまでには、内牧まで撤退した。しかしこの日の戦闘で、警視隊は死者三六人、負傷者三〇人、士官の死傷者も八～九人にのぼった。

薩軍占領下の村

黒川口で敗北した警視隊が坂梨に撤退すると、その後約一か月間、南郷谷は薩軍が占領することになる。この状況のもと薩軍は、高野原で遺体の埋葬を近隣の村びとに依頼している。埋葬が終わると、村びとに樽代（謝金）を支払った。薩軍の一部は、警視隊の屯所があった吉田新町に偵察に行っている。このとき薩軍は、薩軍に協力している村びとを伴っている。吉田新町では、薩軍が来るというので住民が避難した（二二日）。その後、薩軍は久木野村の長野一誠宅に行き、米一〇〇俵をうばった。長野一誠は南郷谷の富裕層のリーダーで、警視隊に協力した南郷有志隊の隊長である。続いて、「下田村の清太」宅に行き、米・籾・雑穀・諸道具一切を持ち去った（四月三日）。次に「長野村の市太郎」宅に行き米二〇俵を奪い取り、衣類やふとんなどの家財、それに馬一匹と馬具も持ち去った（四日）。この清太と市太郎も富裕層で、一揆指導者の逮捕に協力した者たちである。そしてこれら薩軍による掠奪には、長野村ほか多数の一揆参加者が人夫として薩軍に従っていた。富裕層宅へ薩軍を案内したのも、おそらく彼らである。

このようなことから、薩軍と一揆勢の一部は、共同行動をとり富裕層の家から金品を掠奪していることがわかる。もちろん薩軍は、必要から食糧などを奪っているのだが、一揆勢に加担している農民たちにとっては一揆の継続だったと考えられる。南郷谷においては、阿蘇山の山地斜面にある長野村やその近隣の村は、水に乏しく畑作地である。いっぽう、白川沿いにある水の豊富な久木野村は、水田地帯である。そして一般に前者が貧しく、後者が豊かであった。こうして薩軍の占領下で浮かびあがる南郷谷の対立構図は、「警視隊・南郷有志隊・富裕層・水田地帯の村」対「薩軍・一揆勢・貧困層・畑作地帯の村」である。甲斐有雄「肥の国軍物語」は、黒川口の戦いがあった日に「此比貧乏勢は薩の方、福貴の勢は官軍に付く」と書いている。西南戦争当時も、その対立構図は、きわめて明瞭だったのである。

その後薩軍は、竹田まで退却した警視隊を追って坂梨に布陣する。そして四月一三日、両軍は坂梨峠（滝室坂付近）で再び戦う。この時は警視隊が勝利し、薩軍は敗走する。敗走する薩軍の三〇人ばかりが、長野村を通過している。彼らは数軒の農家で空腹を訴え、農家は彼らを賄っている。長野村は心情的には、薩軍の側にいたとみてよい。しかし薩軍と農民の同盟は、これ以上に発展することはなかった。

西南戦争で戦った農民

南郷谷の一揆を主導した長野唦《さばく》は、西南戦争当時、二〇歳代後半の若者だった。彼が警視隊の捕縛を逃れ、黒川口の薩軍に身を投じたことはすでに述べた。高野原の戦闘では、佐川官兵衛を狙撃している。長野唦は西南戦争で各地を転戦し、その従軍記である『明治十年長野唦戦加記録』(個人蔵、以下『記録』と略記)を書き残している。

坂梨峠での薩軍の敗退後、薩軍が南郷谷から最終的に撤退するのは、四月二〇日にであった。薩軍は、立野(現南阿蘇村)を経由して御船方面に移動したが、長野唦はこれに従っている。この日御船に着くと、いきなり戦闘がはじまった。しかも大激戦の末、薩軍は大敗北、矢部方面に敗走した。しかし唦は逃げ遅れ、福山某とともに敵兵四〇〇名ばかりに取り囲まれてしまう。決死の覚悟で、ふたりは敵兵に切り込んだ。弾は雨のように飛んでくる。しかし二人は何とか死地を脱出することができ命拾いをした。

なんとか矢部にたどりついた唦は、熊本隊への入隊を許された。熊本隊について、「一中隊二〇〇名余、五中隊にて御座候、右一番中隊より五番中隊まで組立左の通　一大隊長池部吉十郎(後略)」などと部隊の構成を記録している。しかし唦自身がどの中隊に属したかは、書いていない。

『記録』から、唦の移動した場所と日時をたどってみよう。四月二〇日御船から矢部、五月一二日鹿児島大塚、五月一七日鹿児島山野から県境を越え熊本県の佐敷へ、五月二四日水俣久木野、六月九日神山(不明)、六月一六日鹿児島高隈山、六月二四日川内川、西田、志布志福山、七月二〇日志布志から大久保へ、七月三一日宮崎から二里の「シグレ」(不明)、八月二日宮崎中村、八月三日佐土原から都濃を通り美々津へ、八月四日細島、八月一四日延岡、八月一七日長井村。この長井村で熊本隊も降伏、投降。囚われの身となり、大分県の重岡から佐伯へと送られている。『記録』の最終日付は八月一七日の薩軍の可愛岳突破の記事で終わっている（ただし、可愛岳突破は八月一八日）。御船を出てから約四ヵ月、唹は右のようなルートをたどりながら転戦した。この間、何度も死地をくぐり抜けている。『見聞書』によれば、唹が帰村したのは九月三日頃であった。

長野唹は十小区での一揆に主導的な役割をはたし、逮捕を逃れるために薩摩軍に加わった。その後、熊本隊に加わって、熊本、鹿児島、宮崎の戦場を転戦した。薩軍に強制的に徴兵され、農兵として戦った人びとは多い。しかし長野唹は、農民でありながら自らの意志で薩軍に加わり戦った。

増田宋太郎と中津隊

最後に中津隊と大分県北一揆についてみてみたい。増田宋太郎《そうたろう》は嘉永二年（一八四九）、中津藩下士増田久行の嫡男として生まれた。九歳のときから、渡辺重石丸《いかりまる》の国学塾道生館に入門した。尊王攘夷の志熱く、草莽として崛起せんことをつねに待ち望んだ。しかしその機会はなかなか訪れなかった。宋太郎は戊辰戦争に際して、維新政府の攘夷実行の意志に疑念を抱きはじめる。明治三年、宋太郎は上京し政府の文明開化、開国和親の方針を確認すると、幻滅はさらに深くなった。同時にまたいとこの福沢が、文明開化のリーダーであることから憎悪し、その暗殺までくわだてている。宋太郎はまた、熱烈な天皇主義者でもあった。明治五年には上京し、島津久光が天皇の召命に応じず上京しないのに憤激し、討薩計画の準備を画策した。翌年、この計画が露顕して蟄居を命じられた。明治七年、佐賀の乱が勃発すると、宋太郎は中津士族を糾合して義勇隊を編成した。そして、当時中津が属していた小倉県の命で、佐賀に赴いた。宋太郎の真意は反乱軍側に付くためであったともいわれる。しかし彼らが到着したとき、佐賀の乱はすでに鎮圧されていた。その後、台湾出兵がはじまると、宋太郎は長崎、鹿児島に情勢をさぐった。その後、帰郷して中津に民権結社である共憂社を設立した。

共憂社の設立に際して、板垣退助が林有造を送って祝したともいわれる。こうして宋太郎の軌跡は、一瞬だけ自由民権の流れと交錯した。しかし中津はじめ、大分県北での共憂社の活動の痕跡は、ほとんどみつけることができないという。この時期、下級士族の没落が進行していたが、宋太郎はこのことを最も憂えていた。明治九年、宋太郎は上京して慶応義塾に入った。しかし間もなく、彼は帰郷している。中津に帰って宋太郎が聞いたのは、萩の乱、神風連の乱、秋月の乱の報であった。彼の心は、これらの士族反乱に強く共鳴した。明治九年一一月発足の『田舎新聞』に、主筆として迎えられても、彼の心はもはやそこにはなかった。翌年一月初め、彼は鹿児島に桐野利秋を訪ねる。そして薩摩がたてば、中津で蜂起することを決意する。そして三月三一日、ついに宋太郎は同志を糾合して蜂起した（『大分歴史事典』）。

中津隊の蜂起と檄文

三月三一日、増田宋太郎ら中津隊六〇名が蜂起した。中津隊はまず、大分県中津支庁、警察署を襲撃した。この時、支庁長馬淵清純ら数人を殺害している。四月二日には大分まで行き、大分県庁を襲撃した。大分県庁側は、県庁があった府内城に籠城し、警察、県官吏、徴募した士族たちが必死に防戦した。

中津隊蜂起の際、彼らは「新政党別軍の檄文」を発して、士族の隊への参加を呼びかけた。同時に不穏な状況にあった県北の農民一揆に火をつけようとしたものと思われる。「檄文」は三種類確認されているが、その「檄文」のひとつには、「外交ではわが国の権利を伸張し、内情を鎮めるときにもかかわらず、かえって二〜三人の上層官僚が内怨を積み重ね、外海の要求をおとなしく受け入れ、卑屈きわまりなく、暴政が至る所でみられる」とある。この政府官僚に関する状況認識（私物化と腐敗）は、さきに紹介した協同隊のそれとよく似かよっている。そして中津士族に対しては、「われらはこの機会に後れをとるならば、国民の義務をいったいいつ果たすことができるだろうか。我々の蜂起は、軽挙と思われるかも知れないが、今夜激発に至った」と決起を呼びかける。いっぽう二豊（豊前と豊後）人民あてには、「区戸長らは官の威をかりて、人民を苦しめ、無用の民費を増徴し、私欲をはかるなど、不埒の所業も少なくない」と刺激的な文言となっている（『大分県史近代篇Ⅰ』）。こちらはまた、熊本県北の戸長征伐や、阿蘇一揆の主張に通ずるものがある。

ただし注意しておかねばならないのは、中津隊は協同隊のように民権派活動家が多く集まった集団ではない。多くは士族であって、そういう意味では熊本隊に近い。むしろ中津の開明的な民権派活動家は、中津隊には参加していない。増田の共憂社は、民権結社としての活動をほとんど見いだせないことはすでに述べたが、中津隊がこの共憂社を母体としたわけでもない。

中津隊は大分県庁襲撃のあと、別府を通り、さらに湯平《ゆのひら》を経由して熊本県の小国に至る。その後、二重峠で薩軍に合流した。以後各地に転戦して鹿児島城山まで従った。『西南記伝』は宋太郎の最期を戦死と伝え、『郵便報知』（記者犬養毅）は捕われて斬首されたと伝えている（『大分歴史事典』）。

大分県北四郡一揆

増田らの蜂起に呼応するかたちで、県北四郡（下毛《しもげ》郡、宇佐郡、国東《くにさき》郡、速見《はやみ》郡）の農民たちが立ち上がった。四月一日宇佐郡中敷田《なかしきだ》村（現宇佐市）の農民たちは、地租金割り戻しの要求をはじめた。これは、米で徴収した地租を、区戸長が大阪市場などで売却し、現金で政府に地租を納めるが、このときの差額を、農民に割り戻せという要求である。いっぽう上敷田、南敷田の農民は、南敷田の正法寺に集まり、種籾の借り受けを決定した。これは両村の農民が、副戸長のものへ質入れしていた種籾は一〇〇俵以上あった。これを中津隊の放火などで焼かれては困るので、質入れした農民の手もとへ「借り受け」ようというのである。「借り受け」というが、要するに取り戻すことに他ならない。これら三村の農民たちは、上敷田村金剛寺の用務所へ押しかけ、戸長に対し地租金と戸課金（戸別割税。学校・警察・病院にあてる費用、いわゆる民費にあたる）の割り戻しを要求した。翌二日、農民たちは前日に続いて用務所と副戸長宅に押しかけ、要求を重ねた。しかし要求は聞き入れられず、農民の不満が爆発、一揆へと発展した。農民たちは続々と集まり、二手にわかれ、一手は四日市（現宇佐市）へ、別の一手は笠松村（現宇佐市）に放火し、文字通り燎原の火のように広がった。この日だけで、豊前六〇か村の農民が蜂起した。

こうしてはじまった県北四郡一揆は、最大で約二万人が参加した。一揆勢は、各小区の用務所、学校、吏員や富豪農商の居宅に放火し、あるいは打ち壊した。中津隊の檄文をみた農民の中には、「無政府!無政府!」と叫びながら、戸長宅を打ち壊す者もいたという(『大分県の百姓一揆』)。さらに参加しなければ家を燃やすぞと脅迫し、異口同音に他の農民たちを扇動した。このため、この地域の民衆はこれに応じ、ほとんどの農民が蜂起に加わった。大分県にとっては西南戦争の最中、深刻な事態であった。

この一揆で注目すべきは、中津隊の一員であった松本大五郎が本隊と分かれ、この県北一揆を扇動している事である。宇佐の四日市で中津隊と分かれた松本は、高田村(現豊後高田市)に入った。松本は二日から三日にかけて、一揆を指導し掠奪と放火を重ねた。松本の目的は、軍資金の調達と募兵であったという。大分県から内務省への報告にも「この一揆も中津賊徒より響いたもので、一揆のなかには中津賊徒の巨魁がいて扇動して、金銭の略奪を行っている」とある(『明治十年騒擾一件』)。一揆は三日から四日にかけて、宇佐・下毛郡から国東・速見郡へと波及した。そして「所在の民衆起て皆これに応じ、幾万人」という大一揆に発展した。

この一揆は、区戸長に対する不信とその村役人からの地租金割り戻しに端を発しているが、ほかにも原因があった。ひとつは、明治八~九年にかけての不作があった。この両年は、七月から八月にかけて日照りが続いた。いわゆる「旱損」である。それに加え、地租改正に対する農民たちの不満もあった。また農民たちは小作農が多かったから、税金を取られ小作料を取られるとわずかな米しか残らない。だから、わずかの金でも取り戻したいと期待していた(『大分県の百姓一揆』)。

四日午後になると、別府に駐屯していた警視隊が二手に分かれて中津と国東(杵築・高田)に向い、一揆鎮圧に乗り出した。燎原の火のように広がった一揆も、六日になってようやく沈静化した。この日ただちに参加者の逮捕と被害の調査がはじめられた（『大分県史近代篇Ⅰ』）。

凶作と税負担に苦しむ農民たちの不満と、地租改正や区戸長などに対する疑念が、大一揆に発展する原因であった。この農民たちの不満や疑念は、熊本の戸長征伐や阿蘇一揆と同じものである。そこへ西南戦争で、権力の空白状況がうまれた。さらには熊本県では民権派が、大分県では中津隊が一揆を触発し扇動した。大分・熊本両県における西南戦争下の農民一揆は、その原因と経過において酷似している。

農民一揆の指導者後藤順平

後藤順平（純平、また準平としたものもあるが、地元の『庄内町誌』は順平としている）は、嘉永三年（一八五〇）南庄内村上淵（現由布市）に生まれた。父親は伯楽（牛馬医）であったらしいが、一説には馬喰《ばくろう》（牛馬の売買業）だったともいう。いずれにしろ、身分の低い家に生まれた。六歳の時父と死別、その後祖父に養育され成人した。学問好きの順平は、七歳で板井玄洋について漢籍の素読をはじめた。その後、府内（現大分市）の竹内寿平や桃園村（現大分市）の森謙蔵に学んだ。この森塾にいたとき、師と対談していた薩摩藩士小松帯刀と面会したという。その後、慶応三年（一八六七一八歳の時、小松を訪ねて京へのぼり、志士たちと交友を深めた。維新後（一八六八年）、沢宣嘉《さわのぶよし》（攘夷派の公家、八月一八日の政変の七卿落ちのひとり）が九州鎮撫総督として長崎に来たとき、これに従っている。

ところが、順平の郷里南庄内村において、所管変更に関する紛議が生じた。南庄内村は、維新と同時に日田県管轄（天領）となったが、実質減税となったため、村びとはこれを歓迎した。しかし間もなく、再び府内藩領に移管されるという風聞がたち、住民は反発した。この紛議を解決できるのは順平しかいないとして、彼の帰村を要請した。帰村した順平は、解決に向け尽力した。結局、廃藩置県によって村は日田県管轄となることが決まり、一連の問題は解決することになる（「志士後藤順平小伝」）。

大分県においては、明治維新の混乱期に農民一揆が多発した。明治元年から明治六年までは毎年、農民一揆や騒擾のない年はないほどだった。特に明治五〜六年にかけて大分、海部《あまべ》、大野、直入《なおいり》郡を巻き込んだ県中四郡一揆は大一揆に発展した。そして西南戦争下の明治一〇年、下毛、宇佐、国東、速見郡にわたった県北四郡一揆が起こった。これらは「小藩分立」「諸領入り交り」といわれた二豊の地で、中央政府の一元的支配体制の確立に対する民衆の側からの連合した反撃であった（『大分県の百年』）。

右の農民一揆のうち、後藤順平が主導して展開したのが、明治三年の府内領庄内谷の一揆である。同年一一月末、府内藩領で一揆がおこった。要求の多くは、「肥後同様」の雑税の減免であった。この一揆の状況を見た後藤順平は、村民を代表して日田県別府支庁に同様の願い出をした。しかしその回答は、府内藩領の農民が得た成果にくらべ低いものだった。当然、農民の不満は高まった。この府内藩領の一揆はその後、日田・玖珠両郡に波及した（日田県一揆）。そして一二月一五日にはついに、順平のいる上淵・中淵村を中心に、直入郡井手・野村以下一二か村を加え、更に速見郡湯布院の村々をまき込む一揆がはじまった。

一揆は、「松明《たいまつ》、かがり火を焚き、半鐘を打ち鳴らし、鉄砲を持ち、大声を上げ」ながら、ついには別府の石垣に達し別府市街にも侵入した。一揆の制止不能をさとった別府支庁の山形小参事は、独断で熊本藩同様の減税をする回答を文書で行った。こうして、一揆勢は一七日なって帰村した。その後、体制を立て直した大分県は、一揆の参加者の逮捕をはじめる。別府の石垣村だけで、二〇名の逮捕者が出た。こうして後藤順平も「巨魁」として逮捕され、準流（流刑）一〇年の刑を受け、日田の監獄につながれた。ここには、のちに西南戦争で行動をともにする矢田宏ら御許山《おもとやま》騒動（慶応四年、二豊の攘夷派志士が、花山院《かざんいん》を擁して攘夷を決行しようと宇佐の御許山で蜂起した事件）関係者や大楽事件（豊後に逃れてきた長州の大楽源太郎をかくまった事件）関係者など、豊後・豊前攘夷派反政府活動家たちが入獄していた。

中津隊の後藤順平

明治六年後藤順平は、上淵村に残した祖父の面倒をみるため、「残留養親律」の規定によって出獄を許された。大分県警察の関係資料である『明治十年騒擾一件』では、後藤の「肩書」は、「日田県一揆において党民を扇動し、懲役一〇年の実刑をうけたが、養父の面倒をみるため刑の軽減が認められ、それから今日まで中津にて代書などをしていた者である」となっている。

帰郷後の順平は、法律を学び中津支庁での「検査」に合格し、代言人（弁護士）となる。明治九年一〇月ころ、順平は中津町の松野屋二階で開業した。彼が中津を選んだのは、知人の紹介だった。しかし、一揆の「巨魁」として官憲にマークされていたから、大分や別府を避けたともいわれる。この頃中津では、大分県下初の本格的新聞である『田舎新聞』（主筆増田宗太郎）が発行された。そして、中津市校を中心に福沢系の洋学、白石照山を中心に亀井昭陽系の漢学、そして増田宗太郎ら渡辺重石丸系の草莽の国学が三つ巴の学問的競合を展開していた。西郷が立てばともに戦う意志を固めつつあった増田と、小松帯刀を通じて西郷を知る後藤が、ここで中津隊を結成したのは、いわば必然的な出来事であったといえる。

増田を隊長とする中津隊は、明治一〇年三月三一日に蜂起した。四月一日、大分県は「津賊暴発云々達」を発して、人民が「津賊」（中津隊）に雷同しないよう、区戸長へ厳重な取締を命じた。このとき「愚民」を扇動する「巨魁と覚しき」者として、「上淵村後藤準平」の名をあげている（『縣治概畧V』）。その後の中津隊の動きについては、すでに述べた。中津隊の檄文は三通あるが、そのうちのひとつの檄文は、「両豊人民御中」宛であった。『庄内町誌』は、この「両豊人民御中」の宛名は、農民一揆の指導者であり、中津隊の参謀格であった後藤順平の意見を入れて成立したものと推測している。

さきに順平が服役した日田の監獄に、矢田宏がいたことはすでに述べた。矢田は、医者の子として別府で生まれた。一九歳の時に出奔し、長州の報国隊に加わったという。その後、明治元年御許山騒動に参加したが、これは偽官軍《にせ》として長州藩により討伐された。さらに明治三年、長州の奇兵隊の反乱にも加わって逮捕された。翌年、広沢真臣参議暗殺の嫌疑で収監されている。そして明治一〇年の西南戦争では中津隊に参加、戦後二年半の懲役刑を受けた。この矢田を説いて中津隊に参加させたのは、後藤順平だといわれている(『九州士族の反乱』)。中津隊は、増田のような草莽の国学者、矢田のような草莽の志士、後藤のような農民一揆の指導者が主導的な役割を果たしていた。熊本や宮崎の士族を中心とするいわゆる「党薩諸隊」とは、若干性格を異にする。中津隊は、五月に薩軍の奇兵隊が豊後に侵入したとき、これに従っていたようである。いくつかの文献に、増田や後藤の名前が散見される。中津隊は何人かの脱落はあっただろうが、可愛岳突破後も城山まで西郷に従っている。増田は城山で戦死したが、後藤と矢田は捕らえられた。後藤は長崎裁判所で「内乱ニ関スル罪」により斬罪に処せられた。

ところで西南戦争後、斬刑となった者が二二名いる。この二二名中、士族でない者、すなわち「平民」は後藤順平ただひとりである。量刑は機械的で、従軍中の階級に依ったという(『知られざる西南戦争』)。つまり、「首謀、参謀」が斬刑となる。しかし、後藤順平はこれにあたるのだろうかという素朴な疑問がある。比較するなら、あの奇兵隊の隊長野村忍介でさえ、「大隊長でしかなかった(つまり首謀、参謀でない)」から、懲役一〇年だった。野村より後藤順平の方が、量刑が重いというのはなぜだろうか。薩軍が豊後に侵入したときも、中津隊は奇兵隊に従っていたのである。順平が野村より上位の指揮官であったとは思えない。さらに中津隊の隊長は増田であって、順平は「参謀格」である。薩軍の参謀とは格が違うだろう。このようなことから後藤順平のケースは、「量刑が機械的でなかった」ことを示すのではないか。つまり後藤は、農民一揆の首謀者でいわば前科者であった。それに加え、中津隊が中津支庁と警察署を襲撃したときは、警察官を殺害している。このような「前科」が加味されたのではないかと思われるのである。後藤順平の斬刑という処置には、何か権力側の憎しみのようなものが感じられてならない。

ただこうも考えられる。中津隊の誰かを「首謀、参謀」として処刑しなければならなかったのなら、生き残り中もっとも中津隊で地位が高かったのは後藤順平であったろう。それで斬刑にされたのなら、確かに機械的ともいえなくもない。いずれにしろ、伯楽（または馬喰）の子で農民一揆の指導者だった「平民」後藤順平。このような人物も、西南戦争に中津隊の一員として戦った。そして、最大の「士族反乱」の首謀者として処刑された。享年二七（数え二八歳）。

西南戦争と農民一揆

西南戦争が、主に熊本平野や阿蘇郡周辺で展開されていた二月下旬から四月にかけて、まず阿蘇一揆が、玉名・菊池では再燃した一揆が、そして新たに上・下益城や宇土・八代などに農民一揆が広がっている。さらに天草では、軍夫徴用に対する反対一揆が、四月にはいると大分県北で大一揆が展開した。つまり、西南戦争と平行して熊本・大分両県で大規模な一揆が展開していたのである（『新・熊本の歴史6』）。熊本・大分の農民一揆は、西南戦争によって権力の空白状態の中で発生、展開したとみることができる。政府は、士族反乱と農民一揆というふたつの敵を相手にすることになり、重大な危機に直面した。

京都で病床にあった木戸孝允は、西南戦争の最中、田中不二麿宛の書簡で「実に竹槍蓮ほどおそろしきものは御座なく候」と書き送ったことはよく知られている（三月三日）。木戸は、士族反乱よりも竹槍連（農民一揆）の方が、よほど恐ろしいというのである。しかし協同隊が、戸長征伐という農民一揆を指導しておきながら、戦争がはじまるとさっさと士族だけでまとまって参戦したように、農民一揆と士族反乱は同盟を結ぶことはなかった。そこには明らかに、封建時代の身分意識とそれによる行動規範の区別が生きていたというべきだろう。しかし後藤順平のように、そのような意識を乗り越え、戦場で戦った平民もいた。しかし後藤は、中津隊や薩軍の中においても、平民として軽んぜられることがしばしばあって憤慨したという。こうして西南戦争はついに、「第二革命」とはなりえなかった。そして西南戦争を経ると、区戸長の不正を追及し、区戸長の公選を要求する農民の運動は、みごとに消滅してしまう。「戦争」は多くの人命を奪ったが、「民主化」を求める民衆の政治意識の芽をも摘み取ってしまう結果となった。

顕彰される「戦争」と忘れ去られる「一揆」

右のことに関連して、歴史の記憶についても触れておきたい。筆者の生まれ育った阿蘇には、多くの西南戦争に関連する記念碑や顕彰碑が建っている。二重峠にも俵山にも黒川にも吉田新町にも。それは、建碑に積極的な人物がいたからである。いっぽう、阿蘇一揆に関する顕彰碑は極めて少ない。わずかに、阿蘇市黒流の八地蔵菩薩慰霊碑が知られている程度である。この慰霊碑は、昭和五〇年（一九七五）に一揆の遺族たちによって建てられた。しかしこの慰霊碑の建設には、多くの反対もあったといわれている。従って阿蘇では、西南戦争があったことは多くの人が知っているが、阿蘇一揆のことは「歴史の記憶」としては乏しい。筆者も同様だった。なぜそのような事になったのか。

阿蘇一揆の指導者たちの多くが、終身刑（一名）や懲役一〇年（三名）などの重い刑罰を科せられた。一揆の指導者たちは、「お上」に反抗した「罪人」として処罰された。阿蘇一揆という歴史的な出来事は、このような形で記憶され、そしてしだいに忘れられていった。同じく西南戦争も国家に対する反乱で、西郷とその他の将兵も、当初は「国賊」だった。しかし西郷をはじめ、西南戦争の「戦犯」たちは、のちに赦され復権した。しかし、一揆の指導者たちにそのような大赦はなかった。だから彼らは、その後も罪人であり、関係者の子孫は「罪悪感」を抱き続けなければならなかった。阿蘇という地域全体が、一揆に対して持ち続けた意識も同じだった。しかし考えてみれば、戦争による人的・物的な損害は、一揆のそれとは比較にならないほど大きい。なぜ戦争が免罪され、一揆は赦されないのか。

これは明治以降、国民にすり込まれた「お上」観や戦争観が大きく影響していると思われる。ただここでそれを論ずる力量は、筆者にはない。しかし問題なのは、現在のわれわれの意識＝歴史観もそれほど変わっていないのではないかということである。いまも戦争は各地で起こっているが、「テロとの戦い」なら容認されるというような雰囲気がある。そして、民衆の運動が直接行動をともなえば、すべて「テロ」と同一視してしまってはいないだろうか。話が飛躍した感はあるが、戦争そのものを「違法」だとする共通認識は、少なくともまだ確立されていないような気がする。

第八章

西南戦争と病気

戦地では、往々にして感染症が流行する。全国から集まった兵士たちは、いわば病原菌のキャリアであり、彼ら同士の接触や戦地の現地民との接触が、病気を流行らせる。また戦地は焼かれ破壊され、そこには瓦礫や汚物が放置される。戦死者の遺体も腐敗していく。さらに夥しい兵士や軍夫の排泄物の処理問題もある。またこの年は長雨がつづき、これもまた食物の腐敗などを早める要因になった。

戦争が終わると兵士は、原隊のある鎮台やふるさとへ帰郷する。ここでもまた、彼らはキャリアとなって病原菌を運ぶ。明治一〇年の西南戦争期に流行したコレラは、明治一二年の全国的大流行を招くことになったといわれる。こうして戦争は、病気を全国規模に拡散させていくことになる。西南戦争では、コレラのほかに天然痘、原因不明の嘔吐下痢症にも似た病気が流行した。

天然痘の流行

昭和五五年（一九八〇）、WHO（世界保健機関）は、天然痘が世界から撲滅されたことを宣言した。天然痘という疫病は、今や人々の記憶から、すでに忘れ去られようとしている。この病気はおもに小児がかかるのだが、その死亡率は極めて高い。天然痘ウイルスに感染すると、まず四〇度前後の高い熱がでて、三〜四日後にはいったん熱が下がる。その後、今度は発疹が顔や手のひらや足のうらを中心にでて、発疹はさらにうみをもった吹き出物（膿疱）のようになる。ウイルスが目に及べば、失明することもある。その後再び発熱し、最悪の場合、呼吸困難などに陥り死にいたる。心臓、脳に合併症をおこすこともある。回復期になると、吹き出物はかさぶたとなる。かさぶたが落ちるころには治癒するのだが、この吹き出物は皮膚にそのあとを残すことが多い。その致死率は、四〇パーセントにおよぶともいわれている。

この天然痘（痘瘡）が、西南戦争の最中に各地で流行している。痘瘡の記述が現れるのは、五月はじめである。『征西戦記稿附録』の「軍団病院日記抄」の五月八日に「痘瘡南関地方ニ行ハル」とある。このため熊本病院から痘苗を分けて、種痘医員を派遣している。医員は南関に赴いて、予防のために種痘を施したのだろう。実は前日の七日にも、熊本の健軍近傍で伝染病の兆しがあるとの情報があり、軍医を派遣し調査させ、軍隊の移動を検討している。ただし、この伝染病が天然痘だったかどうかはわからない。しかし、このころから伝染病がじわりじわりと広がっているように感じられる。一〇日には、長崎から「氷塊」千斤（一斤は約六〇〇グラム）を熊本病院に送らせている。発熱などへの対処のためであろう。

このころ、軍団病院は戦地の衛生状況を憂慮している。五月一八日には、次のような記述がある。「熊本市街は兵火に罹り焼かれたあと、灰燼（燃え残りや瓦礫）が取り除かれていない。この中には有機物も含まれ、連日の雨で腐敗し悪臭を放っている所が少なくない。しだいに悪性の病気が流行りはじめ、兵士だけではなく一般人の健康も害しはじめている。林軍医官が、早く道路を清掃し清潔にすべきだと本営に具申した」と。「有機物」とは、具体的に何なのか。要するに、色々な物が腐っているのだろう。しかし、このような状況は、熊本市街だけではなかった。戦場となったところは、どこも同じ状況だったであった。こういう衛生状態の下で、病気が広がっていくのである。

三田井付近での流行

軍隊の移動とともに、感染症は広がるのだが、六月になると三田井（現高千穂町）付近で天然痘が流行した。三田井には第二旅団の本営が置かれていた。「軍団病院日記抄」六月一二日には、「三田井近傍において天然痘に罹る者を調査してみると、三五名いたので報告した。またこの日、八代に天然痘病室を開設した」とある。一八日には、三田井に痘瘡病舎を開いた。住民で天然痘に罹っている者が四四名もいる。感染は、確実に拡大している。

もちろん、三田井の住民ばかりではない。兵士にも罹患する者がたくさんいた。川口武定の周辺でも、「三田井の警備兵の中に疱瘡を患っているものがある。本日（六月一〇日）、すでに兵士二名と軍夫一名を病院に送った。急遽、ひとつの疱瘡病院を設け、そこに移送した。軍隊の中にこのような伝染病が広がるということは、特に恐るべき事である」と、数名の感染者が出ている。川口は、軍隊が感染症によって機能しなくなることを憂慮している。六月一四日、三田井では「三〇名あまりの痘瘡患者が出た。兵卒の吉村萬蔵も此の病気に感染し死亡した。遺体を石灰で包み、棺に入れて人家から離れたところに埋葬した。吉村が使用していた毛布と肌着はすべて焼却させた」という（『従征日記』）。川口の部下も、天然痘で病死した。今後も兵士に死者が出つづければ、戦力は確実に低下していく。

七月五日、馬見原や三田井での死者は、戦死者も含めみな熊本へ送り埋葬した。この頃になると次第に炎暑が加わり、遺体の腐敗がすすんだ。すると臭気が、病院の外にも漏れるようになった。

そこで遺体を遠隔地まで運ばず、病院に隣接する場所に埋葬することを上申し、許しが出たという（「軍団病院日記抄」）。

なお大分県では、西南戦争が終わって二か月ほどたった一一月の半ばになって天然痘が流行しはじめている。天然痘ははじめ、大分郡鶴崎（現大分市）と日田郡で流行し始めた（『縣治概畧Ⅵ』）。西南戦争との因果関係は明らかではないが、鶴崎は東京から派遣された警視隊が駐屯していた場所であり、戦争中は大分県南や宮崎県から送られてきた負傷者を治療する病院が設けられていた。

コレラという流行病

コレラはもともとインドのガンジス川流域の風土病で、感染すれば嘔吐・下痢を繰り返し、最悪の場合、数日で死に至る。コレラは、コレラ菌を病原体とする経口感染症のひとつである。症状は、下痢が一日二〇〜三〇回もつづき、急速に脱水症状がすすむ。すると血行障害、血圧低下、筋肉の痙攣、低体温となって死に至る。したがってこの病気への対処法は、まず水分と電解質の補給である。コレラの感染力は非常に強く、現在までに七回の世界的流行（パンデミック）が発生しているという。現在もアフリカ大陸を中心に第七期流行がつづいている。コレラもまた、天然痘に劣らず恐ろしい病気である。

日本ではじめてコレラの流行が発生したのは、最初の世界的流行が日本に及んだ文政五年（一八二二）のことである。安政五年（一八五八）からはじまった流行は、三年におよび江戸だけで一〇万人が死亡したともいわれる。文久二年（一八六二）にも流行が発生し、五〇万人以上が罹患したという。その後も二〜三年間隔で流行がつづき、明治一二年（一八七八）には、死者が一〇万人を超えた。この明治一二年の流行の遠因が、西南戦争期のコレラ流行だといわれる。コレラ菌を、従軍した兵士が全国に拡散させたと考えられるのである。明治になると、避病院という隔離施設も整備されていった。しかし避病院から生還する者が少なかったため、避病院は「死病院」といわれ、民衆に忌避された。

明治一〇年のコレラ

明治一〇年の流行は、八月下旬頃からはじまった。この年の患者数は一万四〇〇〇人弱で、その後の流行（明治一二年の患者数は一六万人余）にくらべれば少ない。しかし安政五年（一八五八）から数えて一九年ぶりの流行であり、加えて西南戦争による社会不安と相まって人心を動揺させた。全国一道三三県で流行したが、これは西南戦争後の軍人の移動によるものであろう。この年の流行は一二月には終息したが、一年をおいて明治一二年に大流行することになる。

明治一〇年の感染経路としては、横浜系統、長崎系統、軍隊系統の三系統に分けられる。長崎では九月六日、プロシャ士官から日本海軍当局へ、「イギリス艦にコレラ患者が発生しているので感染しないよう注意すべし」との警告がなされた。その後、イギリス艦から水兵が密かに上陸し、艦内で死亡した水兵を大浦村付近に埋葬した。それからまもなく、埋葬地付近から長崎の流行がはじまったという。長崎系統のコレラ流行は、九月一五日には鹿児島に達している。そして九月下旬には大阪府、兵庫県、熊本県、和歌山県に患者が発生、一〇月にはさらに感染が拡大した。これは軍隊の移動によるもので、九月二四日に西南戦争が終わり、既に流行しはじめていた鹿児島から海路および陸路を経由して感染が広がった。征討軍が凱旋して、コレラの伝播が著しく促進された。一〇月一日には、軍人を乗せた輸送船八隻が神戸港に入港した。この中には、コレラに感染したものがかなり乗船していた。そしてその後も、軍人を乗せた船が神戸港に次々に入港した。神戸港の検疫員が、上陸を阻止しようとしても、兵士たちは銃を構えて威嚇し、勝手に上陸したという。このため関西地方では、コレラが一気にひろがった。これより先、九月二八日、内務省は陸海軍両省に対し、感染した兵士の着港・上陸の際の処置について照会したばかりであった。しかし、その処置が講じられる前に、兵士の上陸がはじまってしまったのである。

その後、内務省と陸海軍両省、それに府県が協力して検疫、予防に努めたが、コレラは全国にひろがった。一〇月一八日までに、全国一四か所に避病院が造られた。一一月に入ると病勢は次第に衰えていく。一一月二九日になると、避病院は熊本の仮病院一か所だけとなった。この年の患者数は一万三八一六人、うち死者数は八〇二七人であった（『日本コレラ史』）。死亡率は、五八パーセントである。

コレラ流行の兆し

『明治史要』八月二七日に「清国上海地方においてコレラが大流行している。是日、内務省から予防法を各府県に公布した。既に長崎や横浜にも伝播している」とある。八月下旬には、コレラが長崎と横浜に上陸していた。戦地の記録である「軍団病院日記抄」にはじめてコレラの記述がみられるのは、九月一五日のことである。「品川丸が長崎から鹿児島に到着したが、その船の中にコレラに罹った者がいた。それで警視隊員にも感染した。そこで感染したと思われる者を一時知林島《ちりんがしま》に移送した。戦地に虎列拉病が発生したのは、これがはじめてである」とある。知林島は、鹿児島湾(錦江湾)の入口にあって、指宿《いぶすき》市北東に浮かぶ周囲三キロメートルの小島である。ここに感染が疑われる者を移送した。また「戦状報告宮崎支庁明治一〇年」には、「(九月)一四日夜半、長崎より巡査五〇〇名余りが品川丸に乗って谷山(現鹿児島市)に揚陸したが、コレラに罹った者が一〇余名いた。上陸後に死亡した者が六、七名。また感染したと思われる者が三〇余名となっている。まだ民家には波及していないが、到底防ぐことはできないだろう。長崎は大流行しているという」とある(『宮崎県史史料篇 近・現代2』)。これは、鹿児島他の戦況報告を宮崎支庁へ差し出した文書のひとつである。深刻な状況が伝わってくる。

コレラ発生の情報は、軍団首脳部に衝撃を与えた。予防徹底の指示は、各旅団にすぐに伝えられた。翌一六日、川口武定は「コレラ病が長崎港周辺で流行しているとの情報が入った。そして田中監督から次のような文書が届いた。すなわち、長崎より来た船舶は、搭乗客をみだりに上陸させないこと、その積載物は必ず厳密に検査すること、腐敗しかけたような食物は絶対に食糧として供給してはならない」と。つづけて川口は、「ああ、天はなぜ、時としてこのような残酷な災厄を人間社会に与えるのだろうか。やっと戦争が終わりかけているときに、なぜまたこのような病災を我々にもたらすのか。もし天に聞く耳があるのなら、私が直接天にのぼってこの窮状を訴えたい」と記している(『従征日記』)。

「軍団病院日記抄」には、九月二一日「虎列拉病患者三名谿山ヨリ障子川ニ至る」、二二日「虎列拉病者十二名ヲ桜島ヨリ障子川ニ送ル」とある。障子川は鹿児島市平川町の地名である。「障子川に送る」とは、障子川にある病院に送致したという意味である。鹿児島での感染の広がりをうかがわせるが、それを裏付ける新聞記事を次にあげる。

コレラ伝染
現在鹿児島県下谷山、川内、桜島等の各地方でコレラ病が流行、このため死者も出、さらに広がる形勢にある。これは入港船舶の乗組員から傳染したもの、と同県より電報あり。ついては、当管内各地への伝染も予想され、予防方法に一層注意すべし。
明治十年九月二十四日　熊本県権令　富岡敬明

これを受けて熊本県では、次のような対策を指示している。

コレラ対策
鹿児島につづき神奈川県下横浜、神奈川等にもコレラが流行し、百五十五人の患者中既に三十八人ほど死亡した旨同県より報知あり。長崎にも同様流行あり、一人この病にかかればただちに数人に伝染し多数の人命を失うに至る恐るべき悪病で、別記の予防法を守って病害を免かるよう注意すべし。

明治十年九月二十四日

熊本県権令　富岡敬明

（『新聞にみる世相くまもと　明治・大正編』）

九月二四日は、ちょうど城山が陥落し、西郷が自刃した日である。この時点ですでに長崎、鹿児島、横浜などにコレラが広がっていた。大分県でも同日に、コレラに警戒し予防に努めるよう区戸長に達している（『縣治概畧Ⅵ』）。ちなみに、一〇月にはいると熊本でもコレラが流行し、本妙寺の避病院には、三〇名が入院したという（『熊本新聞』明治一〇年一〇月一〇日付）。

長崎から鹿児島へ

コレラは、西南戦争の最終盤から戦後にかけて流行した。戦争終盤には、長崎から鹿児島へ向けて流行が広がった。鹿児島港では、予防のため厳戒態勢がしかれた。九月二三日、川口の乗った和歌浦号が鹿児島港に入港した。すると海軍士官と医官が、哨船に乗って和歌浦号に近付いてきた。そして「この船は、どこから発航したのか」と問う。さらに「長崎から発航した船ならば、一週間港外に碇泊して、上陸してはならない。これは、コレラの流行を予防するためである」という。これに対し和歌浦号は、「この船は、八代から発船した」と応えた。このため入港が許可され投錨、上陸することができた（『従征日記』）。

同日、司令長官（有栖川総督）名で次のような「諭達」が出された。「病気に罹った者は、すぐに医官の診察を受けるべきところ、往々にして等閑になっているようである。そのため軽症も重症に転ずることがある。それに加え、コレラ病が流行する状況では、さらに不都合なことである。コレラ病に類似する患者は特に注意し、軽症でもすぐに診断を受けるよう厳諭せよ。さらに人夫の着衣がはなはだ不潔で、少なからず健康に影響している。人夫たちに洗濯をするよう、篤と申し聞かせよ」と（『第三旅団西南戦袍誌』）。

この頃には、東京でもコレラが流行している。九月二二日には、政府官吏に対して「家族にコレラ病がいるものは、出勤してはならない」との命令が出ている（『明治史要』）。

野津少将の悲しみ

陸軍少将野津鎮雄《しずお》は西南戦争時、第一旅団長を務めた。野津は、鹿児島城下高麗町出身で、弟は野津道貫《みちつら》（第二旅団参謀長）である。西南戦争が終結して間もない九月二七日、野津は鹿児島の親戚を訪ねた。親戚がコレラを患っていることを聞いて、見舞に行ったのだろう。本営に帰ってきた野津は、「鹿児島は虎列剌病の流行が甚だしく、またその症状も劇烈である。親戚を訪ねたところ、ひとりの姉さん（親戚の年長の女性か）がコレラで死んだ。また別の姉さんを訪ねたところ、まさに息を引き取る瞬間だった。野津は瞬時にして、ふたりの姉さんを失った。残された子が、亡骸のそばで遊んでいる。まだ小さくて、母との永遠の別れが分からないのだ。これをみて、私の堅固な心も折れそうになった。その場にそれ以上いることができず、逃げるようにして帰ってきた」と、おそらく伏し目がちに、誰ともなく語った。本営の、その場の雰囲気は、察して余りある。この場に居合わせた川口は、「戦場では勇猛な野津少将も、親戚や家族への愛情ついては、少しも普通の人と変わりがない」と日記に認めた（『従征日記』）。官軍トップの軍人とその親戚であっても、コレラという病気に対しては全く無力であった。

一〇月一日、博愛社（官薩両軍の傷病者を治療するために佐野常民らが設立。のちの日本赤十字社）は、鹿児島の障子川木村仮病院にふたりの医師を派遣した。これは官軍の軍医からの依頼で、コレラ患者の施療のためだった。派遣された医師の報告によれば、コレラによる入院患者数は、九月一五日から一〇月八日までの間に、三八〇人におよんだという。結びに、「施療当局者ノ辛苦又思フベシ」とある（『日本赤十字社沿革史』）。鹿児島におけるコレラの流行は、深刻な状況だった。

「コロリ」に感染した軍夫

軍夫の中にも、コレラに感染する者が続出した。大分県から軍夫として、鹿児島県の出水まで従軍した第三大区曲村（現大分市）の庄織平が、「コロリ」を発症したのは九月一九日だった。はじめは比較的症状も軽く、強い吐瀉もなかった。しかし時とともに症状は重くなっていった。わずか二日後の二一日朝には危篤状態に陥り、医官の診断では、「本日中存命も覚束なし」という状態となった。そこで本人は勿論、一緒に軍夫として従軍してきた親戚の者二名が、「たとえ途中で死んでもよいので、大分へ帰りたい」と願い出た。しかし医官の判断は、「感染の拡大が恐ろしい。すでに発症したのだから、大分県までの途上、また大分県にまで感染が広がる恐れがある。政府から感染予防の達しも出ており、私としては許可することはできない」というものだった。医官たちも鹿児島県以外の地に感染が広がることを恐れるいっぽう、患者親族の情実を酌量したが、結局、織平の死をただ座して待つしかなかった。

各地へ帰郷する軍夫たち、なかでもコレラに感染した者の帰県については、軍や警察も配慮している。熊本県から大分県へ帰郷する軍夫のなかに、コレラに感染して「快癒」した者が一名いた。一応「快癒」という診断だったが、帰県したら戸長に依頼して、念のため病院に入院するよう手配している。また熊本県で出されたコレラ予防法を記載した新聞「四葉」を大分県に送っている（『明治十年騒擾一件』）。

川口もコレラに感染？

戦争終結後、川口武定は和歌浦号に乗船して鹿児島港を発った（九月二八日）。和歌浦号には、将兵二〇〇〇人あまりが乗船した（「第一第二旅団会計官日記抄」）。和歌浦号に乗り組んだ兵士や船員にも、コレラに感染した者が少なからずいた。船は閉じた空間だから、感染をいっそう助長する。川口の第二旅団の本営にいた小使、塚山圓蔵もこの船中でコレラを発症した。船が神戸港に入る九月三〇日の午前三時頃、圓蔵は突然厠に走り下痢をした。すると忽ち四肢が痙攣し、目が窪み肉がそげ落ち、ついに人事不省に陥った。そして激しく煩悶した。これを目撃した川口は、「何という劇症だろうか」と思った。

神戸港に入港すると、さっそく運輸局の医官が数名乗り込んできて、乗っている軍人をひとりひとり検査するという。しかし二〇〇〇人以上もいる兵士を検査していたら、どれほど時間がかかるか分からない。そこで「船には軍医がいるのだから、わざわざ別の医師の手を借りるまでもないことだ」といって、直ちに兵員を上陸させた。塚山圓蔵は神戸上陸後、間もなく死亡した。

コレラが蔓延しているので、神戸から横浜まで、船便にするか陸路にするかみな判断に窮した。「船でも予防をしっかりすれば大丈夫だ」という者もあり、陸路は時間も費用もかかるという者もある。川口は一〇月二日、船便を確かめるため、運輸局の井手副監督を訪ねてみた。すると井出は、忙しくて「昼夜寸暇なし」という状態だった。コレラの予防と患者の治療の手配に忙殺されていたのだ。この時神戸港では、軍人軍属の患者が三〇〇人を超え、すでに八〇名も死亡したという。このような状況をうけて政府は、凱旋する軍人が大阪でコレラを患う者が多いので、海軍省・文部省・宮内省および東京府に命じて、急きょ医員を大阪へ派遣した（一〇月四日）。また箱根、横須賀近傍に医員を派遣し、海路・陸路で東京へ向かう軍人の検疫を実施することにした（『明治史要』）。

結局川口は、二日に横浜へ向かう船に乗ることができた。ところが乗船して暫くすると、数回の下痢に見舞われた。「ついに私もコレラ社会の一員となったのか」と絶望的な思いにかられた。ところが運の良いことに、横浜の医師が乗船していた。そこで診察を請うと、診てくれたうえに薬を処方してくれた。薬を飲んでしばらく安静にしていると、発汗し体にぬくもりがもどってきた。何とか「コレラ社会への入社」を免れたようだ。希望が湧いてきた。しかし、コレラに似た症状から真性のコレラ病に転ずることもある。ひたすら予防するに越したことはない。そこで川口は、肉食を避け粥と葛粉だけを食することにした。川口が患っていると聞いて、野津鎮雄少将が菓子をもって見舞に来てくれた（『従征日記』）。こうして川口は一〇月四日、無事に横浜に着き凱旋の祝賀にも参加することができた。
この年の一一月までに、横浜では一〇〇〇人以上の感染者が出た。市街地周辺の田畑に、避病院がいくつも建てられた。一一月一五日付の『朝野新聞』は、「九月上旬から一一月一二日までの患者数は、一一二八名。うち死亡者数は、六三五人。全治四四六人、治療中の者四七人」と伝えている。ここでの死亡率は、五六パーセントを超える。ただしこの頃には、コレラも終息へむかった。劇場などでの興業も徐々に許可され、街も賑わいを取り戻した。東京でも患者は減少して、ほとんどみられなくなった。
ちなみに、川口より一日早く鹿児島を発った第三旅団の亀岡泰辰は、一〇月二日にやはり運輸局を訪ね井手に面会している。川口が会ったあの井手副監督であり、まったく同日である。ここで亀岡は、何とか次の船に乗船したいと懇願した。しかし井手は、「船は満員で立錐の余地もない。将官といえども部屋を準備することはできない。加えてコレラが蔓延しているので危険である。私は安全な陸路を薦める。一歩譲ってはもらえないか」と答えた。亀岡はこれを受け入れ、陸路東海道を東京に向かった。ただ人力車で神戸を出て、大津まで行っても宿はどこも帰還兵たちで一杯だった。大津も素通りし、この日は昼夜兼行で走り続けた（『第三旅団西南戦袍誌』）。

発熱や「下痢病」

天然痘やコレラ以外にも、発熱や嘔吐、下痢をともなう病気が、やはり蔓延している。史料をみていると、六月くらいから発熱や下痢を訴える兵士が増加している。特にこの年は長雨がつづき、梅雨にはいって健康を害する兵士が続出した。

六月五日、川口は「九州地方は天候不順で、昼夜の寒暖の差も大きい。九州の風土に慣れていない者は、発熱や下痢症に罹る者がある。特に兵士は、露営をするため、病気の原因になるものに接する機会が多い」という。このような状況に対して、総督本営は「摂生予防法」を示し、病気の広がりを防ごうとしている。すなわち「もっとも注意すべきは食物である。特に腐敗しかけた魚や肉は、どんな病気に罹るとも分からないので食してはならない。新鮮な肉や魚が手に入りにくい地方では、なるべく乾物を用いるように会計部に指示した。新鮮な肉や魚が手にはいるところでも、なるべく健康を害せぬように、臭気があるものはこれを用いてはならない。これは将校士官ばかりではなく、兵卒にも伝えて懇ろに諭すこと」と命じている(『第三旅団西南戦袍誌』)。六月五日の「軍中制規」にも「瘧痢《ぎゃくり》予防」法を出している(「瘧」は発熱、「痢」は下痢)。その方法とは、「沼沢および溜水の近くに屯在してはならない」「濡れた衣服は乾いた物と交換せよ」「夜間はフランネルまたは木綿の腹巻きを使用せよ」「梅や李など未熟の果実を食べてはならない」「行軍中は必ず清浄な水または茶を水筒に入れて携帯せよ」「大量の汗をかいても冷水を飲んではならない」など、細かな指示を出している(『征西戦記稿附録』)。

こうした指示や命令にもかかわらず、発熱や下痢をともなう症状は、一層の広がりをみせている。川口の周囲では、「下痢病を患っている者が多い、本日すでに患者五十余人に及んだ」という。このような状況は、大いに兵力を減退させるものであるから、「苦慮すること、はなはだ切なり」という。川口は食物に加え、飲み水も問題にしている。「梅雨にもかかわらず、兵士は山谷を走りまわり、喉が渇くあまり濁っている水も飲まざるを得ない。しかも暴飲する」と。七月一五日になると、さらに患者は増え、一五〇～一六〇に増えた。しかも兵卒だけでなく、司令官や将校も罹患した(『従征日記』)。

八月末から九月にはいると、下痢症に加え熱病も流行している。第三旅団の亀岡泰辰は、八月三一日、高鍋を発って本庄(現国富町)に到着、宿営した。この頃、参謀部の将校四人が熱病に冒された。そのため、しばらく本庄に滞留することになった。病気が軍隊の速やかな移動の障害になっていることがわかる。四人のうち、三人は重篤だったためか、長崎に移送された。

衛生上一層注意

このような状況に鑑み、司令長官名で「石坂二等軍医正よりの別紙」を添えて、衛生上一層の注意を促した。ここでは、防御線を視察した石坂軍医正によれば、「汚臭が鼻を衝き、あるいは大小便が路傍に散乱し、あるいは兵舎近くの溝が閉塞し、雨天時には汚水が逆流する様子を目撃した。現在熱性の病気、あるいは吐瀉性の患者が増加しているのは、このような不衛生状況が病気を媒介している可能性がある。さらに流行が広がるならば、これは戦場で兵器が人を殺すよりも怖ろしいことになりかねない」という状況であった。その上で、早急に不衛生状況を改善すべきとして、六項目の改善点を具体的に示している(『第三旅団西南戦袍誌』)。兵隊が移動して行く先々は戦場でもあるが、兵舎がある場所は兵士の生活の場でもある。しかしその生活の場も、極めて不衛生であった。

日向市細島官軍墓地。高台の墓地からは、細島港がみえる

このような状況は、官軍兵士の駐屯地ではどこでも同じようなものだった。富高新町と細島（現日向市）には、西南戦争中一時、有栖川宮征討総督の本営が置かれた。また細島は天然の良港であり、西南戦争中は官軍の食糧や物資を陸揚げする拠点のひとつであった。また西南戦争後半の激戦地のひとつであり、細島官軍墓地がある（美々津と細島は八月九日に陥落後、官軍が支配。八月一六日、細島に海軍の本営が置かれた）。「新富高町・細島間の掃除方につき達」（八月二三日）によれば、「ここは狭い土地であるが、細島港には数万人の人夫が集まり、汚物が道路に散乱している。両所には病院が設けられているが、熱病や痢病に罹っている者が多い。特に軍夫に患者が多い。流行がさらに広がれば、軍人の困苦となるうえ、軍夫の用を欠くことになり、深く憂慮している。掃除をおこなって清潔になるよう命じて欲しい」とある。差出人は征討軍団軍医部副長三浦煥、宛先は征討総督本営である（『宮崎県史史料篇　近・現代2』）。軍夫の罹患者が多く、食糧や軍需物資の運搬も滞るほどだった。細島官軍墓地には、戦死者に加え病死者の墓碑も多い。

現地民の病死

さきに三田井で天然痘が流行し、現地民にも被害が出たことを述べた。だが嘔吐下痢症も、現地民に広がっていた。川口武定の『従征日記』七月二三日につぎのようにある。「七山村と八重平村（現諸塚村）の子どもたちが、毎日炊爨場に来て残飯をもらい、常食としていた。ところが近ごろ下痢を発し、五歳の男児が死亡した。それから四日後には、その兄（一〇歳）も続けて死んだ。その家族はもちろん、村のほぼ全戸が下痢を患っている」と。官軍の炊爨場には、近隣の村の人びとが残飯を貰いに来た。炊爨場があれば、飯は炊かなくて良かった。しかし炊爨場の残飯を食べて下痢を起こし、子どもたちが死んでいる。

ちょうど同じ頃、七月二〇日の「軍団病院日記抄」に次のような記述がある。「大人において下痢と嘔吐予防の薬を製剤して、村びと三五五人に与えた」と。大人《おおひと》（現日之影町）には官軍の繃帯所が置かれていた。三五五人というのは、おそらく当時の全村民ではなかったか。右の措置は、それをうかがわせる。さきの川口の「村の全戸が患っている」という記述は、決して誇張ではなかったのである。第二旅団の本営が置かれた三田井周辺では、広範に下痢や嘔吐をともなう感染症が流行っていたことは間違いない。昔から「戦争に病気はつきもの」という。これまでみてきたように、西南戦争の戦場でも、各地で感染症が流行った。現在でも世界中の紛争地では、衛生状況と食糧事情の悪さから、飢餓や病気が蔓延している。そして犠牲を強いられるのはいつも、戦場となった現地の一般住民なのである。

第九章

戦後処理

――救済と復興

第四章で述べたように、民衆はこの西南戦争で、さまざまな被害を被った。戦場となった街や村は荒れ果て、衣食住にも事欠く生活を強いられた。戦争は、一般市民の日常生活を破壊する。このような状況から、民衆はどのように生活の基盤を再建していったのだろうか。そこには不充分とはいえ、行政の救済策もあった。

いっぽう戦後、遺骨収集がおこなわれたり、慰霊空間である墓地が整備されたりした。鹿児島からは薩軍の遺族たちが、遺骨を求めて戦地を訪れた。戦中は遺体が折り重なって凄惨な場所だった官軍の埋葬地は、官軍墓地となると「聖地」に変貌した。さらに各地で招魂祭が行われ、戦死者の魂、すなわち「御霊《みたま》」がまつられた。さらに官軍の戦死者は英霊として、各県の護国神社と靖国神社に祀《まつ》られた。

救済──高瀬の場合

高瀬（現玉名市）の街の焼失については、第四章ですでにのべた。市街地で焼失したのは、一八八戸であった。高瀬で焼失した家屋は、ほとんどが商家であったが、木造三階建ての高瀬小学校も焼けている。ほかに旧熊本藩の高瀬御蔵と御茶屋も焼失した。いっぽう、寺院はほとんど焼けずに残った。

高瀬の被災者には、県から一日一人米二合五勺が一五日間にわたって支給された。のち大総督有栖川宮の本営となった旅館の主、臼杵正路は、二月二八日から三月九日までの間、米七石（千キロ余り、四五円五〇銭相当）を炊き出しをして表彰されている。これは篤志者による救済である。また石貫《いしぬき》村では、焼失八戸、被災者四〇人に対し、救助米一石五斗、救助焼米七石一斗、杉一〇一本（二尺廻以下）、竹二〇〇本（五寸廻）余りの資材が支給された。手当金の八〇円も、四月一〇日には渡されている。こうした資材を使って、仮設住宅の建設がはじまる。永徳寺村では、高瀬御蔵の焼け跡に仮屋を建てるため、官有地の拝借を願い出ている。また、民間からの救済のための寄付もあいつぎ、安楽寺村では五六人が四〇円二五銭、下村では二五人が一九円二〇銭、津留村では二〇人が五円二五銭を寄付している。

明治一〇年五月～六月の熊本県の調査によれば、自宅に「仮屋住居」が増えはじめており、焼け跡に仮設住宅が急造されはじめた。高瀬町では焼け跡の道路拡張が翌一一年に行われたが（「明治一一年高瀬町竿入図」）、本格的な街の復興は、明治一五年頃だったという（『玉名市史通史篇下巻』）。

熊本県と内務省の対応

熊本県と内務省は、田原坂周辺で激しい戦闘が行われている最中に、被災者の救済策を検討している。それは、罹災者の救済が急務であると考えたからにほかならない。田原坂の戦いが、官軍の勝利で終わった直後の三月二二日、富岡熊本県権令と石井内務省書記官は内務少輔前島密に、「賊徒追討について、判任官以下給仕に至るまで迄、死傷者」に対する弔祭救助策を速やかに行うべきであると申し入れた。それは、救済策を講じなければ、人心が離れることを恐れたからであった。五月になって、内務相は熊本県に「兵難ニ罹リ家屋焼毀之者救恤内規則」（熊本県政資料七―三二）を「案」として示して検討させた。

熊本県は五月一〇日になって、全一二条の最終案を内務相に提示した。この案は第一に、この規則は兵難に罹って家屋を焼失した者のためにとくに設けるものであり、他の財産などの損傷を補償するものではないこと、第二に、賊に加担した者は救済の対象とはならないことを確認した。さらに「被災」という場合、鎮台兵が戦略のためあらかじめ「焼毀」した家屋と、戦争によって焼毀させられた家屋とは区別するべきだという。このあらかじめ「焼毀」という行為は、熊本城包囲戦の前に城下を「射界の清掃」と称して焼き払ったことをさしている。しかしこの「区別」は、最終的にはないものとされた。これは、「射界の清掃」という事実を隠蔽するためだった（猪飼『西南戦争』）。いずれにしても県と内務相は、罹災者の救済をはじめるのだが、それは人心を安定させ戦争を官軍の勝利に導くための方策であった。

救済——竹田の場合

大分県竹田の城下町は、放火と兵火によって、一五〇〇戸あまりが焼かれた。この竹田でも、罹災者は食糧と住居の欠乏に苦しんだ。官軍は玉来（現竹田市）出張所を円福寺に移し、炊き出しをして食事を罹災者に供した。炊き出しは、五日間続けて行われた。住宅対策としては、下木にバラック四棟を建てて困窮者を収容した。自費で家屋を建てようとするものに対しては、一時金三円が支給され、木材や竹も願い出によって交付された。いっぽう親戚や知人をたよって避難するものも多かった。

罹災者の救助のため、さっそく西村権少書記官が竹田を訪れ被災地を視察した。そして五月三〇日に次のような救助方法が示された。五月三〇日は、竹田の城下が薩軍から解放された翌日である。

一、（救済の対象は）兵火によって罹災した家屋に限る

但し、薩軍に与して官軍に抵抗したものは除く

一、居家が戦略、その他薩軍のために破壊されたものも、右に同じ

一、誤って弾丸にあたった者

一、薩兵を捕縛し、またその居場所を探索して訴え出た者

右にはそれぞれ救恤金または賞与を与えるので、竹田仮出張所または警察署に届け出ること、ただしこのたび薩軍乱入について、やむを得ず官軍に抵抗したけれども、すみやかに悔悟し、自首してくれば寛容に対処する。各自心得違であとで後悔するようなことがないようにせよ

ここでは薩軍に協力して官軍に抵抗したものを除き、罹災者に対しては申出によって救済・援助が行われたことがわかる。また、薩軍により強制されて政府軍に抵抗したものに対しては、今後こうしたことがないよう、また速やかに自首すれば寛大に処置することを付け加えている（『竹田市史中巻』）。さらに、仮設住宅の建設に必要な竹木を大分県が提供する旨の達しを出した（五月三〇日）。ここでは、仮小屋一棟の大きさは、桁行《けたゆき》（棟に平行な向き）の長さが三間（約五・四メートル）で、梁《はり》行《ゆき》（棟と直角の向き）が二間半（約四・五メートル）で、広さ七坪五尺ほどの掘立小屋を建てるのに必

要な竹木を用意し、無料で提供している。会々《あいあい》村には四棟の仮小屋を造ったが、これは「一時、膝を差し込む」程度のものだった。

また二九日の夕刻から、大分県は会々村圓福寺で炊き出しをはじめた。この日の夕方には握り飯一五〇〇個、三〇日の朝には二五〇〇個を提供した。これも薩軍協力者を除く規定であったが、現場は混乱し、いちいち区別することは出来なかった。炊き出しははじまったものの、その量は絶対的に不足していた。竹田出張所から大分県への伺いには、三日間炊き出しをしたが「自食の道はまだたっていない」、また「飢餓に瀕する者ばかり」で実に憐れである。そこで、炊き出しを三日延長したいという。県官も飢餓状況を認めざるを得なかった。さらにこの周辺の食糧や物資は、官軍が買収したのでほとんどない。数里先まで行かないと手に入らない有様だった。そこでさらに六月八日まで炊き出しを延長したいと伺いを出している。しかしこれは聞き入れられず、炊き出しは六月四日で廃止された。そして「今後は、自食の道を立てるべし」という掲示が行われた（『明治十年騒擾一件』）。大分県は、竹田での飢餓状況を認めながら、いっぽうで人びとに「自食」を求める。明らかに矛盾している。被災者にとっては、過酷としかいいようがない。なお、大分県下における「兵難」による被害の「救恤」は、「熊本県下施行之規則」により実施せよとの指令が、内務卿大久保利通名で七月六日に出されている（『明治十年騒擾一件』）。

しかし一一月になっても、竹田ほか大分県内の罹災地は「官による救済はあったが、なお野菜しか口にできない。特に貧しかった者は、いまだに居室で雨露を凌ぐことができない。また、鶉衣《じゅんい》（みすぼらしい衣服）で霜や雪を防ぐしかない。わずかの蓄えもないので寒さと飢えに瀕する様子はみるにしのびない」というような状況だった。罹災者の多くが、生活再建のめどが立たないまま、厳しい冬を迎えたのであった。そこで大分県がとったのは、新たな救済策ではなく、広く県民に義捐金を呼びかけることであった。集まった義捐金は、県庁の第一課に取りまとめ、罹災者に無利子一〇か年賦で貸与する（支給ではない）という（『縣治概畧Ⅵ』）。復興は多難であった。

戦後の熊本

四月下旬に、薩軍は熊本城下を去った。その約ひと月後の熊本城下の様子は次のようなものであった。「焦土の異臭はなお鼻をつき、歩くのにも苦しむ。焼け残った家々では洋品、呉服、魚、肉、野菜を売らない家はない。また竹木や藁で仮住まいを造る者もあるが、戦後物価は高騰して、貧しい者はそれすらできない。だから戦争前の家に帰ることもできない。一時的に知己の家に寄寓しても、寒さをのがれることはできない。政府は官林の木材を廉価で払い下げることに着手したが、運輸の便が悪く木材は届かない。貧民の苦しみを思いやるべきである」（『郵便報知新聞』五月二五日付）。

八月になっても、「当地も追々と仮小屋が建ち、焼残った家も修繕に取かかり、やや生気を挽回した。長六橋あたりの夜間の納涼は、ちょと京都の四条河原の趣があってとても涼しいけれど、橋の下はゴミの山で戦争の頃と少しも変わりがない。その汚穢の様子は表現できない」（『東京日日新聞』八月一〇日付）という有様だった。街は若干の生気を取り戻したとはいえ、復興は遅々として進まなかった。

また、八月四日付の『東京日日新聞』は、「熊本県下の賑恤」として、「熊本県下において、兵火および農民一揆のため被害に遭った者で、救済された戸数は一万四九五九戸。この費用は五八万七八四九円八七銭である。また救助米は、家屋焼失の者に限り、二合五勺づつ三〇日間支給され、薩軍に協力した者の家族でも、小屋掛け代と救助米は支給されたらしい」と伝えている。

救済と復興—山崎町と京町の場合

ここで少し具体的な町の救済と復興についてみてみたい。山崎町は、熊本城下の政治、軍事上の要地であった。武家町であった山崎の南端に位置し、町の西は船場二丁目、南は通町、東は武家屋敷の山崎町六番町に接し、慶徳堀東側一帯の町人町である。明治一二年には、この町人町に武家町山崎も加えて山崎町と称した（『角川日本地名大辞典四三熊本県』）。山崎町の大部分は、西南戦争の兵火によって焼かれた。

山崎町の焼尽家屋に対しては、一等から八等の等級が付けられ、一等一〇〇円、二等八〇円、三等六〇円、四等五〇円、最後の八等は一〇円という具合に「御手当金」が支給された（「救恤等級表」が示されたのは、明治一〇年五月七日）。これは熊本市内の家屋に対するもので、熊本市外は一等が八〇円と若干少なくなる。また土冦による破壊家屋については、一等が三〇円とさらに少なくなっている。この等級の基準はかなり複雑であるが、概ね家屋の面積と屋根が瓦葺きか否か、建物の新旧などの条件が、ランクの上位と下位を分けた。また救済対象となったのは、母屋（直接住居）のみで、土蔵や小屋など付属の家屋はその対象とはならなかった。

次に京町について。京町は熊本城の北側、茶臼山から北へつづく標高三〇～四〇メートルのいわゆる京町台地の町人町で、周囲は武家屋敷に囲まれていた。ここは、西南戦争時に官薩両軍によって破壊された。ここでは、さきの焼尽ではなく、「破毀家屋」についての救済の状況がわかる。破毀家屋に対する救済には、「修繕」（破損箇所を直す）・「修築」（家全体を繕い直す）・「改築」（家全部あるいは一部を立て直す）の三つの区分があった。これにも一等から八等までの等級と基準があった。基準の第一はやはり家屋の面積。第二に修繕費は材料費のみであって、人件費などは含まれない。第三に四等未満で修繕費が三円に満たない者は、救済の対象とはならない。その補償費は、良くて修繕費用の半分程度だった。しかしこれも母屋だけで、しかも材料費だけが対象であるから、補償は微々たるものであった。

この賑恤（救済）の等級割り付けには、当時から住民の不満があったことを新聞は伝えている。八月一〇日付の『東京日日新聞』には、「救恤の等級の分け方が不公平であるとして、士族はブヅブヅ不平を唱へる。平民もひそかにブツブツと、米などをもらいながら不平をいう。しかし、救済対象者があまりにも多くて、はかりで分けるように平等にはできないだろう。そこは諦めるべきである」とある。士族も平民も、救済の等級の決め方に不満を漏らした。しかし新聞は、もう諦めなさいという。

ところで、両町の西南戦争前と明治一三年の区画を比較すると、ほとんど変化はみられない。しかし居住する住民は、半分が入れ替わったという。つまり住民の半分は、両町で住まいを再建することができず、ほかの地に出て行かなければならなかったのである。また、熊本市街全体では士族の住宅の割合が二九パーセントから二四パーセントに減少している（『新熊本市史通史編第五巻近代Ⅰ』）。ここに、西南戦争の影響の大きさをみなければならない。それと同時に、救済が生活再建にとっては不充分だったこともこの事実からわかる。

見舞であって補償ではない

救済策が一時的なものであって、生活を保障できるものではなかった。このことについては、当時の新聞にも「単なる見舞であって、損害の補償ではない」という論調の社説が掲載されていた（『熊本新聞』明治一〇年一〇月一〇日付）。少し長くなるが、重要な指摘なので要約、現代語訳して紹介してみたい。

（前略）実に哀れなのはこのような戦法（官軍による城下の焼き払い―筆者注）で家を焼き払われた熊本の住民であって、何の罪もないのに無残極りない火炎に追われ、わずかに体一つで免かれただけである。さいわい政府に仁慈の心あり、官吏もまた賢明であるから、この惨状を黙視することはせず、政府からは本月二日、被災人民に対して若干の家屋建造資金が支出された。これについてはありがたく思わない者はあるまい。

（中略）そもそも土地家屋を私有する権利と、土地家屋を管轄する権利は全く異なるもので、所有する権利は地主および家屋の主にあり、管轄する権利は君主、政府にあるのである。それ故に、政府が国家のため必要と認める時は、厳命を下して買い上げる権利がある訳だが、その場合、それがたとえ軍機に関することであったとしてもむやみに奪ったり、壊したりする権利はないのである。

そして、仮に国家のためではあっても、取り壊しに際しては相当の価を償うのでなければ、政府が自由に処置する訳にはいかないことはもとより当然のことである。したがって、薩賊が迫った時、市街に火を放つ以上は、家屋の補償を十分に考慮した上でのことであろうと認識する。ところが、県庁の今回の処置を見てみると、これは損害の補償ではなく、一時の見舞でしかない。

（中略）見舞と補償とではそのあり方は根本的に異っている。筆者は金銭の多少などを問題にするのではない。本当に見舞うべき所には道理と愛憐をはっきりさせて救済し、補償すべきは義務と條理を明らかにしてこれを償却し、両者間の区別を人民に明確にすべきである。

いわゆる一時金は不幸な者に恵みを施すという意味合いを持つものであって、今回の如く鎮台防衛のために国家権力を発動したと言うのであれば、一時的な見舞い金で当面を取りつくろうことなく、あくまでも明確な焼失への補償を進めてもらいたい。政府には人民の権利の侵害を黙過する考えは無いことを信じ、世人の疑念を払う努力を待つものである（『新聞にみる世相くまもと明治・大正編』）

国家の政策として、個人の私有財産を侵害した場合は、それを補償するのが当然である。しかし、政府から支給された「若干の家屋建造資金」は、まったく補償にはなっておらず、一時的な見舞金でしかないという。「若干の家屋建造資金」がいくらかは明らかにしていないが、要するに焼失前の家が建って家財を購入するには、あまりにお粗末な金額だったのだろう。だから、単なる見舞金でしかないという。核心をついた主張だが、これが戦後の現実だった。庶民は、やはり焼かれ損だった。

遺体の引き取り

五月二三日、木葉の官軍埋葬地に、ひとりの戦死した兵士の遺体を引き取りに来る者があった。それは、大久保忠良の家僕ら数人であった。大久保忠良は、小田原藩の最後の藩主であった。安政四年（一八五七）、小田原藩の支藩である相模荻野山中藩主大久保教義の長男として生まれた。明治元年（一八六八）、小田原藩九代藩主の大久保忠礼《ただのり》が、林忠崇（上総 請西《じょうざい》藩主）や伊庭八郎（幕臣）らとともに新政府に抗したため、その責任を問われて強制的に隠居させられた。そこで忠良が忠礼の養子となって、小田原藩の家督を嗣いだ。ただしこの時、一一万三〇〇〇石から七万五〇〇〇石に減封されている。明治二年の版籍奉還で小田原藩知事に就任。明治四年の廃藩置県で藩知事を免職された。同年、慶応義塾に入塾。明治八年には病気を理由に、家督を大久保忠礼に返上している。

西南戦争において、大久保忠良は官軍の伍長として従軍している。そして三月二九日、田原坂付近で戦死した。享年二一歳。遺体は、木葉の埋葬地に葬られた。戦死から約二ヵ月後、家僕らが遺体の引き取りに訪れた。しかし総督本営は、陸軍の軍規を理由に遺体の下付を許可しなかった（『従征日記』）。官軍戦死者の遺体は、埋葬地に納められ、埋葬地はのちに官軍墓地となった。

大久保が西南戦争に従軍した経緯はよく分からない。しかし旧大名（藩主）で従五位・子爵にも拘わらず、伍長という低い階級であるのはなぜだろうか。先の小田原藩の維新当時の動向に原因があるのかも知れない。ちなみにもうひとり、子爵で戦死した人に難波宗明（旧公家・大尉）がいる。

薩軍の遺骨収集と慰霊

明治一一年の春（野焼きが終わった頃）、戦場となった宮崎、大分県境付近には、遺骨を求めて訪れる人びとがあった。鹿児島や宮崎から、戦死した兵士の遺族が、遺骨の収集に来たのである。戦友などから、戦死の場所を伝え聞いてやってきたのだろうか。旧戦場にさらされている「枯骨」を拾って持ち帰る。渡辺用馬は、明治一一年の春、蕨狩りで、戦場だった黒土峠や赤松峠に行っているが、そこは「各所ニ枯骨ノ散在」した状態だったという（「懐古追録」）。

しかし、その散在する骨が肉親のものかどうか、特定するのは困難だったと思われる。現代のようにＤＮＡ鑑定があれば話は別だが、当時は骨を拾っても夫や息子の骨とはまず分からない。しかしそうしないわけにはいかない、遺族の心情は理解できる。「それと信じて」拾うしかなかったであろうし、「それと信じて」慰霊するしかなかった。それでも心の重荷は、軽くなったであろうか。

戦後、鹿児島の旧私学校党は、西郷を失い桐野や篠原といった指導者を失った。しかし旧私学校党の多くが罪を免れ、また刑期を終えて鹿児島に帰ってきた。城山まで西郷に従い、西郷の助命嘆願に行き、そのまま拘束されていた河野主一郎も刑期を終えて帰郷した。河野は懲役一〇年だったが、特赦によって四年で出獄した。この河野の帰郷を待って、旧私学校党により設立されたのが三州社である。三州社の社長は河野、社員の多くは城下士出身者で、いわゆる「薩軍の残党」であった。三州社は、会員の互助と士族授産、子弟の教育を目的とした結社であった。教育機関としては、「三州義塾」があった。三州社はまた、西南戦争の戦没者の遺骨収集という重要な役割も担っていた。三州社は、九州各地に葬られている戦没者の遺骨を収集し、南洲墓地に改葬して慰霊につとめた。

鹿児島県内での戦没者の慰霊は、早くも西南戦争終結の翌年からはじまっている。阿多郷麓（現南さつま市）の西南戦争招魂社は、明治一一年九月二四日に建てられたという。そして翌一二年から、各地で招魂碑の類が建てられた（『知られざる西南戦争』）。

薩軍の遺骨の改葬

新聞の報道によると、遺骨の収集とともに改葬も行われた。『東京日日新聞』（明治一一年四月一一日付）は、「篠原国幹は昨年三月四日、吉次峠（現玉東町）で戦死して、熊本の川尻に埋葬されたが、近ごろ改葬され西郷の傍らに埋められた」という。また同紙五月四日付には、西郷の遺骸も改葬されたことを伝えている。「親族故旧の者より願い出て、此ほど墳を掘り骨を集め、立派に棺をしつらえて改葬したり。是よりのち参詣人は夜も多く成り、雨天といえども献花を供えて墓前に合掌するもの片時も絶えることなしという」とある。

さらに、各地に仮埋葬されていた「賊の亡屍」を西郷が埋葬されている浄光明寺へ改葬したいという願い出が続出したという。「最初は一名ずつその旨を県庁に願い出ていたが、最近は四〇名、

熊本市川尻の延寿寺。延寿寺は、薩軍の本営が置かれ、野戦病院ともなった

五〇名と取りまとめて一括して願い出ている」という（『東京日日新聞』明治一一年五月九日付）。『朝野新聞』（五月三〇日付）にも、「鹿児島、佐土原、高鍋などから、昨年の乱で戦死者を仮葬したが、この頃掘り出しに来る者が続々と絶えず、当地（延岡）からも同じく、肥後や豊後あたりに掘りに行く者がい多い」とある。

西南戦争は終わったが、遺族の「戦後」は終わらない。現在、鹿児島市の南洲墓地には二〇二三人が埋葬、改葬されているというが、こうした遺骨の収集や改葬によって同墓地は整備され肥大化した。

招魂祭の挙行

西南戦争では、官軍にも多数の戦死者が出た。そのため政府は、戦没者の御霊《みたま》を祀る招魂祭を大々的に行い、国民の国への忠誠心をいっそう強固にしようとした。戦局が一段落した明治一〇年七月二三日、大阪の生国魂《いくくにたま》神社で、はじめて西南戦争戦没者を慰霊する大規模な祭典が行われた。戦争が終結したあとの一〇月には、戦没者のための大招魂祭が、伊勢神宮で執行された。

一挙に多数の戦没者を出した西南戦争は、戦没者を祀る東京招魂社の性格も大きく変えることになる。政府は、天皇にそむいた「賊徒」を征討するために斃れた西南戦争戦没者のため、東京招魂社で三日間にわたって、盛大な臨時大祭を挙行した。一一月一二日夜、戦没者六四七八名の招魂祭が行われた。翌一三日の臨時大祭第一日は、陸軍中将山県有朋が祭主をつとめた。一四日の大祭第二日には、陸軍大将有栖川宮熾仁が祭主をつとめ、明治天皇が参拝して金一〇〇〇円を下賜した。一五日は海軍中将川村純義が祭主をつとめた。一二日から一五日までのあいだ、相撲、競馬、射撃、仕掛け花火などが催され、境内は老若男女であふれた（『慰霊と招魂』）。この東京での招魂祭の挙行については、「陸軍卿山県有朋代理陸軍中将西郷従道、海軍大将川村純義」名で各府県宛にも通達があった。そして戦死した兵士の親族に対し、毎年九月二四日に祭典を挙行することとこの祭典の趣旨をよく伝えるよう命じている（『縣治概畧Ⅵ』）。

熊本市花岡山招魂社。戦後、招魂祭が執行された

こうしてこれ以降、天皇の名による戦争で一命を失った戦没者の処遇は、東京招魂社（のちの靖国神社）への合祀と天皇の参拝によって完結することになった。このような盛大な儀式・祭典は、戦没者を顕彰することはもちろん、国民の間にある反政府の気運を抑え、さらには国民の天皇と国家への忠誠心をいっそう強固にするために、新たに創出されたものであった。なお、内務省から大分県への通達（一一月二四日）によれば、「管

下暴動」（西南戦争と県北一揆）によって「非命の死」をとげた「県官其他巡査等に至まで」東京招魂社に合祀されることになった（『明治十年騒擾一件』）。官軍の兵士だけでなく、大分県職員や警察官も東京招魂社の合祀対象となったのである。

熊本でも招魂祭が執り行われている。一〇月一四日午前七時、歩兵第十三連隊砲兵第六大隊、第十四連隊工兵第六小隊が神前に整列して捧銃《ささげつつ》の礼を行った。同八時から祭典が開始され、拝殿の右側に神宮一〇余名、左側に祭主児玉源太郎少佐ほか、谷少将、樺山、乃木の諸将校らがならび、拝礼した（『熊本新聞』一〇月一八日付）。なお、新聞には招魂祭の場所が明記されていないが、花岡山招魂社と思われる。

翌明治一一年一月二四日、熊本の加藤神社では戦勝奉告祭が厳かに行われた。祭主は熊本鎮台参謀の乃木希典中佐で、乃木は明治一〇年二月二二日、小倉の第一四連隊長として植木における戦闘で苦戦し、薩軍に軍旗を奪われた。このとき直ちに自刃しようとしたが、いさめられて思いとどまり、感無量の思いでここに祭文を捧げたという。この時の祭文は、現在も加藤神社に保存されている。

靖国神社の成立

西南戦争を契機に、東京招魂社の役割の重要性が、政府部内で再認識される。陸軍省内では、西南戦争による祭神の倍増をきっかけに、東京招魂社の性格を再検討して、その整備拡充をはかろうとする意見が有力となった。招魂社は神社ではなかったから、神社を管轄する内務省神社局の管轄外で、職員の数も少なく貧弱な施設であった。陸軍は招魂社に神官を多数配置して、官社なみに強化することをめざしていた。これは、全国各地の招魂社が相次いで創建され整備されるという、新しい事態に促されたものでもあった。ただし、各地の招魂社は、旧藩の藩設の招魂場に由来するものが多かった。そのため、各地の招魂社を政府の管轄下に置き、中央の東京招魂社の分社として一括管理する必要があった。そのためにはまず、東京招魂社を完全に神社化する必要があった。

明治一二年（一八七九）六月、東京招魂社の抜本的改革と神社化が実現し、同社は靖国神社と改称され、別格官幣社（神祇官が奉祭する神社）に列せれた（『慰霊と招魂』）。靖国神社誕生の直接的契機は、西南戦争による祭神（戦没者）の倍増という事態であったのである。

東京招魂社と地方招魂社

官軍墓地には、ふたつのタイプがある。ひとつは戦場に隣接するもので、例えば熊本県玉東町の高月《たかつき》官軍墓地などである。ここは田原坂に近い旧木葉町にあって、官軍の本営が置かれ野戦病院もおかれた。野戦病院に送られた戦死者や負傷してのち死亡した兵士たちは、そのまま埋葬された。戦闘中、遺体が折り重なっていた野戦病院や遺体の安置所は、そのまま官軍墓地という慰霊空間にかわり、戦死者の御霊を祀る神聖な場所となった。

もうひとつのタイプは、招魂社（招魂場）に造られたものである。官軍墓地の多くは、前者の戦地にあるタイプで後者の招魂社に造られたものは少ない。大分県護国神社には、官軍墓地と警視隊墓地が営まれているが、ここはもともと大分県の招魂社であった。ここでは、大分県護国神社の官軍墓地・警視隊墓地の成立についてみてみたい。

廃藩置県以前の明治初年、各藩では招魂社（招魂場）の建設が相次いだ。山口の六社、鹿児島の一二社など、戊辰戦争の主力となった藩で多く設けられた。そして東京招魂社にならって、招魂祭を行った。廃藩置県後、政府は地方招魂社の把握をはじめる。明治六年の調査では、京都の東山招魂社以下、二七か所にのぼった。しかしこの段階では、各藩が建設したものがほとんどで、いわば「私設」にすぎなかった。そこで政府は招魂社の社地を免税とし、明治天皇の意向であるとして、直接管轄する態勢がつくられた（明治七年）。こうして東京招魂社（のちの靖国神社）と地方招魂社（のちの護国神社）との密接な関係の原型ができあがる（『慰霊と招魂』）。

大分県には、明治初年に招魂社はなかった。大分県に招魂社が造られるのは、明治八年のことで、右のような政府の政策に連動したものと思われる。大分招魂社は同年二月に着工、一〇月に完成した。社地は大分郡牧村（現大分市）の「松栄山《しょうえいざん》之勝地」であった。松栄山は緑が豊かで、神域にふさわしかった。建設にあたっては、「王事ニ殉スル者忠節ノ余栄ヲ永久ニ存在致度」というのが、その趣旨であった。そして一〇月一八日に、招魂祭が執行された。このことは前もって、県民に周知された（『縣治概畧Ⅲ』）。

慰霊体系の成立

この松栄山の招魂社に官軍墓地が建設されたのには、次のような経緯があった。明治一〇年六月にはいると大分県南が戦場となり、その後大分・宮崎県境でひと月以上の戦闘が続く。この大分県南や宮崎県での官軍の負傷者は、佐伯の野戦病院に集められ、さらに重傷者は鶴崎病院（現大分市）に送られた。この鶴崎病院で死亡した兵士の埋葬地が松栄山に設けられたのである（六月二二日『軍団病院日記抄』）。大分県南で戦死、または重傷を負って鶴崎病院で死亡した兵士たちの多くが松栄山に埋葬された。

大分県護国神社の官軍墓地

大分県護国神社の警視隊墓地。松栄山の東側斜面にある

佐川官兵衛の墓（大分県護国神社警視隊墓地）

　松栄山には、官軍墓地（二一四柱）のほかに豊後口警視隊墓地（一〇三柱）もある。官軍墓地は松栄山の頂上付近、現護国神社の正面で、別府湾がよくみえる眺望のよい場所にある。いっぽう警視隊の墓地は、松栄山の中腹東側、鬱蒼とした木々の生いしげる中にある。官軍墓地の方が、警視隊墓地より高くて日当たりがよく見晴らしがよい場所にある。なぜこういう位置取りになったのか。軍隊が上で警察が下（軍隊は国を守り警察は国民を守る）という意図をそこに感じてしまうのは、筆者だけだろうか。

　松栄山（現大分県護国神社）に官軍墓地とともに警視隊墓地があることは、すでに第七章でのべた、豊後口警視隊と官軍の阿蘇での戦闘が契機となっている。明治一〇年三月一八日未明、豊後口警視隊は、薩軍が駐留する二重峠と黒川口の二か所を同時に攻撃したが、双方で惨敗する。この戦闘で警視隊は、戦死三六名、負傷者三〇名、隊長以下士官では死傷九名という大きな被害をだした。阿蘇に投入されていた警視隊員は二〇〇名であったから、隊員の四割近くが死傷したことになる。警視隊の戦死者の遺体は、「松栄山招魂地」に送ることになった。いっぽう負傷者は、坂梨（現阿蘇市）の野戦病院で治療し、重傷者は大分の病院に搬送することになった。

　三月一九日、指揮官檜垣直枝権少警視は、大小三個の「箱」（棺）を松栄山に向けて送っている。

ふたつの大きい箱には厚地二等少警部と田原警部補の「死体」が、もうひとつの小さい箱には有馬二等巡査の「死首」が入れられていた。この三つの箱を、松栄山側で受け取ったのは、大分県警察の関係者と思われるが、次のように回答している。「お送りいただいた死体は確かに接収し、松栄山招魂地で神葬を執り行いました。また、埋葬順序、遺体のない戦死者の墓標についても、それぞれ承知いたしました」と（『明治十年騒擾一件』）。『明治十年騒擾一件』には、この三人以外の戦死者名、また警視隊員の遺体についての記述はない。おそらく松栄山まで送られてきた遺体はそれほど多くはなく、大部分の遺体は回収できず、現地で埋葬されたものと思われる（のちに一部改葬）。松栄山の警視隊墓地では、遺体のないまま神葬祭を行って墓標を建てた墓も多かった。なお警視隊墓地には、佐川官兵衛の墓もある。

こうしてみてくると、西南戦争を契機に靖国神社が成立し、のちの各県の護国神社との関係（「靖国・護国神社体制」）がほぼできあがったことがわかる。さらに慰霊空間である官軍墓地（陸軍墓地）も整備され、国家（中央）と地域を結ぶ戦死者の慰霊体系が成立した。もちろんこの慰霊体系は、神道という宗教を介して成り立っている。神道においては、生と死の境界が非常に曖昧である。戦死すれば英霊（神）となって、靖国神社に祀られる。兵士は「靖国で会おう」といって、戦場で最善を尽くす。以後の対外戦争では、「よりよく生きるために死ぬ」というストーリーに国民が取り込まれていった。

大久保暗殺

明治一〇年二月七日、西郷は大山綱良を私学校に招いて、挙兵上京の決定を伝えた。一二日には県庁宛に、例の「今般政府へ尋問の筋これ有り」として挙兵上京を届け出た。同日の大久保利通から伊藤博文宛の書簡では、「到底無事を保つハ六ヶ鋪《むつかしく》必ず異変ニ及び申す可く」（『大久保利通文書』）と西郷の挙兵をほぼ確信している（笠原『大久保利通』）。翌一三日、内務省で大久保に会った前島密（新潟出身、内務少輔）は、その時の様子を次のように伝えている。「大久保さんはなんだかフサいだ貌《かお》つきをして出て来られた。眉宇《げう》の間に重い黒い影が漂っておる、私の顔を見るとすぐ、『いよいよ西郷が出た、昨夜《ゆうべ》電報が来たが案外早かったので愕《おどろ》いた』と言われた。平生沈毅《ちんき》な寡黙な喜怒の少しも色の出ぬ人であったので、『どうも顔色がお悪い、眉宇の間が黒う見えます』と言ったら、『そうだろう、昨夕は一睡もしなかった』と言って、すぐに太政官へ行かれた」と。大久保はこの日、元老院議官議柳原前光を伴って、行幸中の天皇のいる京都へ向かう。

京都に着いた大久保を、当時内務省の書記官であった松平正直が訪ねている。松平は、「すぐに鹿児島の話が出たが、公は困ったものだと言われ、いよいよ西郷と別れねばならぬと言って嘆息された」「公は涙は流されなかった。涙こそ流されなかったが、実に感に堪えぬ面持ち」であったという。さらに、「その時は西郷のことはあまり話されなかったが、今でも逢えばすぐ分かるのだ、逢えばなんでもないのだが、逢えぬので困ると言われた」という（佐々木『大久保利通』）。

西南戦争の最中、第一回内国勧業博覧会が東京で開催され盛況を極める。大久保の勧業政策は、西南戦争にも左右されることなく続行された。戦争後も大久保は、殖産興業、士族授産の復興などに尽力した。しかし明治一一年五月一四日、大久保は参朝途上に、石川県士族島田一郎らに襲われ暗殺される。この時も、前島密は事件現場（紀尾井坂）に真っ先に駆けつけた。大久保の遺体は血だらけで、砕けた脳がまだ動いていたという。享年、四七歳。

暗殺事件で不穏の市中

参議兼内務卿大久保利通の暗殺事件は、国民を驚かせ、熊本県下でも少なからず動揺の色がみえた。当時の新聞にみる事件直後の熊本の様子は、以下のようなものであった。「五月一五、まだ東京の変を知る者はない。一六日、東京の変が熊本にも伝わる。西南戦争で薩軍に加わり、父や子を失った者たちには、この一件を喜ぶ色があった。一七日、士族のうち中等以上の人物は、国家の一大事と憂うる者が多く、それ以下の人物は西郷の敵が殺された、と喜ぶ人が多かった。一八日、市中に色々の流言が伝えられ不穏な空気が漂った。二〇日、袋入りの刀を持ち、徘徊する士族が多く見うけられた。鎮台でも厳しく警戒した。二三日、坪井町でにわかに刀剣の売買がふえた。二四日、士族が夜に入って花岡山か立田山に集会するとのうわさが流れた」（『新聞にみる世相くまもと明治・大正編』）。

西南戦争で維新の革命軍の本体が消滅し、西郷が死んだことで、大久保の権力はさらに強大なものとなった。しかしその大久保が暗殺されると、ふたたび不穏な空気が広がった。熊本市中では、大久保の暗殺を喜ぶものがかなりあったことがわかる。中でも、戦争で肉親を失ったものはなおさらだった。また再び戦争が起こるのではないかと、刀剣を買い求める市民も多く、袋に入れた刀を持ち歩く士族もみられた。このような状況には、明らかに西南戦争が陰を落としており、戦争の余韻がいまだ払拭されていないことがわかる。このあとの竹橋事件も含め、明治一一年は「不穏な年」であった。

第十章

西南戦争とは何だったのか

これまで西南戦争をいろんな角度からみてきたが、西郷隆盛や鹿児島についてあまり触れてこなかった。しかし西南戦争を語るうえで、西郷隆盛や鹿児島のことに触れずに終わるわけにはいかない。ここでは、最後に戦争の大義や西郷の影、薩軍と薩摩社会の特質など、西南戦争について薩摩を通してみてみたい。

また同時代の人びとが、西南戦争をどのようにみていたのか。それはこれまでにも触れてきたが、改めて民衆の西南戦争観をいくつかとりあげてみたい。そして最後に、人間はなぜ戦争をするのか、なぜ人間は戦場でこれほど残酷になれるのかについて触れ、西南戦争の意味を問いたい。

大義なき戦争

猪飼隆明は『西南戦争　戦争の大義と動員される民衆』で、「西郷隆盛は、天長節であれば決起するのに十分の名分があると考えていたことについてはすでに述べたところであるが、私学校生徒たちの爆弾製造所等襲撃という暴挙の発生によって、心ならずも起たざるをえなくなった。その理由が、せいぜい『今般政府へ尋問之筋有之』ということであれば、名分は全くないに等しい」と書いている。

この「戦争の大義」をめぐっては、薩軍が日向を軍政下において戦っていた六月に、板垣退助が次のような談話を新聞に寄せている。「西郷の今回の挙兵は大義を失い名分を誤り、彼は実に賊中の賊である。西郷は、戦争の大義においては、佐賀の乱の江藤新平や萩の乱前原一誠より下等である。なぜなら、江藤・前原の両人は、乱賊であることはいうまでもないが、挙兵に際してひとつは理由を征韓論にもとめ、ひとつは悪しき役人を除くために闕下（朝廷）を諌めるとした。しかし西郷は、刺客の件を偽造し、このことを挙兵の理由にした。しかしこれでは、自分自身のために挙兵したことになる。私憤をはらすために人を損じ財を費やす。こうして、逆賊の汚名を歴史に残すというのは、いったい何を考えているのか。立派な男のすることではない」と（『東京曙新聞』六月二〇日付）。板垣も、私憤を理由とする戦争に、大義はないという。西南戦争の「大義」は、戦争がはじまった時から、ないに等しいという見解が一般的だった。官薩両軍、中でも薩軍の兵士たちは、大義のないままはじめられた戦争を戦わされていたのである。

戦略なき薩軍

薩軍を直接指揮した最高司令官は、やはり桐野利秋であろう。しかし桐野には、戦略というものがほとんどなかった。桐野だけではない。篠原にも別府にも戦略がなかった。薩軍が鹿児島を発つ以前、川村純義が西郷に面会に鹿児島にやって来た（二月九日）。もちろん、西郷に蜂起を思いとどまらせるためである。しかし西郷との面会は叶わず、川村は鹿児島をあとにした。これを聞いた野村忍介は、川村が帰京すれば長崎と下関の警備が厚くなるから、若狭に上陸して京に出、天下に檄を飛ばし、その間に小倉に進出すべきだと説いた。だが桐野と篠原は、「今度の戦争は、西郷先生の暗殺計画に端を発している。だから、政府に尋問しようとしている。（われわれが正しいのだから）そのような権謀術数を用いる必要はない」と答え、「軍略を作りましょう」と説き続ける野村に耳を貸さなかったという（小川原『西南戦争』）。この桐野と野村の戦略をめぐる確執、すれ違いは、西南戦争全般においてたびたびみられる。

二月一九日、熊本城が炎上、続いて城下も火の海となった。この城下の混乱する中、熊本隊の池辺吉十郎は小川（現宇城市）に帰着している別府晋介に面会して、熊本城攻略の方策を尋ねると、別府は「私のゆく路を遮《さえぎ》るならば、ただ一蹴して通り過ぎるだけだ。別に方略などない」と答えたので、池辺はあきれて、それ以上戦略を説く気にもならず戻ってきた（猪飼『西南戦争』）。ここでも、別府に何ら戦略はなかった。

四月二〇日、現在の熊本市東部で城東会戦がはじまったとき、大津の防衛を担当していた野村のもとに木山本営から伝令があり、決戦のときが来たので集合せよとの命令が届いた。この三日前の一七日、野村は木山本営の桐野を訪ねている。野村は鹿児島に兵を割いてこれを防衛し、さらに大分・宮崎方面に侵入して勢力を張れば戦局は有利に展開すると主張した。しかしこの時も桐野は、これを拒絶した。持論が排除されたばかりの野村は、「決戦とは結構だが一体どんな戦略に基づいているのか」と訝《いぶか》り、桐野に面会して胸算を確かめたいと木山に向かった。だが野村が木山の本営に到着すると、すでに御船の薩軍の防衛線が崩れていた（小川原『西南戦争』）。その後、野村が恐れていたとおり、鹿児島には政府軍が上陸し制圧され（四月二七日）、薩軍はいっそう苦境にたつ。野村の戦略は、ここでも生かされなかった。

薩軍が人吉に退いたあとの四月二八日になって、人吉を中心に内線作戦（人吉の維持）を実行する一方、政府軍を牽制し、あわせて四国との連絡路を確保するため、大分県へ打って出る豊後突出が決定された。このため兵力二五〇〇名の奇兵隊が編成され、野村忍介が隊長につく。豊後突出は野村の持論だった。この時点でやっと「戦略」に従った動きが薩軍にみられるようになった。しかし、すでに機を逸していた。もし緒戦の二月段階で、薩軍が日向諸隊を糾合して大分県に進出していたら、官軍側は高瀬方面に兵力を集中できず、苦境に立たされた可能性もあった（『西南戦争と西郷隆盛』）。

こうして薩軍は、終始戦略（軍略）に乏しかった。いや、薩軍に全く戦略が無かったわけではない。野村などは、当初から戦略の必要を説いていた。しかし私学校トップの桐野や篠原、別府らが、戦略を排除してきた。さらに「みえない西郷」自身も、戦略に口を出すことはほとんど無かった。こう考えると薩軍は、周到な戦略よりも「勢い」や「精神」を上位におくような軍隊だった。たしかに薩軍の精神力は、驚異的だといってもよい。しかし周到な戦略を欠いたところに薩軍の決定的な弱点があった。

「賊軍の二大敗因」

当初、山県有朋の予想では、薩軍は①船舶をもって東京か大阪に突入するか、②長崎と熊本を急襲して九州を制覇し中央に進出するか、③鹿児島に割拠して全国の動静をうかがい時機に応じて中央を目指すか、いずれかを取ると考えていた。そして官軍としては、その本拠たる「鹿児島城を滅却する」ことを第一目標にしていた。しかし薩軍は、①〜③のいずれも取らずに一路熊本をめざした。そして熊本城の包囲戦に固執し手こずり、戦局をいたずらに不利にしていった。山県は後年、もしこの三策のどれかが取られていたら反乱の焔《ほのお》はさらに拡大しただろうとして、予想があたらなかったことは、「実に国家の幸であった」と述懐している（小川原『西南戦争』）。

当時の新聞にも、薩軍の軍略の稚拙さが指摘されている。「軍略を誤りたる賊軍の二大敗因」と題する記事は、次のように指摘している。敗因の第一は、熊本城攻略にこだわりすぎたこと。ここで時間を費やし、官軍が南関に続々と集まるのをみすごした。官軍が集結する前に南関を突破し、福岡に達していれば、戦局は大きく展開したはずである。敗因の第二は、山鹿にもこだわりすぎたこと。山鹿を捨て隈府《わいふ》（現菊池市）にすすみ、さらに一〇里先の日田を攻略すべきだった。日田には金穀が豊富で、また地理的にも日田は福岡に近く、福岡進軍が容易であったはずである、という（『東京曙新聞』五月七日付）。この「軍略」の成否を筆者は論ずることができない。ひとつの「軍略」だといったほうが良いだろう。しかし薩軍の「戦略（軍略）」のなさ、まずさについて、当時の人びとも充分気づいていたのである。

何万人動員されたのか

多くの書物は、鹿児島から兵士として繰り出した人数は、約一万五〇〇〇人としている。それに熊本、宮崎、大分各県の党薩諸隊を加え、約三万人とする（高校日本史の資料集である浜島書店『新詳日本史』にも、「〈西郷軍〉約3万名」とある。山川出版社の教科書『詳説日本史』には、人数の記載はない）。しかしこれに疑問を呈したのは、山口茂である。山口は、鹿児島から薩軍に動員された人数は、五〜六万人（夫卒や郷土防衛隊を含む）にのぼるという。山口によれば、一万五〇〇〇人というのは、二月に鹿児島を発ったいわゆる「一番立《だち》」の人数で、鹿児島ではその後、六月下旬まで新兵の徴募、戦場への送り出しが続いたという（『知られざる西南戦争』）。

西南戦争当時の新聞にも、この山口説を裏付ける記事がある。五月二一日付の『東京曙新聞』には、「横山貞固（探偵か—筆者）は、かろうじて死を免れ、このころは巡査本営に属しているという。同人のはなしによれば、鹿児島県下を繰り出した薩軍の人数は、およそ四万人という。農民は今年、戦争だから田を耕しても無益だろう。そのうえ租税もないだろうからと、耕作を放棄しているため田畑は草茫々として、山野のごとくなっている」とある。この記事は、五月中ごろの状況を書いたものである。これに党薩諸隊約一万五〇〇〇人を加えれば、五万五〇〇〇人となる。先にも述べたように、鹿児島県での新兵の動員は六月下旬まで続く。従ってこの記事は、総動員数が五～六万という数字を補強するものといえる。これほど多くの壮丁が動員された鹿児島県では、「田畑は草茫々として山野の如くなる」とは、けっしてオーバーな表現ではなかった。戦争によって、村々は極度に荒廃した。

高橋信武は、鈴木徳臣や友野春久の研究を援用しつつ、薩軍の従軍者・参加者（党薩諸隊も含まれる）を五万一〇〇〇人としている（『西南戦争の考古学的研究』）。こうしてみてくると、おそらく薩軍の動員数は全体で五万人を超えており、山口がいう五～六万人という数字は、決して過大ではない。青潮社の西南戦争関連の出版物の巻末には、官軍と薩軍の兵力比較表（『征西戦記稿』『西南征討志』をもとに作成）がある。これによれば、官軍の最大動員兵力は六万六〇〇〇人あまりであるから、官軍と薩軍の兵員数はそれほど大きな違いはなかったことになる（巻末比較表では、薩軍のそれは三万一七〇〇人となっている）。

みえない西郷の影

この戦争で不思議なのは、薩軍総大将の西郷隆盛が、ほとんど姿を現さないことである（ただし、和田越の戦いと最後の城山の戦いでは、西郷が直接戦闘を指揮した）。西郷には、終始二〇名ほどの護衛が付き添っており、また影武者がいたという話もある。西郷の異常なまでの警護は、西郷暗殺計画が「発覚」したときからはじまっている。薩軍が鹿児島を発つ前の二月一一日、アーネスト・サトウは、西郷と面会しているが、その時の様子を小川原は次のように書いている。

西郷には二〇名ほどの護衛が付き添っていた。旧交を温める再会の場面となるはずの機会も、監視のなかで「会話は取るに足りないものであった」とサトウは記している。暗殺の危険が報じられた前年十月頃から、西郷に警護が付けられ、鹿児島帰宅後はさらに強化されていたが、この異常なまでの「護衛」と「監視」は、身辺警護の名の下に、西郷の行動や発言までもが拘束されていたことを示唆している。だた、すでに挙兵を決している桐野以下の私学校党にとって、維新の英雄であり陸軍大将であり私学校の創設者である「西郷隆盛」は自軍の正当性の根源であり、その暗殺への問罪こそが挙兵の名分であった。文字通り西郷の身命は薩軍にとって生命線であったのであり、ここにいたって命を落としたり、挙兵をやめたり、妥協的発言をしたり、政府に拉致でもされたら如何ともしがたかった。西郷に求められるものは勇敢で闊達な行動よりも生命の保全と静止であり、自由な発言よりも沈黙であった。西郷のいない反乱軍など「蜘蛛の子を散らす」ようなものだと語るのは大久保だが、そのあたりの事情は桐野らこそ認識していたであろう（小川原『西南戦争』）。

延岡市和田越の激戦地跡。この最終盤の戦闘では、西郷が直接指揮した

例えば六月下旬、薩軍の軍政下の宮崎で西郷隆盛は、南広島通の一農家を住居としたが、私学校党が日夜付近を警護しており、町民は西郷の姿をほとんど見なかったといわれる。また、都農《つの》神社の神主であった永友司の見聞録である『明治十年戦争日記』によれば、「七月三一日晴、西郷隆盛が桝屋に一泊した。それで、これまで止宿していた者はみな脇宿に移した。西郷のかや毛の犬が二匹いる。西郷の駕籠は、渋紙で包まれている。駕籠から降りると、宿の玄関から直ちに上の間の床脇まで担ぎ入れ、両脇には兵士二〇人程列座していて西郷はみえない。通い口には屏風を立て、西郷は一向に人に姿を見せない。これが本当の西郷なのかどうかは分からない。かねて西郷は、犬好きだと聞いているから、犬をみて西郷がいるのだろうと推測するしかない。都農神社へも、一七～一八歳くらいの者が、犬を二匹引いてきた」とある（『宮崎県史通史編近・現代Ⅰ』）。西郷は一般の民間人はおろか、一般の兵士でさえ、その姿をみることは容易ではなかった。かろうじて西郷の存在を暗示するのは、二匹の犬の存在だけだった。

延岡市西郷陣跡資料館から可愛岳を臨む

姿みせずに戦《いくさ》する

当時の民衆の戯れ歌に「西郷隆盛仏か神か、姿見せずに戦する」というのがあったことはよく知られている。しかしみえないが故に、むしろ西郷への神秘的なまでの信頼感は増していったに違いない。西郷のシンボリックな存在が、薩軍の団結力を支えていた。それはちょうど、島原の乱のときの天草四郎（益田時貞）の存在にもよく似ている。島原の乱でも、天草四郎の実際の姿をみたものは、ほとんどなかったという。ここでも天草四郎が生き続けている限り、一揆勢の結束は維持されると思われた。

また、戊辰戦争の時の錦旗も同様である。錦の御旗の後ろには、天皇がいるのだが、天皇は一切姿をみせることはない。しかし天皇を象徴する旗こそがまた、大義を体現しているのであった。私学校の幹部の多くは、戊辰戦争を経験している。戊辰戦争での「錦の御旗」は、絶大な権威をもっていたこを実感している。戦争の大義名分は、ここでは西郷に求められた。だから、西郷の姿がみえないこと、みえないようにすることは、あらかじめ考えられていたのではないだろうか。

西郷のもつ求心力は、絶大だった。例えば中津隊を率いた増田宋太郎は、中津隊が解散した後も

「一日先生に接すれば一日の愛生ず。三日先生に接すれば三日の愛生ず。親愛日に加はり、去るべくもあらず。今は善も悪も生死を共にせんのみ」とのべて西郷に従い、城山で戦死した。実際、薩軍将兵のなかには、西郷のために死ぬ覚悟の者は多かったという。

ただ注意しなければならないのは、すべての薩軍兵士が増田と同じではなかったことである。むしろ強制的に動員され、戦場に立たされていた者も多かったことを忘れてはならない。

慓悍《ひょうかん》なる薩摩士族

以前、大分と宮崎の県境の黒土峠周辺を訪ねたことがある。もちろん、西南戦争の戦跡をみるためである。この県境付近では、六月から七月にかけて、官軍と薩軍による息の詰まるような攻防戦が繰り広げられた。県境付近の山は険しい。そして、斜度三〇度をはるかに超えるような山や峠とその周辺では、一か月以上も戦闘が繰り広げられた。食糧・弾薬において優位であった官軍はともかく、食い物もない薩軍兵士の「強靱な精神」とはどのようなものなのか。それは、何によって支えられていたのだろうか。

西南戦争を報ずる当時の新聞記事をみていると、薩軍を形容することばとして、「慓悍」という語をしばしばみかける。慓悍の「慓」は、「つきさす」「おびやかす」という意味がある。「悍」のほうは、「勇ましい」「猛々しい」「荒々しい」などの意味がある。そして「慓悍」となると、「動作がすばやく、性質が荒々しく強いこと」となる。むかしから薩摩隼人、薩摩武士を形容するためによく使われた言葉だった。そして西南戦争における薩摩兵も、実に「慓悍」であった。なぜ薩軍は、「剽悍」なのだろうか。そしてまた薩摩は、「武の国」などとよばれるのだろうか。

「薩摩社会」の特質

薩摩はもともと、人口に占める武士の割合が多かったといわれる。一般の藩ならば、武士の比率が五～六パーセント程度だったが、薩摩では二〇パーセントを超えていたという（明治一八年の内務省の統計では、旧士族の比率が二三パーセント）。さらに多くの藩では、武士が城下町に集住していたが、薩摩では武士の多くが郷士として地方に住んでいた。そして半ば、農業にも従事していた。そしてひとつの郷（一〇数か村）ごとに仮屋を設け、これを地方政庁とした。仮屋の周辺には、有力郷士を住まわせ、ここを麓《ふもと》と称した。こうして薩摩では、鹿児島の城下だけでなく、地方にも武士が浸透し政治的に支配していた。明治初期、広い意味での鹿児島士族（おもに城下士）が約一万戸、諸郷士族は約三万五千戸だった。西南戦争がはじまると、県庁はもとより、県中央の諸官庁、地方の行政組織（区戸長）まで私学校党と士族がほぼ独占していたから、県を挙げて戦争に協力した。その県の組織を動員して、後から新兵を募って薩軍に供給し続けることで、戦争は継続が可能だった。

薩摩では、「郷中」といわれる各地域の武士の子弟組織が厳然と存在して機能していた。武士の子は、六歳から一〇歳頃までに「稚児組《ちごぐみ》」にはいり、一四～一五歳になると「二才組《にせぐみ》」にすすむ。この集団組織で学習と心身の鍛練を徹底して行う。薩摩の一撃必殺の示現流も、ここで教わり鍛錬する。二四～二五歳になると「長老《おせ》」と呼ばれるようになる。郷中教育の根幹は忠孝であり、目上の者への絶対服従であった。旧藩時代、郷中は軍団の構成単位でもあった。こうして郷中は、平時に忠孝や絶対服従を教え、戦時には容易に軍事組織に移行できた。郷中と軍隊は、極めて親和的な組織であった。これが、「剽悍」な薩摩人をつくる重要な要素であった。

「薩摩の大提灯、肥後の鍬形」という喩えがある。これは「薩摩人は指導者（大提灯）に盲従しやすく、反対に肥後人は自己主張がつよく、個々人がいわば大将（鍬形）になりたがって、まとまりにくい」という意味である。また薩摩では、「議を言《ゆ》な」という決まり文句があるともいう。これは、多弁をいましめるものだが、実際には「目上の者に反論するな、口応えするな、黙って従え」という意味で使われる。こうして薩摩では、社会の指導者や上層部が決断し動きはじめると、その流れに公然と反対を表明できなくなる状況が生まれる。このような薩摩人を戦争後の新聞は、次のように指摘、非難している（『東京日日新聞』明治一一年二月一日付）。「実に昨年の暴挙では、西郷が出陣すると聞いただけで、鹿児島の人々は是非曲直も問わず、西郷に付き従った。これはちょうど、水の流れが低い方に向かうようであった。しかし彼らの天下の形勢に暗く、一〜二の有力者を盲信する卑屈根性を察すれば、とても嘆かわしい限りである」と。

西南戦争は、私学校党上層部の決定に西郷も従い開始された（西郷はシンボルとして、私学校党に担がれた）。そして上層部が、戦争指導者となった。これらの指導者の決定に、多くの鹿児島士族が盲従した。もちろん反対した者もいたが、彼らは排除され、中には殺害された者さえいる。短絡に過ぎるかもしれないが、筆者には西南戦争当時の薩摩社会と、戦前の軍国主義日本の社会状況とが重なってみえてくる。いい方を換えれば、日本の軍国主義の原型を薩摩社会にみることができるかも知れない。

兵站部のない薩軍

さきに官軍の軍夫が、膨大な数にのぼったことはすでに触れた。はっきりしていることは、軍夫の数は兵士の数の数倍であったことは明らかである（ただし、官軍の兵站もこの西南戦争時点では貧弱であり、それは日清戦争においても未だ不充分であった）。いっぽう、薩軍の方はといえば、一個小隊（二〇〇人）にわずかに二〇人を配属したという。兵士のたった一割でしかない。だから、兵站部が全くなかったわけではない。しかし、官軍にくらべれば、ないに等しい。また薩軍の夫卒（人夫）は、戦闘にも加わっていたから、純粋な意味での人夫ともいい難い。その結果、どのようなことが起こるのか。

いうまでもなく、薩軍はすぐに食糧不足や弾薬不足に陥った。その結果、薩軍は掠奪をせざるを得なくなる。各地で掠奪が行われたことは、第四章その他ですでに述べた。物資や食糧の掠奪や労働力の無賃挑発（強制労働）には、必ず脅迫がともなう。さらに脅迫だけでなく、暴力がそれに加わる。それは、住民の殺害におよぶこともあった。そうすると薩軍と一般住民の間には、決定的な対立が生ずる。すると薩軍への住民の支持は得られない。薩軍と官軍の決定的な戦力の差は、色々な面から指摘できる。例えば、海軍（軍艦、輸送船）の有無、電信の有無なども決定的な差であり、薩軍敗北の大きな要素である。しかし、この兵站の有無も、決定的であった。

日中戦争以後の中国大陸では、戦線があまりにも拡大していったため、日本軍の兵站線は前線まで連絡しなくなる。その結果、掠奪行為が日常的になった。食糧は現地調達することが、日本軍の「日常」になっていく。また掠奪を繰り返す日本軍は、ほぼすべての中国人を敵にまわすことになる。全く住民の支持を得られない戦場で、戦い続けなければならなかった。それが侵略戦争だといってしまえばそれまでだが、西南戦争の薩軍にも、類似した状況をみることはできないだろうか。そして勇敢に戦った薩軍兵士を待っていた結末と、日中戦争のそれとは同じものだった。

戦後の鹿児島

『東京日日新聞』の「乱後の鹿児島を観る」は、次のように伝えている（明治一一年二月一日付）。「戦後の鹿児島城下は、士族は未だ慷慨の気を帯び、陽に政府の命令に従う態度を見せるが、本心は怨嗟の念を抱いている。壮年の者が二〜三人も集まれば、賊に荷担した、しなかったは問わず、西郷ほかの素志が遂げられなかったことを歎いている」と。まだ、敗戦という結果を受け入れられぬ人々がいた。

しかし鹿児島城下は、深刻な状況に見舞われていた。それは、戦争によって一家の大黒柱＝働き手を失った家族が多く存在したことである。「あとにはただ残された妻、幼児のみ残された家、老親だけ残された家などがある。幸い藩閥の余力があって、その一半は官途によって生計をたてられるようになった家もあるが、他の一半は困難を極め、乞食同然に落ちぶれた家も少なくない」。この鹿児島城下の状況にくらべ、郷士は土着していたから、影響は少なかったという（『知られざる西南戦争』）。しかしそれとても、やはり大事な家族、働き手が失われたことは変わりない。働き手の喪失に加え、秩禄処分も士族にとっては、やはり痛手だった。

さきに鹿児島の「田畑は草茫々として山野の如くなる」ことに触れたが、人的被害も大きかったことはいうまでもない。そして寡婦（戦争で夫を失った妻）、幼児、老親が残され、家が零落する様子は、あの第二次世界大戦後の日本を彷彿させるが、これもまた戦争の常である。ちなみに、官軍兵士の戦死者の「寡婦孤児」への手当の支給規定は、八月一日に示されている（『縣治概畧Ⅵ』）。

ここまで、鹿児島の側から西南戦争をみてきた。筆者には、西南戦争という薩摩が起こした内戦と、ずっと後の昭和以降の日本の侵略戦争とが、重なってみえてくる。歴史は繰り返すとはいう。もちろん、同じ出来事が二度起こることはない。だからあくまで、「重なってみえるだけ」のことなのだろうが。

民衆の戦争観①阿蘇一揆の人びと

戦争を身近でみていた、そして被害を被った民衆は、戦争をどのようにみていたのであろうか。

植木学校設立に加わった民権党の松山守善が、同志の熊本協同隊に身を投ずるべく、日田を出て（松山は日田で役人をしていた）阿蘇を通過したとき、内牧《うちのまき》から坊中《ぼうちゅう》（現阿蘇市）への道中で阿蘇一揆の集団に遭遇した。一揆勢は松山を捉え、何者かと尋ねる。そこで松山が、「協同隊に加わるために熊本へ向かっている」と答えると。一揆勢のうち主だった二〜三名が進み出て、「ある倉庫に米四〇〇俵を置いている。そのうち官賊によってまた奪い取られるかも知れない。この米は、（薩軍に加わっている）熊本の兵に渡すつもりであるから、早く兵を率いておいで下され」といった。

この時、阿蘇の一揆勢は、政府軍を「官賊」といい、それに対抗する立場を明確にしている。これは自分たちの一揆が、反政府闘争の一環であることを宣言したにことにほかならない（『明治国家の成立』）。そして彼らは、「熊本の兵」側に身を置き、米を提供しようというのである。ここには明確な政治意識がみてとれる。また、西南戦争に加わっている「熊本の兵」たちの戦争を反政府闘争だととらえていたことは明らかである。しかし、米を提供することも実現しなかったし、それ以上の同盟の意志と行動も伴わなかった。そこには限界があったというべきだろう。

しかしこの「限界」は、次のようにも解釈される。七章でみたように、阿蘇一揆では「殺すな、焼くな」など、自分たちの暴力行為を規制する態度がみられた。しかし戦争という暴力には、そのような規制は全くない。江戸時代以来の百姓の意識においては、イクサは武士がやるもので、協力することはあっても自ら武器を持って戦うものではないというのが一般的だった。だから、徴兵告諭や徴兵制に対しても反発した。一揆勢が、自ら武器を取って薩軍とともに官軍と戦わなかったのは、むしろ当然だったというべきかもしれない。これまで戦争（イクサ）で、いつも被害を被ったのは、農民たちだったからである。農民たちの戦争を忌避する意識が、「限界」となってあらわれたとみることもできるだろう。

ともかく阿蘇一揆において、農民たちが明確な政治意識をもって行動していたことは評価すべきではある。しかし西南戦争の終焉（＝敗北）は、阿蘇一揆の鎮圧と参加者の処罰とともに、農民たちの政治意識をも消し去ってしまった。

民衆の戦争観②「高瀬戯話」

「高瀬戯話」は、第五章の「イクサ見物」のところですでに一部紹介している。『西南戦争』（日本歴史新書、一九五八年）の著者でもある圭室諦成《たまむろたいじょう》が収集し、のちに『明治の熊本』に収められた（『玉名市史資料編6』にも収められている）。「高瀬戯話」は西南戦争中、現玉名市の中心である高瀬とその周辺で、どのような出来事が起こったかを伝えている。ただし、単に事実を書いているだけでなく「戯話」とあるとおり、戦争とそれに付随して起こった出来事を揶揄している。本文は、四〇〇〇字近くに及ぶ長文であるため、戦争観について述べている一部のみをあげて紹介したい。

「高瀬戯話」では、薩軍を「賊軍」とよび、官軍はそのまま「官軍」といっている。全体を通して、薩軍、官軍のどちらかに軸足を置いている文章とは判断がつかない。しかし、官軍が退いたあとに「賊軍」が高瀬に入ってきたことを、「ソレニテ高瀬モ、先《まず》ハ安心、賊軍オカゲデ、年貢モ皆無カ、借金コレキリ」と書いていて、戦争による混乱で税金は取られまい、借金も帳消しだと期待をにじませている。しかしそのあと「暴動逐《お》ヒハギ、武士ノ習《ならい》ヂヤ」、「御蔵ノ米抔《など》勝手次第ニ、力ニ任セテ、取ルダケ取レ取レ」と薩軍の掠奪をけしかけ、「官舎ノ役人、天下ノ盗人」というあたりは、作者はもともと政府に批判的だったことをにおわせている。

高瀬周辺の住民の様子は、「高瀬谷中、叫喚地獄ヂヤ、人家ハ焼キ立テ、老少携へ、穴ニ入ルヤラ、堀ニ家シテ、恙《つつが》ノ虫ガ、居ラヌガ幸ヒ、生米カムヤラ、シズクヲ飲ムヤラ」とその苦境を地獄にたとえている。そして、「昼夜分タヌ、無明ノ世界ヂヤ」といって、戦争によって「無明の世界」、すなわち真っ暗闇になったと批判する。

高瀬の花街に群がる兵士と娼妓についても、「カケ銭ナラヌト、花代サキカラ、勿論兵隊、オシマヌ命ヂヤ、金銀道具ハ、今日カギリト、算用ナイカラ、花代ステモノ」と、そのやりとりを書いている。女が、「花代はあと払いではなく先にはらいなさい」というと兵士は「もちろん惜しまない命だから、金銭は今日限りで必要ない」と答え、花代を気前よく棄てるように支払う。しかしそのあとに「午前ノ夫ハ、午后ハ打死、手負《ておい》ヂヤ、死骸ハ塊《つちく》レ同様」と、朝まで一緒にいた男（兵士）は昼には戦死して、死骸は土塊同様になっているという。最後に「血潮に波立つ高瀬の川などみたことがない」と結ぶ。ここには戦争の無情また無常が、リアルに表現されている。

民衆の戦争観③ 甲斐有雄

甲斐有雄の「肥の国軍《いくさ》物語」は、物語とはいうものの、実際には明治一〇年二月一五日から五月八日にいたる日記である。甲斐が見聞きした西南戦争の状況を詳しく記録している。甲斐は阿蘇郡尾下村（現高森町）のもと郷士である。第一章で紹介した安藤經俊（同村の神官）と同郷で、西南戦争当時数えの五〇歳。甲斐は、広漠たる阿蘇の山道に道標約二〇〇〇基を建てたことで知られている。西南戦争当時も、宮山村（現西原村）で道標の建設を行っていた。

「物語」の冒頭、二月一五日の日記は、熊本城下から避難する住民の様子からはじまる。「宮山村を出て熊本へ向かうと、道すがら会う人々は皆、イクサの噂をきいて熊本城下から避難する人たちばかりである。旅支度もままならず薄い衣服で、皮の草履で霜柱を踏んで歩くことも難儀であるが、霜が解ければなお歩けない。また別な人は白足袋が泥だらけになり、またある者は下駄の鼻緒が切れて、実に哀れである」と。これは二月一五日だから、まだ戦闘がはじまる前である。熊本城下では、イクサの噂で、すでに住民が続々と避難をはじめたのである。熊本城が炎上し、城下が官軍によって焼かれた日にも、避難する人びとの記述がある。二月一九日、熊本城が炎上だけ積んでくれと頼んで、呉服、反物、家具、家財を目一杯積み込んで、山のようになっている。しかし荷物が多すぎて、ぼろぼろと崩れ落ちるが、かまわずに走っていく」。熊本城下の人びとは、命からがら逃げていく。

二月二〇日の夕方、熊本の方に火明かりがみえる。翌日、熊本の方では、終日煙が立ち上り、西の方へ流れる。銃声、砲声も一日中やまない。甲斐は日記に「旧熊本藩士族（熊本隊ほか）が、本当に肥後の国を大事に守っていれば、こんな難儀にはならなかった。去年の神風連の乱でも旧藩士族は、熊本鎮台を闇討ちした。そして今回もまた、旧藩士族の手引きを頼んでやってきた薩摩人が攻めてくるのを幸いに、結局、熊本城下を焼いてしまった」と、熊本の旧藩士族を厳しく批判する。続けて「肥後の狸が薩摩の狐にだまされて、西郷に荷担するとは、何と憎たらしいことであろうか」とさらに痛烈である。甲斐にしてみれば、戦争の原因や大義はどうでもよかった。熊本城下は焼き払われ、住民は逃げまどう状況を西郷に荷担した士族たちはどう思っているのか。士族たちは、国（この場合は肥後国）を守るためにいたのではなかったのかと、甲斐は憤激しているのである。

田原坂で激戦が続いていた、三月一五日、甲斐は各地の戦場の情報を得ながら、上益城郡河原村で道標を建てていた。このとき「いにしへはちつと卒ともいはれしが、帰農狂歌で暮す気やすさ」と詠んでいる。そしてしみじみと「私も昔の士族であれば、この戦争にも駆り出されただろう。しかし今は農民となって、イクサの噂を聞きながら、命に気遣いはない」と日記に認めたのだった。庶民としての甲斐の、偽らざる心境というべきだろう。しかし実は、「帰農」していても兵隊に取られる時代が到来していた。薩軍と戦っている官軍兵士は、徴兵されて戦場に投入されていた。彼らの多くは、農民だった。西南戦争はすでに、そのような時代（近代）の幕開けの戦争だった。

西南戦争の教訓

そろそろ本書も閉じねばならない。ここまで書いてきて思うことは、戦争というものは実に理不尽で非人間的だということである。いや、武器を持って組織的に戦うのが戦争だとしたら、これは多くの生き物のうち人間だけしかしないから、逆に戦争は「人間的な行為」ということもできるだろう。しかし本書でみてきた西南戦争の戦場は、狂気が支配していた。相手を殺すだけでなく、死体を損壊し辱める。捕虜や探偵を平然と斬首し腹を割き、試し切りまでする。平気で戦死した兵士の遺体をみている婦人もいた。さらには、人肉を食おうとするものもあった。人間はどこまで残酷になれるのだろうかと、書きながらため息をつくこともあった。また戦場となった熊本、大分、宮崎、鹿児島の各県では、多くの一般住民が戦争に動員されるなどして巻き込まれ、田畑は軍靴に踏み荒らされ、街は焼き払われ悲惨をきわめた。命を落とした一般住民も少なくなかった。鹿児島では、戦死した家に老人や子ども、寡婦が残された。

いっぽうで西南戦争は、時の人びとの興味をかき立て多くの人びとの耳目を集めた。戦争を報道する新聞は発行部数をふやし、錦絵は飛ぶようにうれた。すぐに西南戦争に題材を取った芝居が上演され、多くのひとびとがそれを楽しんだ。戦争は人びとを引きつけ、見世物となった。そこには、戦争を忌み嫌う態度は、あまりみられない。また戦場とその周辺では、「戦争は儲かる」として多くの人びとが商売に勤しんだ。中には、西南戦争で資金を蓄え、起業するものもあったし、三菱の岩崎弥太郎のように巨万の富をつかんだものもいた。

西南戦争は、最後の士族反乱であり、わが国で最後で最大の内戦だった。西南戦争後は、武力ではなく言論による政治運動が展開する（自由民権運動など）。結果的には、維新の革命軍の本体であった薩摩軍団が敗北し一掃されて、中央に権力が集中する（『西郷隆盛と明治維新』）。西郷が死んだことで、政府内部の深刻な対立もいったん解消され、大久保に権力が集中する。政府の推し進める「近代化」は、いっそう加速する。また、西南戦争は、七か月にわたる本格的な近代戦であった。はじめて本格的な実戦を経験した日本の軍隊（徴兵制によって組織された軍隊）は、さまざまな課題をこの戦争で見いだし、来るべき対外戦争に備えていくことになる。

ひとと戦争

西南戦争とは、ざっとこのような戦争だったと考えてみても、まだ何か腑に落ちない感覚がのこる。人間はなぜ戦争をするのか、なぜここまで残虐になれるのだろうか。この戦争では、敵味方がこれまで隣人、知人、兄弟であった者も多い（特に薩摩人）。

人間は戦場に立つとスイッチを切り替えるようだ。平時モードと戦時モードの切り替えである。いったんスイッチが入ると、人間は思考を停止し、人を殺すことに平気になる。いや、思考を停止して獣のように俊敏にならなければ、戦場では真っ先に殺される。実際、ベトナム戦争では、マインドコントロールによって、スイッチを入れた状態の兵士を最前線に直接投入した。そして彼らは、動く人間をみれば容赦なく銃を乱射した。

戦場を脱すると（戦闘状態がおわれば）、また人間性を回復する。少し本筋からそれるかもしれないが、ずいぶん前に聞いた話である。野上彌生子は臼杵出身の作家である。彌生子は母親から、西南戦争で戦場となった臼杵の話を、臼杵のこどもたちにむけて書き残している。そのなかに「やさしいいくさびとの心」という話がある。それは彌生子の母親とその家族が、薩軍がくるというので臼杵を逃れた時のこと。母親の弟（彌生子の叔父、当時一三歳）は、飼っていたメジロを持ち出すことができなかった。臼杵は薩軍に一〇日間占領された。薩軍が臼杵を去ったあと、家族で自宅に帰ってみると、何と死んだはずのメジロが生きていた。薩軍の兵士が、メジロを養っていたのである。しかも籠はきれいに掃除され、水が入れられ、メジロがすきなハコべまで差し込まれていたという（『野上彌生子から〝臼杵っこ〟へお話（その一）』）。彌生子は、そこに兵士の人間性の両面（凶暴さと優しさ）をみて、郷里のこどもたちに伝えようとした。

かつてアインシュタインは「ひとは、なぜ戦争をするのか」と問いかけ、フロイトがこれに答えた。フロイトも、戦争という行為は人間的なものだという。そして人間には破壊欲動があり、生物学的にも戦争は不可避だという。しかし人間はまた、戦争を忌み嫌う。それはなぜだろうか。フロイトは、「なぜなら、どのような人間でも自分の生命を守る権利を持っているから」「なぜなら、戦争は一人の人間の希望に満ちた人生を打ち砕くから」「なぜなら、戦争は人間の尊厳を失わせるから」「なぜなら、戦争は望んでもいない人の手を血で汚すから」「なぜなら、戦争は人間が苦労して築きあげてきた貴重なもの、貴重な成果を台無しにするから」だという。そして平和主義者である私たち（アインシュタインやフロイト）は、体と心の奥底から戦争への憤りを覚える。この憤りをもたらしたものが、人類の歴史で発展してきた「文化」であるという。フロイトによれば、文化は欲動の発動を抑える働きがある、人間は文化を獲得することで知性の力が強くなり、欲動をコントロールできるという（『ひとはなぜ戦争をするのか』）。つまり、戦争を起こすのは人間であるが、人間にはまた戦争を起こさないようにする知性ももっているのである。

引き裂かれた人びと——竹田の場合

最後に西南戦争が、長い間にわたって、地域社会の中に深刻な陰を落としてきた例をあげる。竹田は中川秀成入部以来、小規模ではあるが城下町として栄え、小京都とたたえられた。そこは九州のほぼ真ん中にあって、山間地にひっそりとたたずむ「桃源郷」のような空間であった。そして西南戦争が勃発しても、五月までは平穏な日々が続いた。しかし五月一三日に薩軍の奇兵隊（野村忍介隊長）が突如竹田に侵入した。この日の夜、奇兵隊を中心とする薩軍の人数は一八〇〇人ほどになった。奇兵隊を先導したのは、竹田士族堀田政一と田島武馬らであった。早速堀田らによって薩軍への荷担を促す文書が伍長（役人）宛に廻された（一五日）。そして一七日には、各戸一人ずつが正覚寺に召集された。そして召集された五〇〇名近くの竹田士族は、堀田政一らによって有無をいわせず報国隊として組織された。報国隊の結成は、表向きは任意参加という形をとったが、薩軍制圧下での竹田では、強制参加に等しかった。だからこれに抗議して、早島京太郎は自刃した。

もともと竹田は、小河《おごう》一敏などの勤王派の志士たちを通じて、西郷らとの交流が深かった。だから竹田は延岡とともに、退却し続ける薩軍にとって最後の砦といっても過言ではなかった。しかし、薩軍侵入から官軍との激烈な戦闘が行われた一七日間で、竹田は桃源郷から一転して、阿鼻叫喚の地獄と化した。あの狭い竹田の街で、焼失家屋一五〇〇戸以上、両軍の戦死者二一三人、負傷者四〇〇人以上という凄惨な結果となった。この間には、吉村哲雄（戸長）や藤丸宗蔵（警部）の木下川原での、「公開処刑」も行われた。

竹田市正覚寺。ここに竹田士族が集められ、報国隊が結成される

竹田西南戦争研究会『桃源郷の銃声』（二〇一一年）には、「西南戦争は、竹田にとっては、はじめ対岸の火事であった。しかし薩摩軍の竹田進入により、望んでもいない戦争の渦中に飛び込むことになったのである。（中略）竹田町は、かけがえのない人命とともに多くの貴重な文化や財産を失った。そして人びとの間に大きなしこりと、触れられたくない深い傷跡を残した」とある。さらに「明治二十二年、憲法発布にともなう『大赦令』により、西南戦争によって処罰された人は全員復権した。西郷隆盛は銅像になり、関係した各地には慰霊碑や顕彰碑が建立された。鹿児島には南洲神社が創建されて、戦没した薩

摩軍将士の御霊六千七百八十四柱が祀られている。竹田報国隊員三十八柱も合祀されている。しかしながら、復権したとはいえ、破れた側は『賊軍』と呼ばれ、苦難の道が始まった。昭和になっても、その負い目は潜在した」ともある。

竹田の街は西南戦争で、多くの人命が失われたことや家屋焼失も含めて、甚大な直接的被害を被った。しかしそれに加え、竹田という街は「賊軍」という負い目を背負い、薩軍に協力したか否かをめぐって地域社会は分断されたのである。この竹田西南戦争研究会自体が、「もうあの戦争から、一〇〇年以上経ったのだから」として、西南戦争を再検証し「大きなしこりと、触れられたくない深い傷跡」や潜在した「負い目」を払拭すべく結成された、と筆者は研究会の方からうかがったことがある。西南戦争から一四〇年、竹田の街はあまりにも長い間、戦争の陰を引きずってきた。竹田で「あの戦争」といえば、アジア・太平洋戦争とともに、もうひとつ西南戦争をさすのであった。

しかしこのような状況は、竹田ばかりではあるまい。戦場となった各地、何より鹿児島にも同様のことが「潜在」してきたのではなかったか。戦争は人びとの心に大きな禍根を残し、地域社会を分断する。

おわりに

西南戦争については、『緒方町誌』(二〇〇一年)で、明治前期を担当させてもらい、大分県豊後大野市周辺の史料や大分県内の西南戦争関連の文献を漁った。その後、熊本県の『長陽村史』(二〇〇四年)で近現代を担当させていただき、同じように関連の資史料に向かうことができた。ここで、『長野内匠日記』にも出会うことができた。その後、猪飼隆明先生を通じて、専修大学の大谷正先生を中心とする西南戦争研究会(西南戦争に関する記録の実態調査とその分析・活用についての研究、二〇〇九〜二〇一一年)に協力者として参加させていただいた。ここで第一線の研究者や若い研究者のみなさんに出会うことができ、大きな刺激を受けた。それからすでに一〇年近くが経過した。

西南戦争は、すでに一四〇年も前の内戦である。とはいえ九州各地、なかでも戦場となった各県には、官軍墓地や記念碑があり資料館もある。西南戦争最大の激戦地田原坂とその周辺(旧植木町を含む熊本市北区と玉名郡玉東町にまたがる)は、「西南戦争遺跡」という名称で、平成二五年(二〇一三)三月に国指定史跡に指定された。他にも西南戦争の爪痕は各地に残されており、また語り継がれているし、今なお地道な研究も続いている。やはり地域社会にとって、戦争という特別な経験は、そう簡単に忘れ去られるものではない。

「あの戦争」の記憶や体験を風化させてはいけない、とわが国でいうとき、それは概ねアジア・太平洋戦争（第二次世界大戦）をさしている。戦後七〇年がすでに過ぎ、戦争を直接体験した人びとは急激に減少している。「あの戦争」の記憶を風化させず、戦争の惨禍を繰り返さないことは、これまで以上に重要になってきている。

この一年、西南戦争に取り組んできて思うことは、西南戦争とその他の戦争（特に近代日本が経験した対外戦争）とは、戦争の起因も状況も違ってはいながら、戦争の持つ本質は変わらないのではないかということだった。戦争の本質とは、戦場の憎しみであり狂気であり、結果としての限りない人的・物的な損失である。それでも戦争がなくならない理由は、政治・経済的理由が戦争の陰にあり、さらには人間自身の本性とも分かちがたいからかもしれない。

戦後は、世界戦争は起きておらず、国家間の全面戦争も確かに減少した（これには異論があるかもしれない）。しかし、現代の戦争は限定的だといいながら、ハイテク兵器を駆使した、新しい形態の戦争が頻発している。ドローンを遠隔操作しながら、「敵」と覚しき人物を殺害する。地上では殺人兵器に追い回され、そして突然ミサイルが炸裂する。結局、新たな戦場で塗炭の苦しみに陥るのは、それまでそこで平穏な暮らしをしていた住民である。おそらく民衆は、すすんで自分たちの平穏な生活の場を戦場に選んだことはない。いつも突然、イクサが向こうからやってきて、生活を踏みにじるのだ。それは、西南戦争も同じだった。

西郷にとって西南戦争は、死に場所をみつける戦争だったという人がいる。西郷にとってはそうであっても、両軍あわせて一万三千人以上の戦死者が出たことはどう考えればよいのか。「それは結果論だ」、それは分かっている。しかしこのような多大な犠牲が出る前に、戦争を終結させることはできなかったのか。そもそも、この戦争を回避することはできなかったのか。いまさら西郷を恨んでもしょうがないが、筆者は少なくとも西郷も西南戦争も、ここで美化することはできない。

つい最近のことである。ガンで余命を限られた大林宣彦監督が、命を削りながら戦争映画を描いている。その監督に対し、あるTVのインタビューで「なぜいま戦争を描くのですか」と問うた人がいる。その時彼は、ひと言次のように答えた。「戦争が近くにあるからですよ」と。安保法制や共謀罪法が成立し、憲法改正も取り沙汰されている今、そして北東アジアの緊張が極度に高まっている今、戦争が忍び寄る気配を感じる人も少なくないのではないだろうか。

第十章で、戦争を起こすのも人間なら、戦争を起こさないようにできるのも人間だと書いた。私たちは、すべての戦争から学ぶことができると私は思っている。それは、古代の戦争からも戦国時代の戦争からも、もちろん近代日本の内戦からも。

さて、筆を措くにあたって、今回もまた恩師猪飼隆明先生（大阪大学名誉教授）には、軍夫などについてしつこく質問をしていくつものヒントをいただいた。また大学からの友人である池田伸二氏（宮崎市在住）には、貴重な資料を提供していただいた。記して感謝の意を表したい。

最後に、今日の出版事情の厳しいなか、弦書房の小野静男氏には、今回も出版をあと押ししていただいた。また何度となく、貴重な助言をいただいた。感謝に堪えない。

二〇一八年一月

長野浩典

主要参考文献

A・アインシュタイン／S・フロイト『ひとはなぜ戦争をするのか』講談社学術文庫、二〇一六年
猪飼隆明『西南戦争　戦争の大義と動員される民衆』吉川弘文館、二〇〇八年
猪飼隆明『西郷隆盛─西南戦争への道─』岩波新書、一九九二年
生住昌大「錦絵が映す西南戦争」1〜5、『西日本新聞』二〇一七年一月九日、一一日、一二日、一三日、一四日付
伊藤正徳『新聞五十年史』鱒書房、昭和十八年
井上勝生『幕末・維新　シリーズ日本近代史①』岩波新書、二〇〇六年
岩本税・水野公寿編『トピックスで読む熊本の歴史』葦書房、一九九四年
臼杵史談会編『臼杵史談』八八号、一九九七年
埋忠美沙「西南戦争における報道メディアとしての歌舞伎─日清戦争と対比して─」『日本演劇学会紀要』六二号、二〇一六年
株式会社大分放送編『大分歴史事典』平成二年
大分県総務部総務課編『縣治概畧』Ⅰ・Ⅱ、昭和五十七年
大分県総務部総務課編『縣治概畧』Ⅲ、昭和五十八年
大分県公文書館編『縣治概畧』Ⅳ〜Ⅵ、平成二十二年
大分県公文書館所蔵『豊後国大野郡村誌』
大分県総務部総務課編『大分県史近代篇Ⅰ』昭和五十九年
大分県護国神社『西南の役百年祭のしおり』一九七七年
大江志乃夫『明治国家の成立─天皇制成立史研究─』ミネルヴァ書房、一九九八年
大津町史編纂委員会編纂室編『大津町史』昭和六十三年
大塚英志『殺生と戦争の民俗学』角川選書、平成二九年
大庭卓也・生住昌大編『西南戦争─報道と、その広がり』久留米大学御井図書館貴重資料企画展図録、平成二十六年
緒方町立歴史民俗資料館緒方町誌編纂室編『緒方町誌総論編』平成一三年
小川原正道『近代日本の戦争と宗教』講談社、二〇一〇年
小川原正道『西南戦争　西郷隆盛と日本最後の内戦』中公新書、二〇〇七年
落合弘樹『敗者の日本史18西南戦争と西郷隆盛』吉川弘文館、二〇一三年
小野常蔵「西南戦争臼杵騒動私記」『臼杵史談』八八号、平成九年、原文は大正一一年（一九二二）
甲斐利雄編『一神官の西南戦争従軍記』熊本出版文化会館、二〇〇七年
甲斐有雄「肥の国軍物語」『熊本県史料集成一三集　西南

役と熊本』日本談義社、一九五八年
笠原英彦『幕末維新の個性3　大久保利通』吉川弘文館、二〇〇五年
風間三郎『西南戦争従軍記』南方新社、一九九九年
蒲江町教育委員会編『蒲江町史』昭和五十二年
蒲江町史編さん委員会編『蒲江町史』平成十七年
亀岡泰辰『第三旅団西南戦袍誌』青潮社、平成九年
川口武定『従征日記（上・下巻）』青潮社、昭和六三年
喜多平四郎／佐々木克監修『従西従軍日誌』講談社学術文庫、二〇〇一年
木下直之『戦争という見世物　日清戦争祝捷大会潜入記』ミネルヴァ書房、二〇一三年
木村孫八郎『景気の基礎知識』一元社、昭和十五年
玉東町史編集委員会編『玉東町史西南戦争編・資料編』平成六年
玉東町史編集委員会編『玉東町史通史編』平成七年
釘宮郷喜『豊後路の西南戦争』私家版、平成一一年
熊本日日新聞社編『新聞にみる世相くまもと明治・大正編』平成四年
熊本女子大学郷土文化研究所編『熊本県史料集第一二集　明治の熊本』昭和六〇年
新熊本市史編纂委員会編『新熊本市史通史編第五巻近代I』平成一三年
久米忠臣『大分県の百姓一揆』私家版、昭和五十三年
久留島弘「移行期の民衆運動」『日本歴史講座　第七巻』東京大学出版会、二〇〇五年
栗原芳『日本赤十字社沿革史』博愛館、明治三十六年
小島慶三『戊辰戦争から西南戦争へ』中公新書、一九九六年
佐伯市史編さん委員会編『佐伯市史』昭和四九年
佐々木克監修『大久保利通』講談社学術文庫、二〇〇四年
佐藤盛雄「西南役に於ける豊後方面の戦闘　特に大野郡内の戦闘に就て」『西南戦争　豊後地方戦記』青潮社、平成九年
参謀本部陸軍部編纂課編『征西戦記稿』全四巻、青潮社、昭和五二年
参謀本部陸軍部編纂課編『征西戦記稿附録』青潮社、昭和六二年
柴田秀吉「西南戦争の軍夫たち」『軌道』二四号、一九七九年
庄内町誌編集委員会編『庄内町誌』平成二年
白川哲夫『「戦没者慰霊」と近代日本』勉誠出版、二〇一五年
白柳秀湖『偉人伝全集第十二巻　岩崎彌太郎傳』改造社、昭和七年
「新・熊本の歴史」編集委員会『新・熊本の歴史6近代

（上）』熊本日日新聞社、昭和五五年
鈴木孝一編『ニュースで追う明治日本発掘2』河出書房新社、一九九四年
関彪『浅野家の有恒社と株式会社有恒社』大正一三年
高野和人編『明治十年騒擾一件』青潮社、平成十年
高橋信武『西南戦争の考古学的研究』吉川弘文館、二〇一七年
竹内理三編『角川日本地名大辞典四四　大分県』角川書店、昭和五五年
竹内理三編『角川日本地名大辞典四三　熊本県』角川書店、昭和六二年
竹田市史刊行会編『竹田市史中巻』昭和五十九年
竹田西南戦争研究会『竹田における西南戦争の記録　桃源郷の銃声』二〇一一年
竹田市誌編集員会編『竹田市誌第一巻』平成二一年
竹橋事件百周年記念出版編集委員会『竹橋事件の兵士たち』徳間書店、一九七九年
立川輝信「大分郡庄内の生んだ志士後藤順平小伝」『大分県地方史』創刊号、昭和二九年
田中彰編『近代日本の軌跡Ⅰ　明治維新』吉川弘文館、一九九四年
田中悟『会津という神話』ミネルヴァ書房、二〇一〇年
玉名市立歴史博物館編『玉名市史通史編下巻』平成一七年
玉名市史編集委員会編『玉名市史資料編6文書（近・現代）』平成六年
長陽村教育委員会編『長野内匠日記』平成十六年
鶴田八州成「天草〝徴用騒動〟の地域史研究—西南戦争と天草—」『天草史談』一一号、一九七〇年
東京大学出版会『明治史要全』一九九八年
土生よねさく「西南役の三重市の戦闘　薩軍来たる」『大分県地方史』四三・四四号、昭和四二年
豊田寛三他『大分県の百年』山川出版社、一九八六年
直川村誌編さん委員会編『直川村誌』平成九年
長野浩典『ある村の幕末・明治——『長野内匠日記』でたどる75年』弦書房、二〇一三年
長野内匠「南郷騒動見聞書・薩州と上方勢合戦聞書」明治一〇年、（個人蔵）
中山泰昌編『新聞集成明治編年史第三巻』財政経済学会、一九三五年
丹羽新吉「西南戦争と津久見」『津久見史談』四号、津久見史談会、平成一二年
野上彌生子『野上彌生子から〝臼杵っこ〟へお話（その一）』臼杵市教育委員会、平成二十年
野田秋生『駆け抜ける茂吉—「先覚記者」藤田鳴鶴評伝—』沖積舎、平成十三年
波多野政男『緒方村誌』昭和九年

坂野潤治『西郷隆盛と明治維新』講談社現代新書、二〇一三年
日之影町編『日之影町史　一一　通史編』平成十三年
『広島県立文書館だより』一二三号、二〇〇八年
広田四郎『大正之商傑』報知新聞大阪支局、大正五年
藤本昌義『日本メリヤス史』日本実業新報社、大正三年
別府俊宏他『宮崎県の百年』山川出版社、一九九二年
三重野勝人「西南戦争と大分県」『大分県地方史』一九〇号、平成一六年
三重野勝人「民衆と大分県の西南戦争」『大分県地方史』一九五号、平成一七年
三重町役場企画商業観光課編『三重町誌総集編』昭和六十二年
水野公寿「西南戦争と民衆―政府軍軍夫について―」『熊本史学』五〇号、一九七七年
水野公寿『西南戦争と阿蘇』一の宮町史④、二〇〇〇年
水野公寿『西南戦争期における農民一揆　史料と研究』葦書房、昭和五十三年
宮崎県編『宮崎県史史料篇近・現代2』平成五年
宮崎県編『宮崎県史通史編近・現代Ⅰ』平成十二年
村上重良『慰霊と招魂』岩波新書、一九七四年
森田健司『明治維新という幻想』洋泉社歴史新書、二〇一六年
山口茂『知られざる西南戦争』鳥影社、二〇〇一年
山本俊一『日本コレラ史』東京大学出版会、一九八二年
米水津村誌編さん委員会編『米水津村誌』平成二年
渡辺用馬「懐古追録」『西南戦争豊後地方戦記』青潮社、平成九年
渡辺尚志『百姓たちの幕末維新』草思社、二〇一二年
渡辺京二「歴史探訪九州士族の反乱」、小西四郎編『日本歴史展望第一一巻明治　明治国家の明暗』旺文社、一九八二年
渡辺武『戦場のゲルニカ―「大坂夏の陣図屏風」読み解き』新日本出版社、二〇一五年

〔著者略歴〕

長野浩典（ながの・ひろのり）

一九六〇（昭和三五）年、熊本県南阿蘇村生まれ。

一九八六（昭和六一）年、熊本大学大学院文学研究科史学専攻修了（日本近現代史専攻）。

現在　大分東明高等学校教諭

主要著書　『街道の日本史　五十二　国東・日田と豊前道』（吉川弘文館）

『熊本大学日本史研究室からの洞察』（熊本出版文化会館）

『緒方町誌』『長陽村史』『竹田市誌』（以上共著）。

『大分県先哲叢書　堀悌吉（普及版）』（大分県立先哲史料館）

『ある村の幕末・明治――「長野内匠日記」でたどる75年』『生類供養と日本人』『放浪・廻遊民と日本の近代』（以上弦書房）

西南戦争《せいなんせんそう》 民衆《みんしゅう》の記《き》

――大義と破壊

二〇一八年　二　月一〇日第一刷発行

二〇一八年　五　月一〇日第二刷発行

著　者　長野浩典《ながのひろのり》

発行者　小野静男

発行所　株式会社　弦書房

〒810-0041

福岡市中央区大名二―二―四三

ELK大名ビル三〇一

電　話　〇九二・七二六・九八八五

FAX　〇九二・七二六・九八八六

印刷・製本　シナノ書籍印刷株式会社

落丁・乱丁の本はお取り替えします。

ISBN978-4-86329-163-8 C0021

◆弦書房の本

放浪・廻遊民と日本の近代

長野浩典 かつて国家に管理されず、保護もうけず、生き方死に方を自らで決めながら、定住地というものを持たない人々がいた。彼らはなぜ消滅させられたのか。非定住は不当なのか。山と海の漂泊民の生き方を通して近代の是非を問う。〈四六判・310頁〉**2200円**

ある村の幕末・明治
「長野内匠日記」でたどる75年

長野浩典 文明の風は娑婆を滅ぼす――村の現実を克明に記した膨大な日記から見えてくる《近代》の意味。幕末期から明治初期へ時代が大きく変転していく中で、小さな村の人々は西洋からの「近代化」の波をどのように受けとめたか。〈A5判・320頁〉**2400円**

幕末の奇跡
〈黒船〉を造ったサムライたち

松尾龍之介 製鉄と造船、航海術など当時の最先端の西洋科学の英知を集めた〈蒸気船〉から幕末を読み解く。ペリー来航後わずか15年で自らの力で蒸気船（＝黒船）を造りあげた長崎海軍伝習所のサムライたちを描く出色の幕末史。〈四六判・298頁〉**2200円**

江戸という幻景

渡辺京二 人びとが残した記録・日記・紀行文の精査から浮かび上がるのびやかな江戸人の心性。近代への内省を促す幻景がここにある。西洋人の見聞録を基に江戸の日本を再現した『逝きし世の面影』著者の評論集。〈四六判・264頁〉**【7刷】** **2400円**

【新編】荒野に立つ虹

渡辺京二 この文明の大転換期を乗り越えていくうえで、二つの課題と対峙した思索の書。近代の起源は人類史のどの地点にあるのか。極相に達した現代文明をどう見極めればよいのか。本書の中にその希望の虹がある。〈四六判・440頁〉**2700円**

＊表示価格は税別